KADPR 지식총서 11

AI가 바꾸는 광고와 PR

기획부터 윤리까지

김주영 김정원 이준원 김병희 김대욱 김학신
김나경 최미연 박종구 김정남 차유리 공저

AI-Driven Transformation of Advertising and PR: From Planning to Ethics

이프레스

이 책은 한국언론진흥재단의 정부광고 수수료를 지원받아 제작되었습니다.
자세한 내용은 QR코드를 통해 확인해 주시기 바랍니다.

발간사

디지털 기술의 발전과 함께 광고 산업은 그 어느 때보다도 빠르게 진화하고 있습니다. 특히 최근 몇 년 동안 인공지능(AI)은 광고의 제작과 집행 방식에 혁신적인 변화를 가져오며 그 중요성을 증대시켰습니다. 이제 AI는 광고의 기획 단계에서부터 효과 평가에 이르기까지 모든 과정에서 핵심적인 역할을 수행하고 있습니다. 구체적으로 인공지능은 소비자 데이터를 분석하고, 개인화된 경험을 제공하며, 창의적인 콘텐츠를 생성하는 등 여러 측면에서 광고의 패러다임을 새롭게 정의하고 있습니다. 광고의 타깃팅부터 크리에이티브 제작, 결과 분석까지 모든 과정에서 AI는 이제 인간의 한계를 넘어서고 있습니다. 그 결과, 기업은 더욱 효율적이고 정교한 방식으로 소비자와 소통할 수 있게 되었으며, 소비자는 자신에게 더욱 적합한 맞춤형 메시지를 접할 수 있게 되었습니다.

〈AI가 바꾸는 광고와 PR〉에서는 이러한 변화의 중심에 있는 AI와 광고에의 적용을 통해 광고 산업의 새로운 지평을 여는 데 기여하고자 기획되었습니다. 이 책에서 다루는 내용은 이론적 분석에 그치지 않고, 실제 사례와 현업에서의 적용 가능성까지 폭넓게 아우르고 있습니다. 이를 통해 독자들은 AI가 광고 프로세스에 실질적으로 어떻게 적용되고 있는지, 그리고 그로 인해 어떤 혁신적인 변화가 일어나고 있는지를 구체적으로 이해할 수 있을 것입니다. 궁극적으로 이 책이 독자들에게 광고 산업이 인공지능과 어떻게 융합되어 발전해 나갈지에 대한 비전을 제시하고, 나아가 광고 산업 전반에 긍정적인 영향을 미칠 수 있기를 기대합니다.

감사합니다.

19대 한국광고홍보학회장

이정교

머리말

AI는 우리 사회에 깊숙이 파고들었다. 여전히 '불편한 골짜기'(uncanny valley) 이론에서 말하는 AI에 대한 부정적 시각은 존재하지만, 사람들이 인식하는 불편함을 느끼는 시점이 이전에 비해 포용적이며, 특히 이러한 정도는 AI가 접목되는 분야에 따라 다른 양상을 보인다. AI는 광고와 PR의 다양한 영역과 수위에서 영향을 미치고 있다. 광고와 PR의 기획단계에서부터 제작, 관리 및 효과 측정까지 AI는 때로는 기존의 틀을 완전히 바꾸면서, 때로는 기존 방식에 편리함을 더함으로써 영향을 미치고 있다. AI가 만드는 이러한 변화들은 당연히 AI와 각종 테크놀로지를 기꺼이 수용하는 소비자들에 의해 더욱 가속화되고, 또 다시 이는 소비자를 변화시키고 있다.

AI가 광고PR 산업전반을 변화시킬 것이라는 데에는 그 누구도 이견은 없다. AI의 활용은 광고PR의 기획, 제작, 관리 등 전 과정에서 효율적인 업무 툴을 제공하고, 소비자와의 접점을 더욱 확대시킬 것으로 기대한다. 그러나 AI가 광고PR 사업을 구체적으로 어떻게 변화시킬지, 그리고 우리는 이러한 변화에 어떻게 대응할지에 대해서는 안개 속에 있다. 현시점에서 구할 수 있는 정보는 제한적이며, 접할 수 있는 정보의 신뢰도도 높지 않다. 이 책은 아직은 안개 속에 있는 AI가 바꾸는 광고PR의 신세계에 작은 길잡이가 되고자 기획되었다.

〈AI가 바꾸는 광고와 PR〉은 총 9장으로 구성되었다. 제1부에서는 AI

가 바꾸는 소비자에 대해 살펴보았다. 제1장 'AI가 바꾸는 소비자 경험'에서는 AI가 어떻게 검색 결과를 개인화하고, 더 정확한 정보 필터링을 가능하게 하는지, AI가 소비자의 검색 행동에 미치는 영향에 대해 살펴본다. 제2장 'AI가 바꾸는 소비자 구매 여정'에서는 AI 기술이 탑재된 제품 및 서비스의 등장으로 증가한 소비자와 AI 에이전트 간 상호작용을 통해 사용자가 바라는 AI의 모습을 제시하고 있다.

제2부에서는 AI가 바꾸는 광고PR 프로세스에 대해 살펴보았다. 제3장 'AI가 바꾸는 광고PR 기획'에서는 데이터로부터 인사이트를 도출하고, 광고주가 목표설정, 세부실행 계획과 평가방안을 제시하는 일련의 과정에서 AI가 어떻게 활용되고 있는지 보여준다. 제4장 'AI가 바꾸는 광고PR 카피라이팅'에서는 아이디어 발상에서 카피 수정, 창작과 관련된 정보 분석 등 AI가 광고와 PR에서의 '쓰기'를 어떻게 변화시키는 살펴본다. 제5장 'AI가 바꾸는 광고PR 제작 가이드라인'은 AI가 광고PR 제작에 활용되는데 있어서 상호작용성을 극대화하기 위해 고려해야할 요인과 활용하는 데 있어서의 제약 사항들을 제시하고 있다. 제6장 'AI가 바꾸는 광고PR 미디어 전략'에서는 AI 기반 최신 미디어 전략의 트렌드와 주요 이슈를 조명하고, 글로벌 대행사의 AI 기반의 종합 마케팅 플랫폼을 소개한다. 제7장 'AI가 바꾸는 광고PR 캠페인 효과 측정과 관리'에서는 AI 광고PR의 효과적 측정 방법을 검토해보고, 향후 AI 광고PR의 효과적 측정 지표 기준을 제안한다.

제3부에서는 AI가 바꾸는 광고PR 법제도와 윤리에 대해 살펴보았다. 제8장 'AI가 바꾸는 광고PR 법제도'에서는 국내외 인공지능 윤리와 법제도를 소개하고, 광고산업에서 인공지능 이용확산을 위한 시사점을 제공한다. 제9장 'AI가 바꾸는 PR실무의 윤리교육'에서는 국내외 대표적인 PR 에이전시들이 AI 오용에 관한 책임 교육 측면에서 어떤 노력을 기울이는지 살펴본다.

〈AI가 바꾸는 광고와 PR〉은 광고PR 분야에 대한 전문 지식을 갖춘 저자들이 모여 AI가 광고PR 분야를 어떻게 변화시킬지 논의하고, 이에 대한 대응 방안을 모색하고자 제작되었다. 이 책이 광고와 PR 분야에 관심 있는 혹은 관련 산업에 종사하는 사람들에게 AI가 바꾸는 새로운 환경에 대해 준비하고 대응하는데 도움이 되길 바란다.

KADPR 지식총서11 편집장/국민대학교 교수

이세진

차례

- 발간사 3
- 머리말 5

PART 01
AI가 바꾸는 소비자

Chapter 01 AI가 바꾸는 소비자 경험 ... 15

김주영(University of Georgia, 광고홍보학과 교수)

1. 생성형 AI(Gen AI)가 소비자의 검색행동에 미치는 영향 17
2. 소비자의 생성형 AI 활용 행태를 기업이 어떻게 전략적으로 이용할 수 있는가? 35
3. 맺음말 46

Chapter 02 AI가 바꾸는 소비자 구매 여정 ... 49

김정원(서울대학교 언론정보연구소 선임연구원)

1. 소비자 접점과 AI 상호작용 50
2. 진화하는 AI 57
3. 진화하는 소비자 72

PART 02
AI가 바꾸는 광고PR 프로세스

Chapter 03 AI가 바꾸는 광고PR 기획 ... 83

이준원(한국외국어대학교 미디어커뮤니케이션연구소 연구원)

1. 인공지능과 광고PR의 만남 85
2. AI 기반 광고PR 기획 프로세스 92
3. AI 시대 광고PR의 미래와 과제 117

Chapter 04 AI가 바꾸는 광고PR 카피라이팅 ... 121

김병희(서원대학교 광고홍보학과 교수)

1. 생성형 인공지능을 활용한 콘텐츠 제작 122
2. 카피라이팅에서 챗GPT의 활용 131
3. PR 라이팅에서 챗GPT의 활용 145
4. 디지털 카피와 아날로그 카피의 종합 150
5. 마무리 154

Chapter 05 AI가 바꾸는 광고PR 제작 가이드라인 ... 157

김대욱(한양대학교 광고홍보학과 강사)

김학신(세종대학교 미디어커뮤니케이션학과 초빙교수)

1. AI 광고PR 제작의 특성 : 콘텐츠-소비자 상호작용성 160
2. AI 광고PR 상호작용성 극대화 요인들 164
3. Challenges: AI를 이용한 광고PR 제작에서 생각할 거리들 182

Chapter 06 AI가 바꾸는 광고PR 미디어 전략 ... 187

김나경(SM C&C 광고사업부 국장)

1. AI와 미디어 전략의 혁신 188
2. 데이터 기반의 의사결정과 타깃팅 정교화 193
3. AI를 활용한 실시간 최적화 및 자동화된 광고 미디어 구매 198
4. AI가 주도하는 OOH 광고의 혁신과 발전 205
5. 리테일 미디어와 AI의 결합 210
6. 미디어 전략에서의 CRM과 AI 융합 215
7. 글로벌 대행사의 AI 도입: 미디어 전략의 패러다임 전환 219
8. 맺음말 224

Chapter 07 AI가 바꾸는 광고PR 캠페인 효과 측정과 관리 ... 227

최미연(서울대학교 언론정보연구소 연구원)

1. AI 광고PR 효과 측정이란 무엇인가? 228
2. AI 광고PR 효과 측정 현황 234
3. AI 광고PR 캠페인 효과 측정 전망 255

PART 03
AI가 바꾸는 광고PR 법과 윤리

Chapter 08 AI가 바꾸는 광고PR 법제도 ... 265

박종구(한국방송광고진흥공사 미디어광고연구소 수석 연구위원)

1. 인공지능과 광고산업의 진화 267
2. 국내외 인공지능 윤리와 법제도 272
3. 광고산업 인공지능 이용 확산을 위한 시사점 285

Chapter 09 AI가 바꾸는 PR 실무의 윤리 교육 ... 295

김정남(미국 오클라호마대학교 석좌교수, 카이스트 문술미래전략대학원 겸직교수)

차유리(서강대학교 미디어융합연구소 책임연구원)

1. 서언 296
2. AI 사용의 명암 300
3. 국내외 대표 PR 에이전시의 AI 오용 책임 교육 실태 309
4. 결언 330

AI-Driven Transformation of Advertising and PR: From Planning to Ethics

PART 01

AI가 바꾸는 소비자

chapter 01 AI가 바꾸는 소비자 경험
chapter 02 AI가 바꾸는 소비자 구매 여정

chapter

01

AI가 바뀌는 소비자 경험

▸▸▸ 김주영

(University of Georgia, 광고홍보학과 교수)

인공지능, 특히 생성형 AI(Generative AI 또는 Gen AI)는 소비자 행동과 기업의 전략적 접근 방식에 급격한 변화를 일으키고 있다. 오늘날, AI는 소비자의 검색 행동, 구매 의사결정, 그리고 일상적인 상호작용에서 점점 더 중요한 역할을 담당하고 있다. 마치 인터넷이라는 기술적 기반이 거의 모든 사회경제 활동과 현상을 밑받침하고 중개하는 것처럼, AI의 저변화는 그러한 활동을 보다 깊이 있고 의미 있게 만들어 주고 있다. 2007년에 아이폰이 세상에 나오면서 사용자들의 이용 경험을 스마트하게 만들었다면, AI는 그 사용자를 스마트하게 만드는 혁명적 기술이다. 마치 아이폰이 그 전까지 나온 많은 기술들을 사용자 중심으로 집약한 하드웨어적 혁명이었다면, Gen AI와 그 기반 기술이 활용된 엔터프라이즈 AI는 1950년대부터 나온 많은 이론과 기술들이 집약된 소프트웨어적 혁명으로 볼 수 있다. 지금의 스마트폰과 2007년의 스마트폰이 현저히 다르듯이, Gen AI 또한 앞으로 우리가 예상하기 어려운 수준으로 발전해 나갈 것이다. AI가 적극 활용되고 저변화되고 있는 지금 시점에서, 우리는 소비자들이 AI를 어떻게 경험하는지를 이해하여야 하고, 이러한 이해를 바탕으로 기업은 소비자들에게 브랜드경험을 어떻게 제공할 수 있을지 전략적 논의와 실행을 해야 할 것이다.

AI에서 I가 intelligence, 즉 지능을 의미하고, 그러한 지능이 지금의 수준 높은 컴퓨팅 기술을 통해 정교화된다고 볼 때, AI의 발전은 소비자들이 더 정교하고 개인화된 경험을 할 수 있도록 도와주며, 기업들에게는 고객과의 상호작용을 최적화할 수 있는 기회를 제공할 것임이 분명하다.

이 장의 첫 번째 부분은 인공지능(AI와 Generative AI)이 소비자의 검색 행동에 미치는 영향에 중점을 둔다. 여기서는 AI가 어떻게 검색 결과를 개인화하고, 더 정확한 정보 필터링을 가능하게 하며, 음성 및 시각적 검색을 향상시키는지를 여러 사례들을 찾아보며 탐구할 것이다. 또한, 실시간 데이터 분석을 통해 기업이 인사이트를 얻고, 소비자에게 더 인터랙티브한 쇼핑 경험을 제공하는 데 AI가 어떻게 활용되고 있는지를 몇 가지 사례를 통해 살펴본다.

두 번째 부분에서는 기업이 소비자의 Gen AI 활용 행태를 어떻게 전략적으로 이용할 수 있는가를 다룬다. 여기에서는 AI가 타깃 마케팅을 어떻게 최적화할 수 있는지, 콘텐츠를 개인화하는 사례, 그리고 고객 경험을 개선하기 위한 AI의 역할을 고찰할 것이다. 나아가, AI가 실시간으로 소비자의 반응을 파악하고 예측 마케팅을 가능하게 하며, 행동 기반으로 고객을 세분화하는 실제 사례들도 찾아볼 것이다.

AI가 단순히 기술 혁신에 그치지 않고, 소비자와 기업의 관계를 근본적으로 재구성하고 있다는 관점에서, AI가 광고와 마케팅 산업뿐만 아니라 소비자의 삶에 어떤 영향을 미치고 있는지, 그리고 기업들이 AI를 활용해 어떻게 더 효율적이고 효과적인 전략을 수립할 수 있는지를 이 장에서 함께 생각해 보고자 한다.

1. 생성형 AI(Gen AI)가 소비자의 검색행동에 미치는 영향

1) 개인화된 검색 과정의 혁신

마케팅에서 개인화의 중요성이 높아지면서, AI 기반 기술은 사용자 데이터를 분석하여 맞춤형 결과를 제공하는 데 중요한 역할을 하고 있다. 생성형 AI(Generative AI, 또는 Gen AI)를 통한 검색을 할 경우에, 보다 개인화된 검색 결과를 제공하게 되는데, 이를 통해 소비자 경험 자체가 보다 더 깊이 있고 개인화된 방향으로 혁신되고 있는 것이다.

예를 들어, 필자가 챗GPT(ChatGPT)에게 “대학 신입생에게 추천할 만한 노트북을 추천해 줘.”라고 질문을 하면, “대학 신입생에게 추천할 만한 노트북은 사용 용도와 예산에 따라 다를 수 있습니다. 전공과 활동에 따라 다르게 추천할 수 있는데, 일반적으로 다음과 같은 노트북들이 추천됩니다.”라고 답하면서 네 개의 노트북을 추천해 준다. 이를테면 “Apple MacBook Air(M2 칩)”를 첫 번째로 추천하면서 장점(가벼운 무게와 긴 배터리 수명 등)과 이유(디자인과 휴대성을 중시하는 학생들에게 적합…)를 간략히 설명한다. 이 외에 Dell XPS 13m Microsoft surface laptop 5, 그리고 Lenovo ThinkPad X1 Carbon Gen 11을 리스트하고 각 장점과 추천 이유를 설명하는 것을 볼 수 있다. 결과의 하단에는

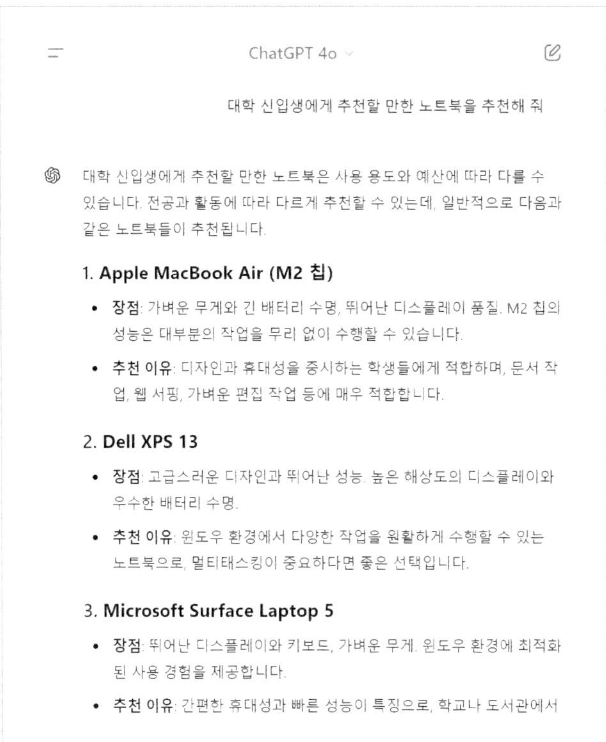

[그림 1-1] 챗GPT 4o에서 대학생에게 추천할 만한 노트북 컴퓨터를 검색한 결과 화면

"학생의 요구 사항을 구체적으로 알게 된다면 더 맞춤형으로 추천드릴 수 있습니다."라고 하여 추가 정보를 제공하도록 유도하는 것을 볼 수 있다.

이에 좀 더 개인화된 질문으로, "컴퓨터사이언스 전공이야."라고 답을 하면, Apple MacBook Pro(M2 Pro또는 M2 Max 칩), Dell XPS 15 등 이전에 제시했던 검색 결과에 비해 한층 적합한 모델들을 각각의 장점과 추천 이유를 들면서 새로 제시하는 것을 볼 수 있다. 아울러 "기타 고려 사항"으로 램(RAM), 저장공간(SSD), 그리고 휴대성 등을 추천할 만한 스펙(예: "최소 16GB 이상을 추천 드리며, 가능하다면 32GB 이상을 고려하세요. 다중 작업과 빌드 작업 시 유용합니다.)"라고 하면서 추가 설명을 붙인다.

이제, 이용자 입장에서 가장 중요하다고 생각되는 휴대성을 고려하여 "이 중에 가장 가벼운 게 뭐지?"라고 질문을 하면, "위에서 추천한 모델들 중에서 가장 가벼운 노트북은 Apple MacBook Air(M2 칩)입니다. 이 모델은 약 1.24kg(2.7 파운드)로 매우 가벼워, 휴대성을 중시하는 컴퓨터사이언스 전공자들에게 적합합니다. 다만, MacBook Air는 프로세서 성능이 상위 모델들보다는 낮지만, 대부분의 프로그래밍 작업을 처리할 수 있습니다. 만약 고성능과 휴대성의 균형이 중요한 경우 Dell XPS 13도 가벼운 편입니다."라고 답변하는 것을 볼 수 있다. 이에 더해 "같이 연결해서 사용할 만한 모니터는 뭐가 좋을까?", "노트북 색은 어떤 게 유행이지?", "내일 당장 필요한데, 어디서 사는 게 좋을까?" 등 다양한 질문을 할 수도 있을 것이다. 이러한 과정을 통해 사용자에게 가장 개인화된 검색 결과를 찾을 수 있게 된다.

다른 제품을 검색하는 경우를 하나 더 생각해 보자. 예를 들어, "생수를 사려 하는데, 뭐가 좋을까?"라고 질문을 하면, "생수를 선택할 때 고려할 요소는 개인의 취향과 건강 상태에 따라 다를 수 있지만, 몇 가지 주요 브랜드와 특성에 대해 소개해 드리겠습니다. 생수는 미네랄 함량, 맛, 그리고 수원지에 따라 다르게 평가됩니다."라고 하면서 추천 생수 브랜드로 에비앙, 피지, 삼다수, 페리에, 바두아를 특징과 추천 이유를 들어서 제시하는 것을 볼 수 있다. 하단에는 "취향에 따라 몇 가지 생수를 시도해 본 후에 자신에게 맞는 것을 선택하는 것도 좋은 방법입니다."라는 코멘트도 있다. 이 경우에, 일반적 사용자는 이 정도 정보에서 브랜드 선택을 할 가능성이 높다. 생수 브랜드 선택 상황에서 선택오류로 인한 경제적, 심리적, 사회적 위험이 높지 않기 때문이다.

구글의 "AI Overview"라는 하이브리드 형태의 AI 검색서비스도 중요한 검색 혁신으로 볼 수 있는데, 기존 구글 검색 이용자들에게 Gen AI 기반 검색 결과 요약을 검색 결과 페이지 최상단에 보여줌으로써 일종의 검색 결과를 보기 전에 사용자를 프레이밍 하는 효과를 줄 수 있다. 현재 모든 검색 결과에 다 나오지는 않지만, 이 기술 또한 앞으로 마케팅 상황에 활용될 수 있는 여지가 크다. 구글은 사용자의 검색 패턴과 관심사를 분석하여 맞춤형 검색 결과를 제공하며, 이를 통해 사용자는 검색 시간을 절약하고 더 많은 정보를 빠르고 쉽게 얻을 수 있다. 예를 들어, 사용자가 특정 주제에 대해 반복적으로 검색할 경우, 구글은 AI 알고리즘을 사용해 해당 주제와 관련된 가장 관련성 높은 정보를 요약하여 제공한다. 이러한 개인화된 검색 경험은 사용자가 필요로 하는 정보를 더 빠르게 제공함으로써 검색 효율성을 높이고, 사용자 만족도를 향상시킨다. 구글의 AI 기반 검색 시스템은 사용자가 필요로 하는 정보를 예측하고, 이를 바탕으로 개인화된 검색 결과를 제공함으로써 검색 경험을 혁신하고 있다. 관여도가 높은 사용자는 이러한 맞춤형 검색 결과를 통해 더 많은 정보를 얻고, 검색 과정에서 발생하는 피로감을 줄일 수 있다.

고찰해 보면, 기존 인터넷 검색 상황과 비교해 볼 때, Gen AI를 통한 검색은 보다 더 개인화 가능성이 높으나 여전히 관여도에 따라 AI와의 인터랙션이 다를 수 있음을 예측할 수 있다. 관여도라는 심리학적 개념에 비추어 볼 때, 소비자가 특정 제품이나 서비스에 대해 얼마나 중시하고 몰입하고 있는지에 따라 그들의 질문과 의사결정 과정이 달라진다. 고관여 제품(예: 자동차, 고가 전자제품)과 저관여 제품(예: 일상 소비재)의 차이점은 AI가 제공하는 개인화된 경험의 질과 방식에도 중요한 영향을 미칠 것으로 본다. 관련하여 몇 가지 실제 사례를 소개한다.

(1) 넷플릭스의 AI 기반 추천 시스템

많은 이들이 경험하고 있듯이, 넷플릭스(Netflix)는 AI를 사용해 사용자의 시청 기록과 선호도를 분석하여 개인화된 콘텐츠를 추천하고 있다. 넷플릭스의 알고리즘은 사용자가 선호할 가능성이 높은 영화나 TV 프로그램을 예측하고, 이를 바탕으로 사용자가 별도로 검색하지 않아도 맞춤형 콘텐츠를 제공한다. 이 과정에서 사용자는 자신이 관심 있는 콘텐츠에 더 깊이 몰입하게 되며, 이는 고관여 사용자(즉, 어떤 장르에 관심이 많은 구독자)에게 특히 효과적이다. 고관여 사용자는 자신이 선호하는 장르나 특정 테마의 콘텐츠를 더 자주 추천받고, 이는 넷플릭스에 대한 만족도를 높이며, 장기적으로 플랫폼에 대한 충성도를 강화하는 데 기여하게 된다. 넷플릭스의 AI 기반 추천 시스템은 소비자가 시간을 절약하고, 검색 과정을 단순화하는 데 도움을 주며, 이를 통해 사용자는 넷플릭스에서 더 많은 콘텐츠를 소비하게 된다. 관여도가 높은 소비자일수록 넷플릭스의 개인화된 추천을 더 신뢰하고 이를 즐기며, 이는 지속적인 서비스 이용을 촉진하게 된다.

(2) 스티치픽스와 개인화된 쇼핑 경험

또 다른 예로, 스티치픽스(Stitch Fix, www.stitchfix.com)는 AI를 통해 고객의 스타일, 사이즈, 선호도, 과거 구매 이력을 분석하여 개인화된 의류 추천을 제공한다. 스티치픽스는 고객이 직접 쇼핑하지 않고도 맞춤형 스타일링을 경험할 수 있도록 돕는다. 관여도가 높은 고객의 경우, AI는 더 세분화된 스타일링 제안을 제공하며, 이는 고객이 자신만의 독특한 스타일을 찾고 유지하는 데 큰 도움을 준다. 예를 들어, 정기적인 스타일링 서비스를 이용하는 고객은 자신의 피드백과 선호도에 따라 더욱 세밀하게 개인화된 추천을 받을 수 있다. 이러한 고관여 고객들은 단순한 상품 추천을 넘어, 스타일리스트의 조언을 기반으로 한 복합적인 쇼핑 경험을 제공받는다. 스티치픽스의 사례는 고관여 소비자에게 AI가 어떻게 더 복잡하고 정교한 맞춤형 서비스를 제공할 수 있는지를 잘 보여준다. 반면, 저관여 소비자에게는 간단한 추천과 함께 구매 결정을 돕는 도구로서의 AI 역할이 필요하다. 이처럼 관여도에 따른 차별화된 접근은 소비자 만족도를 높이고, 개인화된 경험을 통해 지속적인 고객 관계를 형성하는 데 기여할 수 있을 것이다.

[그림 1-2] 스티치픽스의 개인 스타일링 서비스

(3) 스포티파이와 음악 추천의 개인화

스포티파이(Spotify)도 AI를 사용해 소비자의 음악 청취 패턴을 분석하고, 개인화된 추천을 통해 소비자 경험을 최적화하고 있다. 스포티파이의 Discover Weekly와 같은 플레이리스트는 사용자가 선호하는 음악 스타일에 맞춘 맞춤형 음악 추천을 제공함으로써, 사용자가 새로운 음악을 쉽게 발견할 수 있도록 돕는다. 이 과정에서 AI는 소비자가 이미 좋아하는 음악과 유사한 트랙을 추천하거나, 새로운 음악 장르를 제안해 소비자의 음악 경험을 확장 시킨다. 높은 관여도를 보이는 음악 애호가들은 이러한 AI 추천을 통해 새로운 음악을 발견하고, 더 많은 시간을 플랫폼에서 보내게 될 것이다. 스포티파이의 개인화된 추천 시스템은 소비자와 플랫폼 간의 연결을 강화하고, 사용자가 더 나은 음악 탐색 경험을 할 수 있도록 돕는다. AI가 사용자의 취향을 학습하고, 이를 바탕으로 맞춤형 추천을 제공함으로써 소비자는 스포티파이에서 자신의 음악 취향을 더욱 개발할 수 있게 된다. 스포티파이에 따르면, 음악적 요소들(즉, 곡의 멜로디, 박자, 길이 등)과 음악을 재생하는 많은 맥락적 요소들을 AI 추천 알고리즘에 모두 반영한다고 한다. 2021년 AI 타임즈 기사에서, 스포티파이 코리아를 총괄하는 박상욱 한국 매니징 디렉터는 스포티파이의 AI 추천 서비스 특징을 '알고토리얼'이라고 표현한 적이 있다. 즉, "음악 전문가와 AI 개인화 기능, 에디토리얼과 알고리즘이 결합해 알고토리얼이다. 좋은 원석을 전문가가 우선 발굴하고 알고리즘은 이를 다듬어 취향에 맞게 제시하는 것"(박성은, 2021)이라고 했듯이, AI는 광범위하고 세밀한 데이터 분석을 통해 진정한 매스서비스의 개인화 시대를 열고 있다.

(4) 관여도에 따른 개인화된 검색 경험의 중요성

Gen AI는 개인화된 검색 경험을 통해 소비자가 더 만족스러운 검색 결과를 얻을 수 있도록 돕고 있다. 고관여 소비자는 AI가 제공하는 정교한 맞춤형 서비스를 통해 더욱 깊이 있는 경험을 할 수 있으며, 이는 소비자의 만족도와 플랫폼에 대한 충성도를 높이는 데 기여한다. 반면, 저관여 소비자에게는 간단하고 직관적인 추천이 더 효과적일 수 있다. 앞으로도 AI 기반 개인화 기술은 더욱 발전하여, 소비자 개개인이 어떤 제품, 서비스, 브랜드에 대해 가지고 있는 상황별 관여도를 예측할 수 있게 되고, 따라서 소비자 관여도에 따른 차별화된 경험을 제공하는 데 중요한 역할을 할 것이다.

2) AI의 정확한 정보 필터링과 소비자 신뢰

Gen AI는 소비자들이 방대한 정보 속에서 신뢰할 수 있는 정보를 찾을 수 있도록 돕는 데 중요한 역할을 하고 있다. 최근 몇 년 동안 AI 기술의 발전은 검색엔진과 다양한 온라인 플랫폼에서 정보의 정확성과 신뢰성을 높이는 데 기여했다. 소비자 신뢰에 관한 다양한 이론을 통해 보면, 소비자가 AI가 제공하는 정보나 추천을 얼마나 신뢰하는지에 따라 그들의 행동이 어떻게 변화하는지를 설명해 볼 수 있다.

(1) AI 기반 정보 필터링과 신뢰의 중요성

정보의 과잉 속에서 소비자들은 필요한 정보를 신속하게 찾는 것이 어려운 과제가 될 수 있다. 이때 Gen AI는 방대한 정보 속에서 정확하고 신뢰할 수 있는 정보를 필터링하는 중요한 도구로 활용된다. 이미 알려졌다시피, 구글의 AI 기반 검색 알고리즘은 사용자가 입력한 키워드를 분석하여 신뢰할 수 있는 출처에서 가져온 정보를 우선적으로 제공한다. 예를 들어, 구글은 공신력 있는 웹사이트를 우선적으로 노출시키고, 가짜 뉴스나 부정확한 정보를 걸러내는 데 AI를 사용하는 것으로 알려져 있다. 이는 특히 팬데믹과 같은 위기 상황에서 중요한 역할을 하였었다. 코로나19 팬데믹 동안, 구글이 공신력 있는 의료 정보와 정부 발표를 우선적으로 제공함으로써 소비자들이 신뢰할 수 있는 정보를 제공하는 데 기여했던 것은 잘 알려져 있다. 메이요 클리닉과 같은 의료 기관도 AI를 사용해 방대한 양의 의료 연구 데이터를 분석하고, 신뢰할 수 있는 정보를 제공하고 있다. 메이요 클리닉은 AI 기반 도구를 통해 연구자들과 의료진이 최신 연구 결과를 빠르게 파악할 수 있도록 돕고 있는데, 이는 의료 연구의 신뢰성을 높이고, 의료진이 환자에게 정확한 정보를 제공하는 데 기여할 수 있다. 이러한 정보 필터링 과정은 소비자 신뢰 이론(예: 신뢰 형성 이론(Trust-Building Theory)이나 신뢰-위험 이론(Trust-Risk Theory; Mayer, Davis, and Schoorman, 1995)과 같은 신뢰에 대한 이론들을 통해 보다 깊이 있게 살펴볼 수 있다. Mayer, Davis, Schoorman(1995)은 조직 간 신뢰의 본질에 대한 연구에서 신뢰 형성의 주요 요인으로 능력, 호혜성, 무결성을 제시하였다. 이에 비춰 보면, AI가 제공하는 정보의 능력, 호혜성, 무결성은 소비자가 그 정보를 신뢰하고, 받아들이고 행동에 반영하는 데 결정적인 역할을 한다고 이해해 볼 수 있다. AI 시스템이 투명하게 작동하고, 신뢰할 수 있는 출처를 통해 정보를 제공할수록 소비자는 그 시스템을 신뢰하게 될 것이며, 이는 AI가 정보를 필터링할 때 사용되는 알고리즘의 신뢰성, 투명성, 일관성과 직접적으로 연결될 것이다.

(2) AI와 소비자 신뢰의 형성 과정

AI가 제공하는 정보의 신뢰성이 높아질수록, 소비자는 AI를 더 많이 사용하게 되고, 이는 결국 지속적인 신뢰 형성으로 이어진다. 소비자 신뢰는 특히 고위험 제품이나 서비스에서 더욱 중요하게 작용한다. 예를 들어, 의료 정보나 금융 정보와 같은 고위험 분야에서는 AI가 제공하는 정보의 신뢰성이 소비자 행동에 큰 영향을 미친다. 소비자는 AI가 제공하는 정보가 정확하고 신뢰할 수 있다는 확신이 있어야 그 정보를 기반으로 결정을 내릴 수 있을 것이다. 따라서 AI 시스템은 이러한 고위험 분야에서 더 높은 수준의 투명성과 신뢰성을 보장해야 한다. 물론 상대적으로 저관여성 제품이나 서비스에도 AI를 통한 품질의 신뢰도 구축은 해당 제품과 서비스의 지속적 발전을 위해 여전히 중요하다.

예를 들어, BloomsyBox(www.bloomsybox.com)는 AI 기반 챗봇을 통해 고객이 맞춤형 인사말 카드를 작성할 수 있도록 돕는데, 이 과정에서 AI는 고객의 필요를 파악하고, 신뢰할 수 있는 형태로 메시지를 생성해 제공하게 된다. 개인화된 결과물에 만족하는 소비자는 해당 서비스를 필요시마다 찾게 될 것이다.

(3) AI 신뢰성과 투명성의 중요성

Gen AI가 소비자 신뢰를 형성하기 위해 필요한 가장 중요한 요소는 투명성이라 볼 수 있다. 소비자는 AI가 어떤 방식으로 정보를 처리하고 있는지, 어떤 기준에 따라 추천이 이루어지고 있는지를 알고 싶어 한다. 따라서 투명성이 보장되지 않는 AI 시스템을 소비자는 신뢰하지 않을 것이다. 예를 들어, AI가 제공하는 추천이 특정 광고주나 이해관계자의 이익을 위한 것이라면, 소비자는 그 추천을 신뢰하지 않게 될 것이다. AI가 제공하는 정보의 투명성과 신뢰성을 높이기 위해서는 AI 시스템이 사용하는 알고리즘의 기준이 적절하게 공개되어야 한다. 예를 들어, 구글은 검색 알고리즘이 어떤 기준에 따라 정보를 필터링하고 순위를 매기는지에 대한 정보를 지속적으로 업데이트하고 있다(예: 구글 검색 에센셜스, https://developers.google.com/search/docs/essentials?hl=ko). 이는 구글이 제공하는 검색결과의 신뢰성을 소비자들이 받아들이는 데 중요한 정보이며, 다른 AI 기반 검색 서비스의 투명성을 판단하는 기준도 될 수 있다.

결론적으로, Gen AI는 정보 필터링과 신뢰 형성에서 중요한 역할을 하고 있다고 볼 수 있다. AI 시스템이 신뢰성을 유지하고 투명하게 작동될수록 소비자 신뢰는 강화되며, 이는 궁극적으로 AI 기반 시스템의 성공 여부를 결정짓는 중요한 요소가 될 것이다.

3) 음성 및 시각적 검색의 발전과 고객 경험 관리

Gen AI는 음성 및 시각적 검색의 발전을 통해 소비자 경험을 획기적으로 변화시키고 있다. 이러한 AI 기반 기술은 소비자가 정보를 더 쉽게 탐색하고 접근할 수 있도록 돕는 동시에, 전반적인 고객 경험을 개인화하는 데 중요한 역할을 한다. 고객 경험 관리(Customer Experience Management: CEM) 과정이 소비자가 브랜드와 상호작용하는 모든 접점에 대한 관리와 최적화에 초점을 두고 있다는 것을 이해할 때, AI 기반 음성 및 시각적 검색 기술은 이러한 고객 접점을 강화하고, 일관된 경험을 제공하는 데 필수적인 도구로 이용될 수 있음을 미루어 짐작할 수 있다.

(1) AI 기반 음성 검색의 발전

음성 검색은 사용자가 텍스트를 입력할 필요 없이 음성 명령을 통해 정보를 검색할 수 있게 해주는 기술이다. AI는 자연어 처리(NLP) 기술을 통해 사용자의 음성 명령을 이해하고, 그에 맞는 정확한 정보를 제공할 수 있게 된다. 아마존 알렉사(Amazon Alexa)가 하나의 예인데, AI 기반 음성 인식 기술을 사용해 사용자가 음성으로 명령을 내리고 질문을 던질 수 있어서 사용자와 언어로 상호소통할 수 있는 에이전트 역할을 한다. 예를 들어, 사용자가 "내일 날씨 어때?"라고 물으면, 알렉사는 해당 지역의 날씨 정보를 즉시 제공한다. 이 과정에서 AI는 사용자의 이전 검색 기록과 선호도를 바탕으로 더욱 개인화된 경험을 제공할 수 있다. 결국, 사용자들이 정보를 빠르고 효율적으로 찾을 수 있도록 돕는 조력자, 즉 에이전트(agent)로서의 역할을 충실히 할 수 있다. 구글 어시스턴트(Google Assistant) 또한 음성 검색 기능을 통해 사용자가 텍스트 입력 없이도 다양한 작업을 수행할 수 있게 돕는다. 구글 어시스턴트도 사용자의 음성 명령을 이해하고, 필요한 정보를 실시간으로 제공하며, 이를 통해 사용자는 더 빠르고 효율적으로 정보를 검색할 수 있다. 이와 같은 AI 기반 음성 검색 기술은 특히 운전 중이거나 텍스트 입력이 어려운 상황에서 유용하게 활용된다(Sahu, 2023).

(2) 시각적 검색의 혁신

시각적 검색은 사용자가 텍스트 대신 이미지를 통해 정보를 탐색할 수 있도록 하는 기술이다. AI는 이미지를 분석하여 그와 관련된 정보를 제공하며, 이를 통해 사용자는 검색을 더 직관적으로 할 수 있게 된다. 구글 렌즈(Google Lens)는 이러한 시각적 검색의 대표적인 사례로, 사용자가 스마트폰 카메라를 사용해 촬영한 이미지를 분석해 해당 이미지와 관련된 정보를 제공한다. 예를 들어, 사용자가 꽃 사진을 찍으면, 구글 렌즈는 그 꽃의 이름과 특성에 대한 정보를 빠르게 제공할 수 있다. 필자 또한, 벌과 유사하게 생긴 곤충에 쏘인 적이 있었는데, 구글 렌즈를 이용하여 곤충 사진을 검색하여 어떤 종인지 알아내고, 그에 따라 적절한 치료를 한 적이 있다. 소비자들에게 있어서 이러한 시각적 검색은 쇼핑, 여행, 교육 등 다양한 분야에서 유용하게 사용되고 있다(Sahu, 2023). 또한, 핀터레스트렌즈(Pinterest Lens)는 사용자가 관심 있는 물건이나 이미지를 사진으로 찍으면, 그와 유사한 이미지를 검색해 주는 기능을 제공한다. 이 AI 기반 시각적 검색 기술은 소비자가 새로운 아이디어를 탐색하고, 더 많은 영감을 얻을 수 있도록 도울 수 있다. 이러한 시각적 검색 도구들은 소비자에게 직관적이고 몰입감 있는 경험을 제공하며, 고객 경험을 한층 더 개인화하는 데 기여하고 있다.

(3) 경험 에이전트로서의 AI

고객 경험 관리 과정은 기업이 소비자와의 모든 접점에서 일관된 경험을 제공하고, 이를 통해 소비자의 만족도를 높이는 전략적 과정인데, AI 기반 음성 및 시각적 검색 기술은 이러한 접점을 최적화하는 데 중요한 역할을 하고 있다. 아마존 알렉사와 구글 렌즈와 같은 AI 기반 검색 경험은 소비자와 브랜드 간의 상호작용을 개인화하고, 소비자가 브랜드와의 상호작용에서 더 나은 경험을 할 수 있도록 돕는 '경험 에이전트'로서의 역할을 AI가 감당하고 있는 것으로 볼 수 있다. 앞으로도 AI 기반 검색 기술은 더욱 발전하여 소비자 경험을 강화하고, 기업이 고객과의 관계를 더욱 깊이 있게 구축하는 데 기여할 것이다.

4) 실시간 데이터 분석과 인사이트 제공 및 마케팅 자동화

현재의 디지털 환경에서는 AI 기반 실시간 데이터 분석이 기업의 성공을 좌우하는 중요한 요소로 부각되고 있다. AI는 방대한 데이터를 신속하게 처리하고 유의미한 인사이트를 도출함으로써, 기업이 변화하는 시장 상황과 소비자 행동을 빠르게 파악할 수 있도록 도울 수 있다. 또한, 마케팅 자동화에 AI를 적용하면 데이터를 기반으로 한 맞춤형 마케팅 캠페인이 자동으로 실행되어 효율성과 효과가 극대화될 것이다. AI

를 활용한 실시간 데이터 분석과 마케팅 자동화의 융합은 기업이 더 민첩하고 스마트한 방식으로 고객과 소통하며 경쟁 우위를 확보하는 데 필수적이다.

(1) 실시간 데이터 분석의 중요성

AI는 소비자 행동 데이터를 실시간으로 분석함으로써, 기업이 신속하게 고객의 요구에 대응하도록 할 수 있다. 예를 들어, 쇼피파이(Shopify)는 실시간 데이터 AI 분석 도구를 활용해 소비자의 구매 패턴을 분석하고, 맞춤형 제품 추천을 제공한다. 이로 인해 소비자는 개인화된 쇼핑 경험을 하게 되고, 기업은 높은 전환율을 달성할 수 있다. 또한, 아마존은 AI 기반 실시간 재고 관리 시스템을 운영하고 있는데, 이 시스템은 재고 상태를 실시간으로 모니터링하고, 재고 부족을 예측하여 자동으로 주문을 생성함으로써 공급망 문제를 최소화는 데 도움을 준다. 또한 소비자를 위해서는 AI를 사용해 소비자 데이터를 실시간으로 분석하고, 이를 바탕으로 개인화된 추천을 제공함으로써 구매 전환율을 높이고 있다. 이를 통해 AI는 소비자가 필요로 하는 상품을 적시에 제공할 수 있도록 도와주며, 기업의 운영 효율성을 극대화하는 데 기여한다(Sahu, 2023).

(2) 마케팅 자동화의 역할

AI는 마케팅 자동화에서 중요한 역할을 하며, 맞춤형 경험 제공과 효율성 향상에 큰 기여를 한다. 먼저, AI는 고객 데이터를 분석하여 소비자의 행동 패턴과 선호도를 파악하고, 이를 바탕으로 개인화된 마케팅 메시지를 자동으로 생성하고 전달한다. 예를 들어, AI는 특정 시간대나 고객의 이전 구매 이력을 고려하여 최적화된 콘텐츠와 광고를 제공할 수 있다. 또한 AI는 캠페인 성과를 실시간으로 분석하고, 자동으로 전략을 조정하여 마케팅 비용을 절감하고 효과를 극대화한다. 최신 사례로는 스타벅스의 딥 브루(Deep Brew)가 있다. 이 AI 엔진은 고객의 구매 이력, 위치, 날씨 등을 분석하여 맞춤형 음료를 추천하고, 고객에게 자동으로 보상 프로그램 알림을 제공한다. 또한 매장의 혼잡도를 예측해 빠른 주문 및 픽업을 가능하게 해, 고객 경험을 향상시키고 운영 효율을 높인다. 이러한 AI의 자동화 기능은 기업이 빠르고 정확한 의사결정을 내리며, 마케팅 운영의 효율성을 극대화하는 데 중요한 역할을 한다.

(3) 실시간 데이터 분석과 마케팅 자동화의 결합

실시간 데이터 분석과 마케팅 자동화는 AI를 통해 결합되어, 기업들이 소비자에게 더 개인화된 경험을 제공할 수 있게 도와준다. 이러한 결합은 전자상거래와 B2B 마케팅에서도 중요한 역할을 할 수 있다. AI는 소비자의 행동 데이터를 실시간으로 분석하고, 그 데이터를 바탕으로 마케팅 전략을 자동으로 실행함으로써 기업이 더욱 효율적으로 소비자와 상호작용할 수 있도록 돕는다. 쇼피파이는 실시간 데이터를 활용해 소비자에게 개인화된 제품 추천을 제공하고 있으며, 이 과정에서 AI가 마케팅 자동화를 지원하고 있다. 실시간 데이터를 바탕으로 한 이러한 개인화된 마케팅 전략은 전환율을 높이는 데 중요한 역할을 한다. 앞서 설명했듯이, 아마존은 실시간 데이터를 기반으로 한 재고 관리와 소비자 맞춤형 추천 시스템을 결합하여 소비자가 필요로 하는 상품을 적시에 추천 및 주문할 수 있도록 비즈니스 모델을 관리하고 있다. 이렇듯, AI 기반 실시간 데이터 분석과 마케팅 자동화가 결합된 통합적 AI시스템은 소비자가 원하는 제품을 빠르게 찾을 수 있게 하고, 구매로 이어지도록 고객 여정(Customer's Journey of Purchase)을 보다 더 만족스럽게 만드는데 중요한 역할을 하고 있다. 다시 말해, AI는 실시간 데이터를 기반으로 한 마케팅 캠페인을 자동화하고, 개인화된 마케팅 전략을 실행함으로써 기업의 성과를 극대화하는 데 도움을 줄 수 있다. 앞으로도 AI 기반 실시간 데이터 분석과 마케팅 자동화는 더욱 발전하여, 기업이 변화하는 시장 상황에 신속하게 대응하고, 소비자에게 더 나은 경험을 제공하는 데 중요한 역할을 할 것이다.

5) 인터랙티브한 쇼핑 경험의 진화와 옴니채널 마케팅

AI는 소비자에게 더 몰입적이고 상호작용적인 쇼핑 경험을 제공하는 데 있어 중요한 역할을 하고 있다. AI 기반 기술은 온라인 쇼핑에서 물리적 제약을 극복하고, 오프라인과 유사한 몰입감을 제공하며, 소비자와의 상호작용을 강화하는 데도 기여하고 있다. 이러한 과정에서 AI는 옴니채널 마케팅(Omni-channel Marketing)을 통해 소비자가 여러 채널에서 일관된 경험을 할 수 있도록 보다 촘촘하게 도움을 주고 있다. 옴니채널 마케팅이 소비자가 다양한 채널을 통해 브랜드와 상호작용하는 과정에서 일관된 경험과 메시지를 경험하게 함으로써 고객의 만족도를 높이고 충성도를 강화하는 것을 목표로 하기에, AI가 전 과정에서 경험의 개인화와 최적화를 하게 된다면 전반적인 옴니채널 마케팅의 효과는 극대화될 것이다.

(1) AI 기반 쇼핑 경험의 혁신

AI는 온라인 쇼핑에서 소비자 경험을 개인화하고 상호작용을 강화하는 데 중요한 역할을 한다. 나이키(Nike)는 AI 기반의 가상 피팅룸을 도입하여 소비자가 온라인에서 신발 사이즈를 정확하게 선택할 수 있도록 돕고 있다. 나이키의 가상 피팅룸은 사용자가 발 사이즈 등의 정보를 입력하면 AI가 다양한 신발 모델에서 가장 적합한 사이즈를 추천해주는 방식으로 작동한다. 이는 소비자들이 오프라인에서 신발을 직접 착용해 보는 것과 유사한 경험을 제공함으로써, 온라인 쇼핑의 불확실성을 해소해 준다. 이 시스템은 나이키의 다양한 판매 채널에서 일관된 경험을 제공하는 데 기여하며, 소비자가 온라인과 오프라인에서 동일한 수준의 맞춤형 서비스를 받을 수 있도록 돕는다.

이케아(IKEA)는 Ikea Kreativ라는 AI 기반 가상현실(VR) 쇼핑 기능을 도입해 소비자가 가구를 구매하기 전에 가상공간에서 해당 가구를 배치해 볼 수 있는 기능을 제공하고 있다. 이 시스템은 소비자가 가구의 크기와 디자인을 가상으로 확인한 후 구매 결정을 내릴 수 있도록 돕는다. 예를 들어, 사용자가 자신의 집 환경을 시뮬레이션해 가구를 배치해 보면, AI는 그 배치가 어떻게 보일지 시각적으로 보여주는 식이다.

아마존(Amazon)은 AI 기반 리뷰 요약 기능(AI-generated from the text of customer reviews)을 제공하여 소비자들이 제품 리뷰를 빠르게 이해하고 구매 결정을 내릴 수 있도록 돕고 있다. 이 기능은 온라인 리뷰를 분석해 핵심적인 정보를 추출하고, 소비자가 필요로 하는 제품 정보만을 요약하여 제공함으로써 쇼핑 경험을 개선한다. 이러한 시스템은 소비자가 여러 디지털 채널에서 일관된 정보를 얻을 수 있도록 하여, 옴니채널 경험을 강화하는 데 기여하고 있다.

알리바바(Alibaba) 또한 Smart Assistant AI라는 AI를 사용해 가상 쇼핑 도우미를 운영하고 있다. 이 도우미는 소비자들이 온라인에서 제품을 검색하고 구매하는 과정을 돕는 역할을 하며, 소비자에게 더욱 직관적인 쇼핑 경험을 제공한다. 알리바바의 가상 쇼핑 도우미는 사용자의 이전 구매 기록과 선호도를 분석해 맞춤형 추천을 제공함으로써, 소비자가 여러 채널에서 동일한 수준의 맞춤형 경험을 할 수 있도록 지원한다.

이처럼 AI는 옴니채널 마케팅 과정에서 소비자 경험을 한층 더 개인화할 수 있기 때문에, 소비자가 온라인과 오프라인을 넘나들며 브랜드와 상호작용할 때에 일관된 경험과 메시지를 제공하는 데 큰 역할을 할 수 있다.

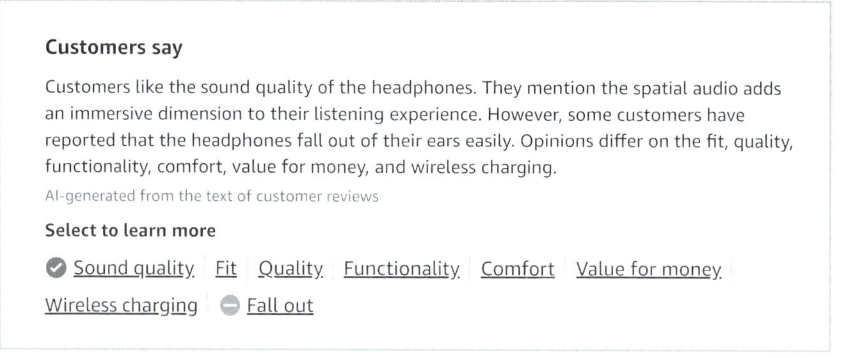

[그림 1-3] 소비자 리뷰를 AI로 분석하여 제공하는 아마존의 AI 리뷰
– 아마존의 애플 어에팟 프로 제품 페이지

(2) 몰입적이고 상호작용적인 쇼핑 경험의 미래

AI 기반 기술은 소비자 경험을 혁신적으로 변화시키고 있다. 몰입적인 쇼핑 경험을 제공함으로써 소비자는 온라인에서도 오프라인과 유사한 경험을 할 수 있게 된다. 예를 들어, 자라(Zara)는 AI 기반 의류 추천 시스템을 도입해 소비자에게 맞춤형 의류 추천을 제공하고 있다. 이 시스템은 소비자의 취향과 과거 구매 기록을 분석해 적절한 의류를 추천함으로써, 온라인 쇼핑 경험을 개선하고 있다. 세포라(Sephora)는 AI와 증강현실(AR) 기술을 결합한 "Virtual Artist"를 통해, 소비자가 가상으로 메이크업을 체험할 수 있는 기능을 제공한다. 소비자는 자신의 얼굴을 스캔해 다양한 메이크업 제품을 가상으로 시도해볼 수 있으며, 이를 통해 자신에게 가장 잘 맞는 제품을 선택할 수 있다. 이러한 기술은 소비자에게 몰입적이고 상호작용적인 경험을 제공하며, 온라인 쇼핑의 물리적 제약을 극복하는 데 기여한다. 이와 같이, AI 기반 기술은 소비자

가 여러 채널에서 일관된 경험을 할 수 있도록 돕고, 브랜드와의 상호작용을 개인화함으로써 고객 만족도를 높이고 있다. 몰입적이고 상호작용적인 쇼핑 경험은 앞으로도 AI 기술의 발전과 함께 더욱 확장될 것이며, 기업은 이를 통해 소비자와의 관계를 더욱 강화할 수 있을 것이다.

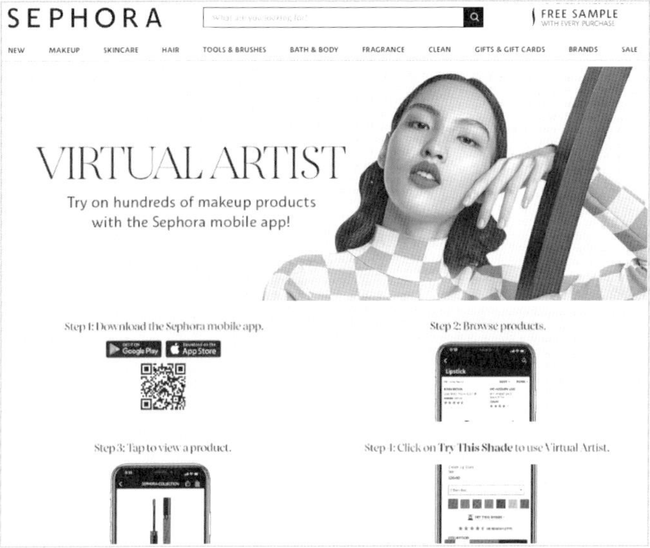

[그림 1-4] 세포라 말레이시아의 Virtual Artist 페이지

2. 소비자의 생성형 AI 활용 행태를 기업이 어떻게 전략적으로 이용할 수 있는가?

1) 타깃 마케팅의 최적화

전통적인 타깃 마케팅은 주로 인구통계학적 요소나 과거 행동 데이터를 기반으로 하였기 때문에, 세밀한 타깃팅에는 한계가 있었다. Gen AI

는 이러한 한계를 극복하는 데 도움을 주어 타깃 마케팅을 한층 더 정교하게 최적화하는 데 중요한 역할을 하고 있다. 소비자 행동 데이터를 실시간으로 분석하고, 소비자 개개인에게 맞춤형 마케팅 메시지를 전달함으로써 마케팅 효과를 극대화할 수 있게 하는 것이다.

(1) Gen AI를 통한 타깃팅 최적화

Gen AI는 소비자의 온라인 활동, 구매 기록, 소셜 미디어 상호작용 등 다양한 데이터를 종합적으로 분석하여, 타깃 마케팅을 정교하게 최적화할 수 있다. AI 기술을 활용하면 기업은 소비자의 구체적인 관심사와 행동 패턴을 기반으로 보다 개인화된 마케팅 캠페인을 실행할 수 있게 된다. 예를 들어, 코카콜라는 AI를 활용해 소셜 미디어상의 소비자 트렌드를 실시간으로 분석하고, 특정 소비자 그룹을 타깃으로 맞춤형 광고를 자동으로 생성하고 있으며, 인사이트를 수집하고 처리하여 소비자와 시장 역학을 더 잘 이해하기 위해 AI를 활용하고 있다. AI는 또한 소비자 경험의 확대를 위해서도 사용되는데, 코카콜라의 2023년 연말 캠페인의 일환인 Gen AI가 만든 크리스마스카드는 좋은 예이다(Rodgers, 2024). 또한, 포르쉐는 AI에 기반한 "Recommendation Engine"을 통해 포르쉐 자동차 컨피큐레이터(Porsche Car Configurator)의 기능을 한층 강화하고 있다. 포르쉐에 따르면, 270개의 머신러닝 알고리즘이 포함된 신경망 분석을 통해 소비자의 니즈를 90% 이상의 정확도로 예측할 수 있다고 한다.

AI는 소셜 미디어 마케팅에서 타깃팅의 정확도를 높이는 데에도 중요한 역할을 한다. 앞서 간략히 설명했듯이, 스포티파이는 AI를 사용해 사용자의 청취 기록과 음악 취향을 분석하고, 이를 바탕으로 맞춤형 광고를 제공한다. 스포티파이는 AI가 실시간으로 데이터를 분석하여 사용자가 선호할 가능성이 높은 음악, 아티스트, 또는 콘서트 정보를 추천하는 광고를 생성한다. 이러한 AI 기반 타깃팅은 소비자가 더 나은 음악 경험을 할 수 있도록 돕고, 스포티파이의 광고 효율성을 높이는 데 기여한다. 페이스북(Facebook) 또한 AI를 활용해 소셜 미디어 플랫폼 상에서 더욱 세밀한 타깃팅을 구현하고 있다. 페이스북은 사용자의 활동 데이터를 분석해 특정 관심사나 행동 패턴을 가진 그룹을 찾아내고, 그에 맞춘 광고를 자동으로 제공한다. 예를 들어, 특정 스포츠에 관심 있는 사용자는 관련 제품 광고를 보게 되고, 여행에 관심 있는 사용자는 여행 상품과 관련된 광고를 보게 된다. 이러한 타깃 마케팅의 세분화는 광고의 클릭률을 높이고, 광고비용 대비 효율성을 극대화하는 데 기여한다. 예를 들어, 노스페이스는 페이스북의 AI기반 솔루션을 통해 타깃팅과 다이내믹 광고크리에이티브를 한 결과, 60%의 클릭율과 31%의 CPC(cost per click) 감소를 달성했다고 한다(Adarsh, 2023).

AI는 타깃 마케팅의 정확도와 효율성을 극대화하는 데 핵심적인 기술로 자리를 잡고 있다. AI는 소비자의 행동 데이터를 실시간으로 분석하여, 기업이 더욱 세밀하고 개인화된 마케팅 캠페인을 실행할 수 있도록 돕는 데 쓰인다. 이를 통해 기업은 소비자와의 관계를 강화하고, 마케팅 효과를 극대화하는 데 경쟁력을 확보할 수 있다. 앞으로도 AI 기술의 발전에 따라 타깃 마케팅은 더욱 정교해지고, 소비자 경험을 개선하는 데 중요한 역할을 할 것임이 분명하다.

2) 콘텐츠 맞춤화

콘텐츠 맞춤화는 마케팅에서 소비자와의 관계를 강화하고, 브랜드와 소비자 간의 연결을 더욱 개인화하는 중요한 전략이다. Gen AI는 대규모의 데이터를 실시간으로 분석하여 소비자의 관심사와 행동을 파악하고, 이를 기반으로 각 개인에게 맞춤형 콘텐츠를 제공할 수 있는 강력한 도구로 자리잡고 있다. 따라서 AI는 소비자가 어떤 콘텐츠에 관심을 가질지 예측하고, 그들의 취향에 맞춘 정보를 제공함으로써 더 높은 참여도와 만족도를 이끌어낼 수 있는 능력이 있으므로, 기업이 이를 얼마나 활용하느냐에 따라 경쟁력이 달라질 수 있다.

(1) AI를 통한 콘텐츠 맞춤화의 적용

AI는 소비자와 브랜드 간의 연결을 개인화하여, 더 높은 참여도를 유도하고, 콘텐츠 소비 경험을 개선할 수 있다. 넷플릭스는 AI 기반 알고리즘을 활용해 소비자의 시청 이력과 선호도를 분석하고, 각 사용자에게 맞춤형 콘텐츠를 추천하고 있다. 넷플릭스의 추천 시스템은 소비자가 과거에 시청한 콘텐츠와 유사한 새로운 콘텐츠를 추천하거나, 특정 장르에 대한 선호도를 기반으로 새로운 제안을 한다. 이 과정에서 AI가 소비자의 관심사와 취향을 실시간으로 학습하며, 개인화된 콘텐츠 경험을 제공하는 것이다. 또한, 앞서 언급했듯이 스포티파이는 사용자의 음악 청취 패턴을 분석해 매주 개인화된 플레이리스트를 제공하는데, "Discover Weekly"로 불리는 이 서비스는 AI가 사용자의 청취 이력과 유사한 곡들을 추천하여, 새로운 음악을 발견하고 즐길 수 있도록 돕는다. 이러한 개인화된 음악 추천은 사용자의 청취 경험을 더욱 풍부하게 만들고, 플랫폼에 대한 충성도를 높이는 데 기여하고 있다.

뉴스와 미디어 산업에서도 AI를 활용한 콘텐츠 맞춤화가 활발히 이루어지고 있다. BBC는 AI를 통해 사용자에게 맞춤형 뉴스를 제공하는 시스템을 구축했다. BBC의 AI는 사용자가 선호하는 뉴스 주제와 카테고리를 파악하여, 관련된 기사를 개인화된 피드로 제공한다. 이 시스템은 사용자가 관심을 가질 만한 뉴스를 실시간으로 추천함으로써, 뉴스 소비 경험을 개인화하고 있다(Davies, 2024). 워싱턴포스트는 2016년에 AI

시스템인 Heliograf를 통해 자동으로 뉴스를 작성하고, 독자에게 맞춤형 콘텐츠를 제공하였다. Heliograf는 주요 스포츠 경기 결과나 선거 결과와 같은 데이터 중심의 기사를 생성하며, 독자가 관심을 가질 만한 뉴스를 실시간으로 제공함으로써 콘텐츠 맞춤화를 극대화할 수 있었는데, 여러 해 전이지만, 2016년 한 해에만도 850개의 뉴스아티클을 썼다고 한다. 나이키는 AI를 사용해 소비자의 운동 습관을 분석하고, 그에 맞춰 개인화된 콘텐츠를 제공하는 전략을 사용하고 있다. 예를 들어, 러너에게는 달리기 관련 콘텐츠와 제품을 추천하고, 요가 애호가에게는 요가 매트나 운동복을 추천하는 방식으로 콘텐츠를 맞춤화하여 제공하고 있는데, 이를 통해 소비자와의 개인적인 연결을 강화하고, 브랜드 충성도를 높이는 데 기여하고 있다. 제품디자인에도 AI를 적극 활용하고 있는데, 심지어 운동선수들(예를 들어, Sha'Carri Richardson and Kylian Mbappé)에게 Athlete Imagined Revolution(AIR)이라는 프로젝트를 통하여 신발을 제작하여 제공하고 있다고 한다.

또한 광고에도 콘텐츠 개인화 및 맞춤화 시도가 많이 일어나고 있다. 예를 들어, Wunderman Thompson은 듀라셀(Duracell)의 광고 캠페인에서 AI 기반 증강현실(AR) 기술을 활용해 “Bunny Hop”이라는 레트로 스타일의 인스타그램 게임을 제작했다. 메타의 Spark AR이라는 증강현실 플랫폼을 사용하여 만든 이 게임은 사용자가 게임 속 장애물들을 극복하는 과정에서 듀라셀 배터리로 힘을 얻는 방식으로 설계되었으며, 이는 AI와 AR을 결합한 창의적인 캠페인의 성공적인 사례로 불린다(Creative Salon, 2022).

Gen AI는 콘텐츠 맞춤화를 통해 소비자 경험을 개인화하고, 브랜드와 소비자 간의 연결을 강화하는 데 중요한 역할을 하고 있다. AI는 소비자의 행동을 실시간으로 분석하여 개인화된 콘텐츠를 제공함으로써, 더 높은 참여도와 만족도를 이끌어낼 수 있다. 이러한 기술은 뉴스, 미디어, 음악, 마케팅 캠페인 등 다양한 분야에서 활용되고 있으며, 앞으로도 콘텐츠 맞춤화는 소비자 경험을 개선하고 브랜드와의 연결을 강화하는 데 중요한 역할을 할 것이다.

3) 고객 경험 개선

고객 경험(Customer Experience: CX)은 브랜드와 소비자 간의 관계에서 중요한 경쟁 요소로 자리 잡고 있다. 이제 소비자들은 단순히 제품이나 서비스를 구매하는 것 이상으로, 브랜드와의 상호작용에서 일관적이고 긍정적인 경험을 기대하는 것이다. 이러한 맥락에서, Gen AI는 기업들이 소비자에게 더 나은 고객 경험을 제공하는 데 핵심적인 역할을 하고 있는데, AI는 데이터를 실시간으로 분석하고, 고객의 요구를 예측하며, 이를 기반으로 Gen AI를 통해 더 개인화된 경험을 제공할 수 있기 때문이다.

(1) AI를 통한 고객 경험 개인화

주지했듯이, AI는 소비자와의 상호작용을 개인화하는 데 강력한 도구로 활용되고 있다.

KLM Royal Dutch Airlines는 AI 기반의 고객 지원 챗봇 BB(BlueBot)를 통해 항공편 예약, 체크인, 여행 정보 제공 등을 자동화하여 고객 경험을 개선했다. BB는 자연어 처리(NLP) 기술을 사용해 고객의 질문에 실시간으로 응답하고, 개별화된 경험을 제공한다. 예를 들어, 고객이 항공편에 대한 질문을 하면, AI는 고객의 예약 정보를 기반으로 맞춤형 답변을 제공하여 고객의 문제를 신속하게 해결해 준다. KLM에 따르면 BlueBot이 약 60%의 소비자 문의를 처리하여, 고객 지원 업무의 효율성을 높이고, 고객 만족도를 크게 향상시키고 있다고 한다(Barnfield, 2024). 또한, AI는 실시간으로 데이터를 분석하고, 그 데이터를 바탕으로 소비자에게 더 나은 경험을 제공할 수 있는 능력을 가지고 있다.

스타벅스(Starbucks)는 AI를 사용해 고객의 주문 데이터를 실시간으로 분석하고, 그에 따라 맞춤형 서비스를 제공한다. Digital Flywheel Program이라는 클라우드 기반 AI 엔진을 이용하여, 스타벅스는 고객의 과거 구매 이력과 현재 위치, 날씨 등을 고려해 고객이 가장 좋아할 만한 음료를 추천한다. 예를 들어, 무더운 날씨에는 차가운 음료를, 아침 시간대에는 커피를 추천하는 방식으로 고객의 요구를 예측하고, 그에 맞춘 서비스를 제공한다. 이와 같은 실시간 데이터 분석은 고객의 경험을 향상시키고, 매장 방문을 촉진하는 데 중요한 역할을 한다(Marr, 2021). 또한, H&M은 매장 내에서 AI를 사용해 고객의 행동 데이터를 실시간으로 분석하고 있다. H&M의 AI 시스템은 매장 내에서 어떤 제품이 인기를 끌고 있는지 실시간으로 파악하고, 해당 제품을 눈에 띄는 위치에 배치하거나, 재고를 신속하게 보충하는 방식으로 고객 경험을 개선하는데, 이러한 실시간 반응은 매출 증대뿐만 아니라 매장에서의 소비자 경험을 최적화하는 데 기여한다.

디즈니(Disney)는 AI를 사용해 자사 테마파크에서의 고객 경험을 개선하고 있다. 디즈니의 AI 시스템은 방문객이 테마파크 내에서 어떤 시설을 이용했는지, 어떤 음식을 선호했는지 등의 데이터를 분석해 방문객에게 맞춤형 추천을 제공한다. 이 시스템은 모바일 앱을 통해 방문객에게 실시간으로 대기시간이 짧은 놀이기구나 가까운 식당을 추천하며, 테마파크에서의 경험을 개인화하고 있다(Sahota, 2024). 이에 더해 방문자들의 안면을 통해 나타나는 감정을 AI를 통해 분석하여 고객경험 개선과 기획에 이용하는 기술을 개발하고 있다고 한다. 이는 디즈니사의 영화나 디즈니랜드의 공연 등 여러 상황에서 이용이 가능한 기술이 될 것이다.

여러 사례를 통해 살펴보았듯이, AI는 고객 경험을 개인화하고, 실시간으로 데이터를 분석하여 더 나은 서비스를 제공하는 데 중요한 역할을 하고 있다. AI는 소비자가 다양한 채널에서 일관된 경험을 할 수 있도록 돕고, 옴니채널 환경에서 고객 만족도를 높이는 데 기여한다. 앞으로도 AI 기술은 고객 경험 관리에서 더욱 중요한 도구로 자리 잡을 것이며, 기업이 소비자와의 관계를 강화하고 경쟁력을 유지하는 데 필수적인 역할을 할 것이다.

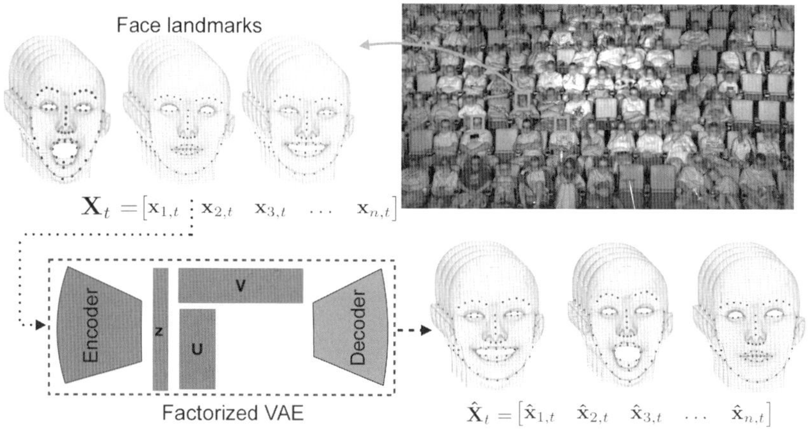

[그림 1-5] 디즈니가 개발하고 있는 변이형 자동 인코더의 개념도
출처: Deng, et al. (2018).

4) 실시간 반응

AI의 주요 강점 중 하나는 실시간으로 데이터를 분석하고, 그에 따라 소비자의 요구에 즉각적으로 대응할 수 있는 능력이다. 이러한 실시간 반응 능력은 전자상거래, 고객 서비스, 소셜 미디어 관리, 그리고 물류와 같은 다양한 산업에서 중요한 역할을 하고 있다. 실시간 데이터 분석은 소비자가 즉각적으로 필요한 정보를 제공받거나, 맞춤형 추천을 받는 등의 경험을 가능하게 하며, 기업이 소비자의 요구에 빠르게 대응할 수 있도록 돕는다.

(1) 전자상거래와 소셜 미디어에서의 실시간 대응

전자상거래에서도 AI 기반 실시간 대응이 소비자의 쇼핑 경험을 크게 개선하고 있다. 도미노피자(Domino's Pizza)는 AI 기반 주문 시스템인 Dom을 도입해 소비자가 음성 명령이나 메시지를 통해 실시간으로 피자를 주문할 수 있도록 하고 있다. Dom은 소비자가 원하는 주문을 실시간으로 처리하고, 주문 상태를 실시간으로 추적해 고객에게 알림을 제공한다. 이러한 실시간 대응 시스템은 주문 과정에서 발생하는 불편을 최소화하고, 고객 만족도를 높이는 데 기여하고 있다.

[그림 1-6] 도미노피자는 AI 기반 주문 시스템 Dom

소셜 미디어 관리에서도 AI 기반 실시간 대응이 중요한 역할을 하고 있다. 코카콜라는 AI를 사용해 소셜 미디어상의 트렌드를 실시간으로 분석하고, 그에 따라 마케팅 캠페인을 신속하게 조정하는 전략을 사용하고 있다. 코카콜라는 소비자들이 소셜 미디어에서 언급하는 키워드나 해시태그를 분석해, 그 데이터를 바탕으로 실시간으로 광고 메시지를 조정하거나, 특정 캠페인을 강화하는 방식으로 실시간 반응을 구현하고 있는데, 이러한 AI 기반 소셜 미디어 관리 시스템은 브랜드와 소비자 간의 실시간 상호작용을 강화하고, 소비자 참여도를 높이는 데 기여하고 있다(Barnfield, 2024). 이 밖에도 인스타그램 뉴스피드를 통해 소비자들과 지역 레스토랑을 퍼펙트밀(Perfect Meal)이라는 DM 서비스로 연결해 준다든지, 코카콜라의 비주얼 아카이브를 이용해서 소비자들이 할러데이 카드를 만들 수 있도록 하는 일련의 마케팅 활동에 AI가 주요한 기술로 이용되고 있다.

나이키는 AI와 소셜 미디어를 활용해 소비자와 실시간으로 상호작용을 강화하는 다양한 전략을 성공적으로 적용하고 있다. 좀 오래된 예로, 월드컵 기간 동안 진행된 “Phenomenal Shot” 캠페인이 있는데, 나이키는 실시간으로 경기 중 발생한 중요한 순간들을 기반으로 AI를 사용해 다이내믹한 광고를 제작하고 이를 전 세계에 즉시 배포한 바 있다. 이 광고는 여러 언어로 맞춤 제작되어 팬들과 더욱 개인화된 즉각적인 소통을 가능하게 했었다. 또한, 나이키는 소셜 리스닝 도구를 활용해 인스타그램(Instagram)과 트위터X(Twitter X)와 같은 플랫폼에서 대화를 모니터링하고, 실시간으로 소비자의 피드백에 응답하며, 바이럴 트렌드를 활용하고 있다. 팬들이 직접 콘텐츠를 생성하도록 유도하는 챌린지를 주최하는 경우도 많은데, 예를 들어 코로나19 기간에 “Living Room Cup” 같은 이벤트를 통해 팬들이 나이키와의 소통을 강화할 수 있도록 했었던 적이 있다. 이는 팬들이 집에서 운동을 즐기며 활발히 참여하도록 유도하여 글로벌 커뮤니티를 형성하는 데 기여했다.

(2) 고객 서비스에서의 실시간 반응

AI 기반 실시간 대응은 고객 서비스 분야에서도 매우 중요한 역할을 한다. 레모네이드 인슈어런스(Lemonade Insurance)는 AI 챗봇 Maya와 Jim을 통해 실시간으로 보험 청구 처리를 자동화하고, 고객이 문의하는 내용을 신속하게 해결해 주고 있다. Maya와 Jim은 고객의 질문에 대해 실시간으로 응답하고, 보험 청구 과정을 간소화하여 처리 시간을 크게 단축시키고 있는데, 이 시스템은 고객이 보험 관련 문제를 해결하는 데 걸리는 시간을 줄여주며, 고객 만족도를 높이는 데 기여하고 있다.

또한, 리프트(Lyft)는 AI를 사용해 고객 지원 시스템을 자동화하여 운영하고 있다. 리프트의 AI 기반 시스템은 고객이 서비스에 대해 불만을 제기하면, 그 불만 사항을 실시간으로 분석하고, 신속하게 해결책을 제시하는 방식으로 작동한다. 예를 들어, 운행 중 문제가 발생한 경우, AI는 즉시 해당 문제를 분석하고, 소비자에게 보상을 제공하거나 문제를 해결하는 데 필요한 조치를 취한다. 이러한 실시간 대응 시스템은 고객 지원 업무의 효율성을 높이고, 소비자 만족도를 극대화하는 데 중요한 역할을 한다(RideGuru, 2024).

(3) 물류 및 공급망 관리에서의 실시간 반응

AI는 물류와 공급망 관리에서도 실시간 대응을 가능하게 하여 기업의 운영 효율성을 크게 높이고 있다. 아마존은 인공지능(AI)을 활용해 실시간으로 물류 운영을 최적화하여 빠르고 효율적인 서비스를 제공하고 있는데, AI 기반의 알고리즘이 실시간 교통 상황, 날씨 변화, 배송 제한 조건 등을 분석해 동적으로 배송 경로를 최적화한다. 이를 통해 배송 계획을 실시간으로 조정하며, 교통 혼잡을 피하고 고객에게 패키지를 더 신속하게 전달할 수 있게 된다. 또한, AI 시스템이 실시간으로 제품 수요와 재고 수준을 추적하여 자동으로 물류 센터 간 재고 배치를 조정하고, 수요 중심지에 제품을 효율적으로 배치하고 있는데, 이러한 실시간 최적화는 공급망 전반에 걸쳐 지속적으로 모니터링되어 잠재적인 지연이나 병목 현상을 미리 해결함으로써 원활한 물류 프로세스를 유지하는데 기여하고 있다(Sifted, 2024).

3. 맺음말

AI(Artificial Intelligence)는 이 세상의 모든 연결된 것들의 스마트함을 증강하여 "augmented intelligence"를 가져오는 선물과도 같은 기술이다. 소비자들은 AI를 통해 더 똑똑해지고, 기업은 그러한 소비자들에게 만족을 주기 위해 마찬가지로 똑똑해져야만 살아남을 수 있다. 기업과 소비자를 연결하는 중요한 도구인 광고와 PR 또한 소비자에 대한 실시간 이해와 반응 예측을 통하여 적재적소에 최적의 메시지를 보내어 소비자들과 소통하는 똑똑한 커뮤니케이션을 해야만 의미 있는 역할을 하게 될 것이다. 하지만 어디까지나 AI는 도구에 불과하다는 것 또한 잊지 말아야 한다. HI(Human Intelligence)가 배제된 AI는 바보가 될 수도, 매우 위험한 도구가 될 수도 있다. 소비자와 기업 모두 HI가 주도하는 AI 활용의 가치를 잊지 않는 지혜가 앞으로 더욱 필요할 것이다.

참고문헌

Adarsh, T. S. (2023.10.25). The evolution of Facebook ads: How AI is transforming advertising. *Medium*. https://medium.com/@adarsh.ts_39697/the-evolution-of-facebook-ads-how-ai-is-transforming-advertising-ff49c340b964

Barnfield, P. (2024). Unleashing the power of AI for business growth: Real-world examples and case studies that will inspire your success. *Maybe**. https://www.maybetech.com/blog/unleashing-the-power-of-ai-for-business-growth-real-world-examples-and-case-studies-that-will-inspire-your-success

Deng, Z., Navarathna, R., Carr, P., Mandt, S., Yue, Y., Matthews, I., & Mori, G. (2018). Factorized variational autoencoders for modeling audience reactions to movies. *Disney Research*. https://studios.disneyresearch.com/wp-content/uploads/2019/04/FactorizedVariationalAutoencodersfor-ModelingAudienceReactionstoMovie-1.pdf

Marr, B. (2021). Starbucks: using big data, analytics, and artificial intelligence to boost performance. *Forbes*. https://www.forbes.com/sites/bernardmarr/2018/05/28/starbucks-using-big-data-analytics-and-artificial-intelligence-to-boost-performance

Mayer, R. C., Davis, J. H., & Schoorman, F. D. (1995). An integrative model of organizational trust. *Academy of Management Review, 20*(3), 709-734. https://doi.org/10.5465/amr.1995.9508080335

RideGuru (2024). How Lyft uses machine learning to optimize rides in 2024. RideGuru. https://ride.guru/content/newsroom/how-lyft-uses-machine-learning-to-optimize-rides-in-2024

Sahota, N. (2024.04.30). The magic of tomorrow: How AI is transforming amusement parks. *Forbes*. https://www.forbes.com/sites/neilsahota/2024/04/30/the-magic-of-tomorrow-how-ai-is-transforming-amusement-parks

Sahu, S. (2023). 2024 trends: AI to revolutionize e-commerce personalization. https://research.g2.com/insights/ecommerce-trends-2024

Sifted (2023). How Amazon is using AI to become the fastest supply chain in the world. *Sifted*. https://sifted.com/resources/how-amazon-is-using-ai-to-become-the-fastest-supply-chain-in-the-world/

박성은 (2021). 스포티파이 "세계 최다 사용자 · 음악 트랙 기반 AI 추천 서비스 제공". *AI Times*. https://www.aitimes.com/news/articleView.html?idxno=136385

chapter

02

AI가 바꾸는 소비자 구매 여정

▸▸▸ 김정원

(서울대학교 언론정보연구소 선임연구원)

초등학교 때 과학 상상 그리기 대회가 있었다. 학생들이 과학적인 상상력과 창의력을 마음껏 발휘하여 미래 모습을 상상하고 그리는 시간이었다. 우리는 너나 할 것 없이 당시에는 말도 안 된다고 생각한 것들을 그려댔다. 자동차는 하늘을 날아다녔고, 사람들 옆에는 깡통 로봇의 형태를 한 집사가 서 있었다. 도시 전체는 태양열 발전으로 운영되고 우리가 사는 집은 '전 자동 시스템'으로 돌아가는 구조였다. 생각보다 우리가 상상했던 미래는 훨씬 더 빨리, 심지어 더 세련된 모습으로 현실이 되었다. 깡통 로봇보다 첨단의 AI는 각종 가전, 시스템, 프로그램 등에 탑재되면서 소비자의 일상을 함께한다. 이러한 AI와 빅데이터의 결합은 전 자동을 뛰어넘어 제품과 서비스, 소비자 경험을 맞춤형으로 제공하고 있다. 이 장에서는 이러한 변화 속에서 소비자가 제품이나 서비스를 구매하는 여정에 AI가 어떠한 영향을 미치고, 소비자와 AI의 상호작용이 어떻게 이루어지고 있는지를 살펴볼 것이다.

1. 소비자 접점과 AI 상호작용

1) 소비자 접점과 AI의 적용

소비자는 자신의 욕구나 필요를 깨닫고 문제 해결이 필요하다는 것을 '인지'하게 된다. 문제 해결을 위해 관심을 갖고 여러 제품, 서비스 옵션을 '고려'하게 되며 이후 구매를 '결정'한다. 이 구매가 만족스러운 경우 소비자는 주변 사람들에게 자신이 구매했던 제품, 서비스를 추천하거나 웹사이트에 추천 후기를 남기는 등 구매 후 행동을 하게 된다. 이 모든 구매 전, 구매 중, 구매 후의 과정을 구매 여정이라고 하며, 구매 여정에서 소비자는 여러 브랜드와 다양한 접점의 순간들을 마주한다.

구매 전, 소비자는 신문, TV, 잡지 등 전통적인 매체에서 광고를 접하거나, 소셜 미디어, 포털 사이트 등 뉴미디어에서 광고를 접한다. 구매하려는 온라인 쇼핑몰에서 긍정적인 리뷰를 읽는 것, 주변 친구들에게 추천 후기를 듣는 것 등이 모두 구매 전의 접점이 될 수 있다. 자의적 혹은 타의에 의해 여러 브랜드 선택지를 고려하고 소비자는 다음 단계로 넘어간다. 구매를 하기 위해 소비자는 직접 오프라인 매장에 방문할 수도 있으며, 온라인 쇼핑몰에서 구매를 진행할 수도 있다. 온라인과 오프라인 채널에서 구매하는 순간은 구매 중의 접점에 해당된다. 이때 소비자는 판매 직원과 소통할 수 있고, 고객센터 상담원에게 문의를 할 수도 있다. 구매 후에도 소비자의 여정은 끝나지 않는다. 만약 구매한 제품이나 서비스가 마음에 들었다면 그에 대해 추천 후기를 남기거나 직접 주변 사람들에게 추천할 것이다. 안타깝게도 구매가 만족스럽지 못했다면 불만 사항을 사이트에 남길 수도 있고, 고객 피드백 설문 조사가 왔을 때 낮은 평가를 줄 수도 있다.

이러한 수많은 구매 접점에서 기업은 자신의 브랜드가 고려되고, 선택받을 수 있도록 고객 경험을 향상시켜야 한다. 그래서 더 눈에 띄는 광고를 만들고, 인테리어, 향, 제품 디스플레이 등을 통해 브랜드 아이덴티티를 드러낼 수 있는 매장 분위기를 조성한다. 온라인과 모바일에서의 쇼핑 경험이 편안하도록 UX/UI 디자인에 신경 쓰고 친절한 고객서비스를 제공하기 위해 직원 교육에 힘쓰는 것도 고객 경험을 위해 기업이 해야 할 노력이다. 그리고 고객 경험을 높이기 위해 기업이 적극적으로 활용해야 할 한 가지는 AI 기술이다. 지금까지 이야기한 모든 고객 접점의 장면에서 이미 AI는 도입되고 있다. 사실상 요즘 집행되고 있는 모든 광고는 AI의 추천 알고리즘이 적용되어 개인화된 형태로 제공된다. 소비자의 특성에 따라 같은 시간에 TV를 보더라도 어떤 집에는 아기 기저귀 광고가 나올 수도 있고, 다른 집에는 화장품 광고가 나올 수도 있다. 포털 사이트에 똑같이 청바지라고 검색하지만 결과물은 다르다. '○○님이 좋아하실 만한 요즘 트렌드입니다'라는 문구 표시와 함께 청바지 브랜드들이 줄지어 나온다. 그 뒤에 소셜 미디어나 다른 웹사이트에 접속하면 이제 화면 곳곳에 청바지 광고들이 뜨기 시작한다.

AI는 이제 소비자들을 응대하는 인간 직원들을 대체하고 있다. 백화점이나 대형 쇼핑몰에 갔을 때 로봇이 돌아다니며 안내를 해주는 것을 심심치 않게 볼 수 있다. 식당에서는 로봇이 주문한 음식을 서빙해서 바쁜 직원들의 일손을 덜어준다. 고객 서비스 센터에서는 이미 AI 직원이 전면에 나서고 있다. 불편 사항이나 문의 사항은 24시간 브랜드의 챗봇 서비스를 통해 해결할 수 있고, 은행, 공공기관 등도 챗봇을 활용하여 금융 상품을 추천하거나 민원을 접수한다. 여기에서 더 나아가 생성형 AI가 등장하면서 이제 웬만한 고객 응대는 AI 직원 혼자서도 가능해졌다. 이후 논의에서는 AI가 적용된 추천 광고나 서비스보다는 좀 더 소비자와 AI가 고객 접점에서 나눌 수 있는 직접적인 상호작용에 집중할 것이다. 먼저, 간단하게 소비자-AI 상호작용에 대한 개괄적인 논의를 한 뒤, 구체적으로 오프라인과 온라인 장면에서 AI가 어떻게 소비자와 상호작용하는가를 살펴보면서 기업이 AI 기술을 어떻게 활용해야 할지를 함께 고민하고자 한다.

2) 소비자-AI 상호작용 개요

AI란 컴퓨터 시스템과 같은 기계로 인간의 지능을 구현한 기술이다. AI를 통해 기계는 인간과 같이 학습하고, 추론하며, 지각하는 활동을 할 수 있다. AI는 금융, 의료 및 헬스케어 등 전문 분야뿐만 아니라 인간의 일상생활에 다양하게 적용된다. 이에 따라 소비자와 AI의 상호작용은 다양한 장면에서 이루어지고 있다. 앞서 말한 매장 안내 로봇, 고객 응대 챗봇도 모두 소비자와 AI의 상호작용 사례로 볼 수 있다. 무언가를 구매하기 위해 AI와 상호작용하고 도움을 받을 수도 있지만, 거기서 더 나아가 AI 자체가 서비스 제공의 주체가 되기도 한다. 특히 AI가 활용되는 분야가 헬스케어와 같은 전문 분야까지 확장되었다는 점은 실로 놀랍다. 최근 의료계는 AI를 활용하여 사람들의 건강 정보를 수집하고, 데이터에 대한 분석을 통해 인간 의사가 발견하지 못한 환자의 질병을 발견하는 등 AI를 통해 초정밀 의료서비스를 제공하기 위한 노력을 기울이고 있다. AI는 빅데이터나 분석 기술을 활용하여 환자의 질병을 발견할 수도 있고, 인간 의사처럼 간단한 문진을 하여 환자의 건강 상태를 확인하거나, 주기적인 상호작용을 통해 개인별 맞춤 건강 솔루션을 제공하는 일상의 의료 서비스 제공에도 도움을 주고 있다. 우리의 일상적인 생활 공간에도 AI는 곳곳에서 소비자의 정보를 수집하고 필요한 서비스를 제공한다. 가령, 기업은 각종 전자기기에 AI를 탑재하고 있다. 식기세척기, 에어컨 등에 AI 기술이 탑재되면서 식기세척기는 그릇의 오염도에 따라 물 분사량, 분사 세기 등을 조절할 수 있고, 에어컨은 맞춤형 온도 조절을 통한 에너지 절감이 가능하다. 그리고 이 모든 가전제품은 이용자가 착용하고 있는 웨어러블 기기와의 연동을 통해 이용자의 필요에 따라 가전제품을 통제하고 이용자에게 관련 알림 메시지 등을 전송할 수 있다.

AI 스피커(혹은 스마트 스피커)라고 하는 말 그대로 AI가 탑재된 스피커에 대한 관심이 높아졌을 때가 아마 2017년도 즈음으로 기억된다. 그 당시에 AI 스피커를 연구실에 가져와서 소비자들에게 사용해 보게 하고 AI 스피커에 대해 평가하도록 했다. 처음에는 참여자들이 너무 신기해하면서 "우와, 더 물어봐도 돼요?"라고 했지만 이내 AI가 제대로 음성 인식을 못하고 엉뚱한 대답을 내놓자 그들의 관심도 금세 식어버렸다. 연구를 진행할수록 AI 스피커에 대한 기대감은 낮아졌고, 과연 AI가 세상을 바꿀 수 있을까 하는 의문이 들었다. 내가 상상하던 AI의 모습은 시키는 것은 다 알아서 다 처리해 주는 요술램프 지니와 가까운 것이었지만, 그 당시의 AI는 아주 기초적인 질문도 제대로 대답하지 못하고, 그 전의 질문에 대해서 꼬리 질문을 하는 것도 불가능했다. 그리고 한 5년 정도 지났을 때 다시 한번 AI 서비스 사용자 인터뷰를 진행했다. 어떤 AI 서비스를 가장 자주 이용하는가를 물었을 때 돌아오는 대답은 애플의 시리(Siri) 같은 스마트폰에 탑재된 AI 비서였다. 생각보다 사람들은 AI 비서를 잘 사용하고 있었다. 알람을 맞추고, 외출 전 날씨를 묻고, 간단한 정보 검색은 AI 비서와의 대화를 통해 해결한다고 답했다. 다른 일을 하면서, 핸드폰이 손에 있지 않아도 편리하게 이용할 수 있어서 좋다는 의견이 많았다. 음성 인식은 제대로 되는지 물어봤을 때 꽤나 정확하다는 답이 다수였다. 마치 사오정같이 제대로 알아듣지 못했던 몇 년 전과는 달라진 것 같았다. 그리고 생성형 AI라고 하는 챗GPT의 등장은 AI와의 상호작용이 이제 거의 인간과의 그것과 비슷한 수준까지 이르게 될 수 있음을 알렸다.

생성형 AI의 상용화는 소비자가 AI와 더 자연스러운 형태로, 고도화된 상호작용을 할 수 있도록 하였다. 생성형 AI는 기존 데이터를 학습해 새로운 텍스트, 이미지, 음악 등의 콘텐츠를 만드는 인공지능 기술을 말한다. 생성형 AI에 대한 관심은 미국의 스타트업 오픈AI가 개발한 생성형 AI '챗GPT'가 공개되면서 폭발적으로 증가했다. 2022년 11월 30일, 챗GPT가 공개되고 5일 만에 100만 명이 넘게 사용하였으며, 두 달 만에 사용자는 1500만을 넘어섰다. 사람들은 챗GPT와의 상호작용을 통해 간단한 질문에 대한 답변을 얻는 것에서 나아가 보고서, 보도자료, 이메일 등의 글쓰기를 수행하거나 소설이나 작사 같은 예술 작품도 창작할 수 있다. 챗GPT를 통해 AI에 대한 사회적 관심은 폭발적으로 증가하였고, 여기저기서 생성형 AI 활용법에 대한 팁들이 쏟아져 나왔다. '생성형 AI 활용해서 일하는 법', '생성형 AI로 엑셀함수 마스터' 등 업무에 활용할 수 있는 방법을 알려주거나, 생성형 AI를 적용한 상담 서비스 개발 방법을 알려주는 수업이 등장했다. 광고업계도 예외는 아니었다. 생성형 AI는 텍스트뿐만 아니라 이미지나 음악을 창작할 수 있었기 때문에 광고카피, 광고 이미지, 광고 음악 등 광고에 포함되는 모든 콘텐츠 제작에 생성형 AI를 활용할 수 있게 되었다. 실제로 한 보험사는 AI가 제작한 음악과 이미지를 삽입하여 보험 광고를 제작했다. 이러한 광고에 대해 사람들은 신기하다는 반응도 있었지만, 사람의 생명과 연관된 보험 상품 광고에 AI가 활용되는 것에 거부감을 보이기도 했다. 또 다른 식품업체는 좀 더 재치 있게 생성형 AI를 광고에 활용하기도 했다. 닭가슴살 광고였는데 AI에게 광고 콘티를 만들어 달라고 부탁하여 AI의 답변 그대로 광고 촬영을 진행한 것이다.

더 발전된 AI 기술이 탑재된 각종 제품 및 서비스가 등장함에 따라 이용자와 AI 에이전트 간 상호작용은 계속해서 증가할 전망이다. 이미 국내에서 2021년에 실시된 "인공지능 대중화를 위한 대국민 인공지능 이용 인식조사" 결과 99%가 넘는 응답자가 인공지능을 알고 있다고 밝혔으며, 70% 이상이 인공지능 제품 및 서비스 이용 경험이 있다고 응답하였다. 생성형 AI 챗GPT가 공개되고 그 다음해인 2023년 과학기술정보통신부가 실시한 인터넷 사용 실태 조사에서 생성형 AI의 사용 경험은 이미 17.3%에 달했다. 공개 이후 벌써 2년이라는 시간이 다 되어가고 있으니 생성형 AI는 벌써 많은 소비자에게 없어서는 존재가 되었을 것이다. 한 조사업체에 따르면 인공지능 기반의 챗봇은 고객과의 상호작용에서 이미 중요한 역할을 수행하고 있으며, 2023년에는 고객 응대의 70%를 인공지능 챗봇이 담당하게 될 것으로 밝혔다(Dey, 2023). 이제 우리는 일을 하고, 물건을 사고, 가정을 돌보고, 건강을 관리하는 등 우리 삶을 살아가기 위해서 AI와 소통해야 한다.

이에 따라 인간-AI 상호작용에 대해 여러 분야에서 연구가 이루어지고 있다. 학자들은 인간이 AI와 어떠한 방식으로 상호작용하고, AI와의 상호작용이 인간의 의사결정에 어떻게 영향을 미치는지, AI와의 상호작용이 인간에게 미치는 영향은 어떠한 메커니즘을 통해 나타나게 되는지 등을 연구 주제로 하고 있다. 최근에는 AI와의 상호작용에서 나타날 수 있는 프라이버시 침해, 차별 및 혐오 발언 등 기술의 부작용에 대한 관심이 높아짐에 따라 AI의 윤리적, 사회적 문제에 대한 연구도 활발하게 이루어지고 있다. 그리고 이러한 인간-AI의 상호작용을 이해하기 위한 주요한 이론적 프레임워크 중 하나는 CASA(Computers Are Social Actors) 패러다임이라고 할 수 있겠다. CASA 패러다임이란 AI와 같은 비인간적인 개체가 사회적 행위자로 인식될 수 있으며, AI-인간의 상호작용이 인간-인간의 상호작용과 비슷한 양상을 보인다는 이론적 프레임이다(Reeves & Nass, 1996). CASA 패러다임에 따르면 사람들은 AI를 단순한 도구로 인식하지 않고, 사회적 행위자로 간주하여 마치 인간과 상호작용하듯 대한다. 예를 들어, 우리는 AI를 마치 인간과 같이 성격을 가진 존재로 인식할 수 있으며 말투, 목소리와 같은 간단한 사회적 단서를 부여함으로써 AI를 외향적인 성격을 가졌다고 인식하게 된다. 그리고 이러한 AI와 상호작용할 때 나와 비슷한 성격을 가진 AI를 더 선호하거나, 나와 같은 팀이라고 안내받은 AI를 선호한다. AI가 자신에 대해 이야기하면 인간도 자신에 대해 이야기하고, 만약 AI가 인간에게 공손하게 말하면 인간도 따라서 공손한 언어를 사용하는 등 인간 대 인간의 상호작용에서 나타나는 양상이 AI 대 인간의 상호작용에서도 나타나는 것이다.

처음 CASA 패러다임이 제시된 시점이 1990년대라는 것을 생각한다면, 그 당시 연구에 사용됐던 컴퓨터는 현재의 AI보다 훨씬 더 기초적인 수준일 것이다. 그럼에도 사람들은 컴퓨터와 상호작용하면서 컴퓨터를 사람처럼 대했다. 그렇다면 지금의 AI는 말할 것도 없다. AI와 인간의 상호작용을 쉽게 이해하길 원한다면, 우린 그냥 우리가 다른 사람들과 어떻게 관계를 맺는지 떠올려 보면 될 것이다. 어떤 사람을 좋아하고, 나는 누구와 친구가 되고 싶어하는지, 물건을 살 때 나는 평소에 누구의 도움을 받으려고 하는가를 떠올려 보자. 웃으며 먼저 인사를 건네고 나에게 친절하게 대해주는 종업원, 전자제품을 구매한다면 왠지 전문적인 지식을 갖고 있을 것 같아 보이는 베테랑 직원, 적극적으로 나에게 먼저 다가오는 직원과 내가 묻기 전까지는 그냥 날 내버려두는 직원, 아마 여러 특징들을 떠올릴 수 있을 것이다. 이렇게 사람 직원에 대한 나름의 선호를 갖고 있던 것처럼 우리는 AI 직원을 평가하고 우리의 선호를 형성하게 된다. 마음에 들지 않는 인간 직원이 날 응대해 준다고 해도 쉽사리 거절하지 못했다면, AI 직원은 미리 우리가 원하는 대로 맞춤형 세팅을 해놓고 내가 필요할 때마다 도움을 요청할 수 있을 테니 어쩌면 우리는 인간보다 AI와 쇼핑하는 것을 더 즐거워하게 될지도 모른다. 이제부터는 소비자들이 AI와 어떻게 상호작용을 하면서 구매 여정을 경험하고 있는지를 좀 더 자세히 알아보자.

2. 진화하는 AI

1) 오프라인 구매에서 AI와 소비자의 상호작용

우리는 무언가를 구매하기 위해 대형 마트, 편의점, 백화점, 식당, 카페 등 여러 매장에 방문한다. 아마 많은 소비자는 이렇게 매장에서 내가 원했던 것을 성공적으로 구매했을 때 큰 즐거움을 느낄 것이다. 굳이 무언가를 사지 않더라도 매장을 구경하는 것만으로도 즐거운 소비자도 있을 것이다. 반대로 '쇼핑'이라는 단어만 떠올려도 피곤이 몰려오는 사람들도 있을 것이다. 매장에 붐비는 사람들, 길게 늘어선 줄, 자꾸만 무언가를 권하는 직원까지…. 여기에 수많은 브랜드 선택지까지 더해진다면 제대로 돌아보기도 전에 벌써부터 머리가 어질어질해진다. 이런 오프라인 구매 과정에 AI가 등장하면서 소비자의 경험을 더 즐겁게 혹은 덜 불편하게 바꾸고 있다.

최근 여러 매장에서 AI 로봇을 배치하여 고객을 맞이하고 간단한 안내를 하도록 하고 있다. 식당이나 카페에서는 AI 로봇이 인간 직원을 대신해 음식을 서빙하는 모습도 이제는 자주 볼 수 있다. 일본 소프트뱅크가 개발한 AI로봇 페퍼는 사람의 말을 이해하고 질문에 답을 할 수 있으며, 가슴에 달린 화면을 통해 정보를 제공할 수도 있다. 여러 매장은 페퍼 로봇을 도입해 소비자가 상품을 찾는 것을 돕고 가격 정보를 제공하는 등 쇼핑 도우미의 역할을 수행하는 것을 기대하였다. 식료품점, 아이스크림 가게, 피자 가게 등이 페퍼 로봇 도입을 시도하면서 AI 기반의 무인매장이 도입될 것이라는 기대감이 커졌지만 결국 페퍼 로봇의 해고로 끝이 났다. 제품의 위치를 물었을 때 대답을 하긴 했지만 제대로 위치 안내를 해주지 못했고, 매장 내 소음으로 인해 소비자들의 음성을 잘 인식하지 못하는 경우가 빈번했기 때문이다. 소비자들은 처음엔 매장의 페퍼 로봇을 신기해하면서 긍정적인 반응을 보였지만, 자신들의 구매에 큰 도움이 되지 않는다는 것을 알자 이내 관심을 보이지 않게 되었다. 대형 마트나 쇼핑몰 등 넓은 공간에서 원하는 매장이나 제품의 위치를 찾아가는 일이 결코 소비자에 쉽지 않고, 매번 직원들이 소비자들을 그 앞까지 하나하나 안내해 줄 수 없다는 점을 생각한다면 매장에 AI 로봇을 배치하는 것은 큰 도움이 될 수 있을 것이다. 그러나 '신기하다', '로봇이 귀엽다' 정도의 반응만으로는 부족하다. 자연스러운 대화가 가능해야 하고, 소비자의 질문에 대해 웬만한 인간 베테랑 직원만큼의 대답은 해줄 수 있어야 한다.

[그림 2-1] 스마트 카트(좌)와 AI로봇 페퍼(우)

다행히도 생성형 AI가 도입되면서 AI 로봇과 소비자의 상호작용은 더 자연스러워지고 소비자에게 필요한 정보를 충분히 제공하게 될 수 있을 것으로 기대한다. 매장 정보나 제품 정보에 대해 학습시킨 생성형 AI를 로봇에 탑재하게 된다면 이제는 인간 직원처럼 대화가 가능해질 것이고, 기존의 검색 방식에서 나아가 대화 형태로 구매 과정에서 소비자들이 필요로 하는 정보를 제공해줄 수 있을 것이다. 직접 매장에서 위치를 안내해 주기 위해 로봇의 형태를 띠는 것도 좋겠지만, 꼭 로봇의 형태일 필요는 없다. 예를 들어, 마트에서는 '스마트 카트'라고 하는 새로운 쇼핑 카트를 선보이고 있다. 마트에서 장을 보기 위해 끌고 다녔던 쇼핑 카트에 AI를 탑재한 것인데 카트에 부착된 화면에 신제품이나 할인 정보 등 광고 메시지를 표시할 수도 있고, 카트에 담긴 제품을 인식해서 추천 제품을 보여줄 수도 있다. 앞서 말했던 매장 안내의 역할도 수행할 수 있고, 자율 주행 기능을 통해 소비자가 직접 카트를 끌고 다니지 않아도 소비자를 따라다니도록 만들어진 스마트 카트도 등장했다. 아예 카트에 담겨진 채로 계산까지 마치고 쇼핑이 끝난 뒤 물건을 꺼내면 제자리로 돌아가기 때문에 번거롭게 반납할 필요도 없다.

AI 로봇이나 스마트 카트처럼 물리적인 형체에 AI를 탑재할 수도 있지만 아예 원래 소비자가 갖고 있는 스마트폰에 애플리케이션을 다운로드해 구매 과정에서 AI의 도움을 받을 수도 있을 것이다. 요즘 백화점이나 쇼핑몰 등 유통 브랜드는 저마다의 애플리케이션을 개발하고 소비자가 애플리케이션을 통해 쇼핑 소식을 받아보거나 할인이나 이벤트 행사에 참여하고 결제까지 진행할 수 있도록 유도하고 있다. 이러한 애플리케이션에 AI를 탑재하게 된다면 소비자들은 매장에 들어가는 순간 애플리케이션을 켜고 마치 자신을 전담하는 직원의 응대를 받는 것처럼 구매를 진행할 수 있을 것이다. 스마트폰 애플리케이션을 활용하는 것은 소비자와 기업 모두에게 이점이 된다. 우선 소비자는 AI와 대화를 진행하기 위해 별도의 기기를 챙길 필요가 없이 평소 들고 다니는 스마트폰만 있으면 되기 때문에 AI를 통한 구매에 대한 진입 장벽이 훨씬 낮아질 수 있다. 또한, 스마트폰에는 이미 위치 기반 서비스나 음성 인식, 카메라 렌즈를 통한 비주얼 인식 등의 기능이 탑재되어 있기 때문에 이러한 기능에 접근을 허용하여 AI와 상호작용한다면 AI와 더 원활한 소통이 가능할 것이다. 기업 입장의 가장 큰 이점은 초개인화된 추천 서비스 제공이 가능해진다는 점이다. 애플리케이션을 통해 소비자 개개인의 가입 정보를 확인하고 이전의 구매 이력 등을 결합하여 개인별로 더 맞춤화된 추천이 가능할 것으로 예상된다. 소비자가 어느 제품 코너에 오래 머물렀는지, 어떤 제품의 구매를 고민하다가 결국 구매를 했는지 안했는지, 어느 제품에 관심을 갖고 정보를 검색했는지 등 여러 구매 관련 정보를 수집하고 계속해서 AI가 학습을 진행한다면 소비자는 점점 더 내 취향을 완벽하게 파악해 주는 AI의 도움을 받아 마음에 쏙 드는 구매 경험을 하게 될 것이다. 이처럼 과거 구매 기록, 매장에서의 이동 경로, 관심 상품과 함께 개인 신상 정보를 파악할 수 있다는 점은 정교한 추천 서비스를 통해 소비자의 구매를 유도하고자 하는 기업에게 큰 이점이다.

어쩌면 머지않은 미래에 우리는 이어폰을 끼고 애플리케이션을 작동하여 매장에서 AI와 대화를 통해 모든 구매를 진행하게 될지도 모르겠다. AI에게 여성복 매장이 어딘지 물어보면서 같이 길을 찾고, 이 제품이 어떤지 스마트렌즈로 촬영해서 제품에 대해 더 구체적인 정보를 얻거나, 내가 사야겠다고 생각했다가 잊어버린 물건을 상기시켜 줄지도 모른다. "이용자님, 계란이 떨어졌다면서요! 결제 전에 한 번 더 확인하세요."라고 말이다. 한 술 더 떠서 집안의 가전이 온통 스마트 냉장고, 스마트 식기세척기, 스마트 인덕션인 상황에서 이들끼리 데이터를 모두 연동해서 내가 장보러 갈 때마다 알아서 필요한 물품 리스트를 정리해 주고, 관련 제품 코너를 지날 때마다 내가 좋아할 만한 브랜드나 가격대의 제품을 추천해 준다면 어떨까. 장보러 나가기 전 필요한 것들을 생각날 때마다 열심히 적어 놓고 정작 그 메모지를 두고 나오는 우리에게 AI는 참 소중한 존재가 될 것이다(물론 스마트폰을 챙기는 것을 잊어버리지만 않는다면 말이다). 중성 세제와 일반 세제의 용도가 헷갈리고 어떤 게 신선한 채소인지 고르는 법이 매번 혼란스러운 살림 초보에게도 그런 AI가 있다면 든든할 것 같다.

그렇다면 우리는 어떤 AI를 원하고, 기업은 자신의 브랜드를 대표할 수 있는 AI를 어떠한 형태로 디자인해야 할까. 앞서 AI와 인간의 상호작용은 인간 대 인간의 상호작용과 비슷하다고 이야기했다. 소비자들이 구매할 때 어떤 AI 직원을 맘에 들어 할지 개발자 입장에서 고민된다면 소비자들이 보통 어떤 인간 직원을 선호하는가를 생각해 보면 쉽게 힌트를 얻을 수 있다. 우리는 다른 사람을 여러 기준을 갖고 판단하게 된다. 우선 남자인지, 여자인지, 연령대는 어떻게 되는지. 성격을 볼 때는 외향적인지 내향적인지에 따라 구분할 수도 있고, 진지한 편인지, 유머러스한지, 친절한지, 무뚝뚝한 성격인지를 파악한다. 내가 친구를 사귀려고 할 때는 나와 같은 성별의 비슷한 연령대, 그리고 밝고 유머러스한 사람을 원하지만, 수강 신청할 때 교수를 고르는 거라면 연륜이 있어 보이고 살짝 재미는 없을 것 같지만 진중해 보이는 사람을 고르게 된다. 아마 직원에 대한 선호를 결정할 때도 비슷할 것이다. 내가 구매하려는 제품군에 따라 선호하는 직원이 달라질 수 있다. 전자기기나 스포츠 용품처럼 전문적인 제품을 구매하려고 할 때와 향수나 화장품, 옷을 구매하려고 할 때 우리가 찾는 직원은 달라진다. 실제 AI 쇼핑 어시스턴트에 대한 실험을 진행했을 때 소비자들의 AI 직원에 대한 선호는 달라졌다(Ahn et al., 2022). 이 실험에서는 제품의 유형을 실용재와 쾌락재로 나누었다. 실용재는 기능적이고 실용적인 가치에 중점을 두는 제품으로 가정용 전자제품, 기본 의류, 식료품 등이 이에 해당된다. 반대로 쾌락재는 감각적 쾌락이나 즐거움, 감정적 만족을 제공하는 제품으로 고급 디저트, 향수, 게임, 여행 상품 등을 포함한다. 실험에서는 피험자에게 각각 실용재에 해당되는 무선 마우스와 쾌락재에 해당되는 향초를 구매하는 상황을 제시하였다. 이 때 AI의 성별을 남자와 여자로 다르게 하여 AI가 추천 메시지를 전달하게 하였다. 흔히 인간은 성별에 관한 고정관념을 갖고 있고, 남자는 더 유능하고, 여자는 더 따뜻할 것이라고 생각한다(이는 필자의 개인적인 의견과는 무관한 오랫동안 내려온 고정관념에 대한 이야기다). 연구진들은 이러한 인간에 대한 성별 고정관념이 AI에게도 적용될 것이라고 생각하였고 실제 AI가 남성 목소리로 이야기할 때 더 유능하다고 생각한 반면, 여성 목소리를 낼 경우 더 따뜻하다고 인식하였다. 그리고 기능과 실용성이 중요한 실용재의 경우에는 유능하다고 인식되는 남성 AI가 제품을 추천했을 때 설득력이 더 높았고, 반대로 감성과 경험이 중요한 쾌락재의 경우 따뜻하다고 인식되는 여성 AI가 제품을 추천했을 때 더 설득적이었다.

이러한 실험 결과만 봐도 우린 여러 가지 구매 상황에 따라 선호하는 AI 직원이 달라질 수 있을 것이라고 생각해볼 수 있다. 매장에 AI 로봇을 배치하거나 쇼핑에 활용할 수 있는 애플리케이션을 개발할 때 기업은 자신들이 주력하는 제품군에 맞게 AI를 디자인할 수도 있지만 소비자들에게 여러 AI 직원 중 원하는 AI를 고르게 하는 방법도 있다. 이미 생성형 AI는 프롬프터(prompter)를 통해 콘텐츠 스타일을 지정할 수 있다. 즉, '엄격한 교사,' '친절한 조언자,' '코미디언,' '마케팅 전문가' 등 AI에게 특정 역할이나 성격을 부여하고 이후의 대화는 그 역할과 성격에 맞게 이루어질 수 있도록 하는 것이다. 이런 기능을 통해 기업은 자신들의 AI에 좀 더 여러 가지 특성을 부여하여 소비자들이 원하는 스타일의 AI 직원을 고를 수 있도록 다양한 옵션을 제공해줄 수도 있다. '20년 차 베테랑 주부', '힙한 스타일의 젊은 디자이너', '친절한 AS 센터 수리공' 등 벌써 원하는 스타일의 AI 직원을 설계할 수 있는 수많은 키워드가 떠오른다.

제품을 고르고 살펴보는 과정에서 AI와 상호작용을 하기도 하지만, 제품을 주문하고 결제하는 과정에서도 AI와의 상호작용은 필요하다. 요즘 많은 매장에서 주문과 결제를 할 수 있는 키오스크를 도입하고 있다. 여기에 AI가 탑재되면서 키오스크를 통한 주문 및 결제는 더 똑똑해졌다. 코로나19 이후 매장에서 키오스크를 이용한 비대면 주문 시스템은 더 흔하게 볼 수 있게 되었다. 당시 키오스크와 같은 비대면 서비스에 대한 이용자 동기를 조사했을 때 사람들은 크게 네 가지 동기를 갖고 비대면 서비스를 이용하고 있었다(Kim & Sung, 2021). 먼저 첫 번째 동기는 프라이버시 보호 동기였다. 사람들은 직원들과 대면하는 것보다 키오스크를 이용해서 주문할 때 자신에 대한 신상을 노출하지 않고 주문 및 결제를 진행할 수 있기 때문에 키오스크를 이용한다고 밝혔다. 직원을 대면했을 땐 자신이 누구인지 노출되지만, 키오스크를 통해 주문하게 된다면 자신이 누군지 파악이 되지 않기 때문에 더 안전하게 느낀다는 것이다. 두 번째 주된 사용 이유는 주문 과정에서의 통제감 때문이었는데, 주문할 때 옵션 등을 자신의 마음대로 선택할 수 있기 때문에 비대면 서비스를 이용한다는 것이다. 세 번째로는 키오스크와 같은 새로운 비대면 서비스를 이용해 보는 것 자체에서 느끼는 즐거움이 하나의 동기 요인으로 나타났고, 마지막으로는 직원과의 불편한 상호작용을 피하기 위해 비대면 서비스를 이용한다는 결과가 나타났다. 이와 같은 비대면 서비스의 이용 동기는 결국 소비자가 주문 및 결제를 진행할 때 중요하게 생각하는 것, 그리고 그들의 욕구를 보여준다. 다시 말해, 소비자들은 자신들의 신상이 노출되지 않기를 바라고, 자신이 원하는 대로 옵션을 선택하면서 제품 구매 과정에서 통제감을 느끼길 원하고 있었다. 또한, 인간 직원들과 상호작용하는 것 자체가 불편하기 때문에 직원을 피하고자 하는 모습도 보였다. 이러한 소비자들의 욕구는 키오스크와 같은 비대면 주문 시스템에 AI가 탑재되면서 더 쉽고 편리하게 충족될 수 있을 것으로 기대된다.

우선 AI가 탑재되면서 소비자들은 터치뿐만 아니라 음성 대화를 통해서도 키오스크 주문을 할 수 있게 됐다. 키오스크가 도입되면서 중요하게 다뤄지는 사회적인 문제 중 하나가 바로 디지털 격차다. 기술에 익숙한 젊은 층은 상대적으로 익숙하게 키오스크를 이용해 주문할 수 있지만, 어르신들은 키오스크를 이용하는 데 어려움을 겪고 있다는 것이다. 그러나 음성 대화를 통해서도 키오스크 주문을 할 수 있게 된다면 어르신들도 좀 더 직관적으로 키오스크를 이용할 수 있다. 이에 더해 고도화된 AI의 등장으로 더 자연스러운 대화가 가능해지면서 인간 직원과의 대화는 피하는 동시에 인간 직원이 제공하는 수준 이상의 서비스를 누릴 수도 있을 것이다. 기업 입장에서는 키오스크에 안면인식 센서 등을 함께 부착해서 소비자의 연령, 성별 등을 분석하고 주문 및 결제 내역과 결합해 소비자 데이터를 구축할 수도 있다. 이러한 소비자 데이터를 바탕으로 추후 소비자들이 주문하는 과정에서 좀 더 정교한 메뉴나 제품을 추천할 수 있을 것으로 보인다. 소비자 입장에서 인간 직원의 추천은 거절하기 난처한 경우도 많고, 또 직원 입장에서도 매번 구매하고자 하는 것 외의 또 다른 것들을 추천하기 민망할 수도 있다. 그러나 민망함을 모르는 AI는 눈치 볼 걱정 없이 일단 소비자에게 새로운 것을 추천할 수 있을 것이고, 소비자들도 맘에 들지 않는다면 편하게 거절할 수 있지 않을까. 그렇게 수없이 많은 추천과 거절이 오고 가는 사이에 분명 어떤 소비자들은 AI의 추천에 고마워하며 추가 구매를 진행하거나 새로운 시도를 해볼 테니 그 어느 쪽도 손해는 아니다.

추천 서비스 제공을 위해 AI가 개인정보를 수집하는 것에 대해 소비자들이 거부감을 보일 수도 있지만 그래도 인간 직원보다는 나을 것이다. 실제 개인정보 수집에 있어 인간과 AI 직원을 비교한 실험 연구에 따르면 사람들은 민감한 개인정보가 수집될 때 인간 직원보다는 AI 직원이 더 안전하다고 느꼈으며, 프라이버시 염려 수준도 더 낮게 나타났다(Kim & Sung, 2022). 인간 직원이 내 취향이나 관심 상품, 구매 이력에 대해 아는 것은 부담스러울 수도 있지만, AI 직원에게 이러한 내 정보를 알리는 것은 덜 염려스러울 수 있는 것이다. 이는 아마도 AI는 인간과는 달리 나를 평가할 수 있는 존재가 아니기 때문에 나타나는 결과로 이해할 수 있다. 혹은 우리는 AI는 기계적인 존재이기 때문에 인간보다 더 정확하고, 실수하지 않는다는 일종의 고정관념과 같은 믿음을 형성하고 있다(Sundar & Kim, 2019). 따라서 우리의 개인정보에 대해 수집하더라도 인간 직원보다 더 안전하게 처리할 것이라는 믿음으로 이어져 AI 직원을 좀 더 신뢰한 결과라고도 생각해 볼 수 있다.

2) 온라인 구매에서 AI와 소비자의 상호작용

요즘은 많은 것들을 온라인으로 구매한다. 빠른 배송 서비스가 가능하기 때문에 식료품이나 생필품은 물론이거니와 다양한 브랜드를 비교해가며 패션 의류나 액세서리를 구매하기도 한다. 이제 온라인 채널은 오프라인 채널을 보조하는 정도의 구매 경로가 아니라 오프라인 채널을 대체하고 있다. 온라인 채널을 통한 구매 과정 또한 AI의 도입으로 인해 많은 변화가 일어나고 있는데, 기존에는 온라인 채널의 한계였던 부분들이 AI를 통해 많이 보완되고 있다고 느껴진다.

온라인에 접속해서 혼자 구매를 하다보면 가끔씩 답답해질 때가 있다. 물어보고 싶은데 물어볼 직원이 없어서다. 매장에 가서 천천히 둘러보다가 느껴지는 직원의 시선에 뒤통수가 따끔거리고 왠지 긴장이 될 때도 있지만, 그래도 혼자서 쇼핑을 하다 보면 필요할 때가 있다. 제품에 대한 상세한 정보라든지 추천이 필요하다. 너무 고민스러울 때는 넉살 좋게 "어떤 게 더 잘 어울려요?"라고 물어보기도 해야 하는데, 온라인에서는 모든 것을 혼자 해결해야 한다. 하지만 AI의 등장으로 이제 제품 검색에서부터 우리는 혼자가 아니다. 최근 네이버는 'CLOVA for AD'라는 생성형 AI 기반 광고 상품을 선보였다. 현재 나이키와 협업을 통해 해당 광고 상품을 테스트 중인데, 매장 직원과 이야기하듯 AI와 대화를 주고받으면 AI는 사전에 학습한 광고주 데이터를 바탕으로 상품을 추천하고 안내해 주는 것이다. 이렇게 AI에게 질문할 때는 유명인이 신었던 제품이나 아니면 해당 제품의 공식적인 제품명이 아닌 소비자 사이의 별명으로 제품을 문의해도 답변을 할 수 있다. 신발을 검색하다가 신발에 어울리는 양말까지 추천받을 수 있고, 해당 제품뿐만 아니라 브랜드에 대한 질문에도 대답할 수 있다고 한다. 매장에서 직원과 이야기하는 것보다 집에서 쇼핑하면서 AI와 이야기하는 것이 훨씬 더 나은 것 같기도 하다. 이미 구글, 네이버 등 국내외 빅테크 기업은 검색 기능에 AI를 활용해 소비자들이 AI와 대화를 통해 필요한 정보를 찾도록 하고 있다. 그래서 생성형 AI의 도입과 함께 기존의 검색 패러다임이 변화한다는 이야기가 나오고 있는 것이다. 이렇게 검색의 방식이 달라진다면 온라인에서 구매를 하기 위한 소비자들의 검색 행동에도 변화가 나타날 수밖에 없다. 앞서 이야기한 CLOVA for AD처럼 소비자들은 AI와의 대화를 통해 제품을 찾아보고 그 제품에 대해 더 자세히 물어보거나 원하는 제품들을 자유롭게 추천받을 것이다. 이때 오프라인에서 언급했던 AI의 페르소나와 마찬가지로 자사의 웹사이트나 검색엔진에 AI를 탑재할 때 AI의 성격과 역할을 다양하게 제공한다면 소비자들의 온라인 쇼핑 경험 또한 훨씬 더 개인화될 수 있을 것으로 기대한다.

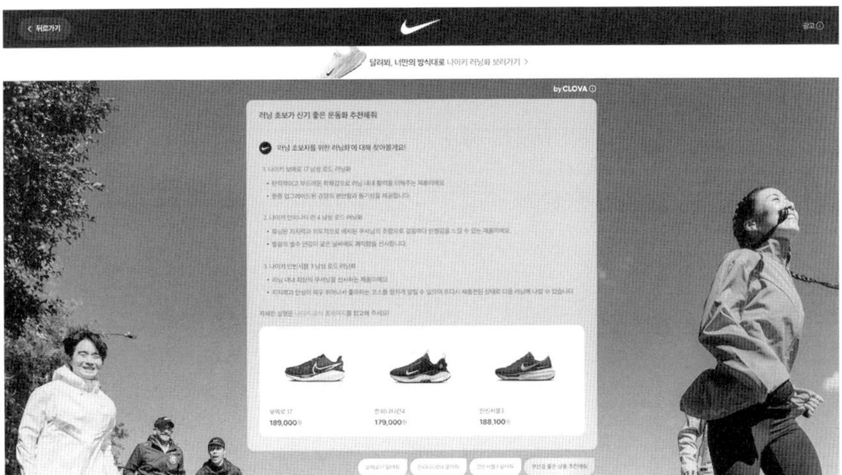

[그림 2-2] CLOVA for AD

그리고 이러한 검색은 텍스트를 타이핑하는 형태로 이루어질 수도 있겠지만 음성으로 이루어지기도 한다. 만약 집에 구글홈이나 아마존 알렉사와 같은 스마트 스피커가 있다면 스피커에 탑재된 AI 비서와의 음성 대화를 통해 원하는 제품을 찾고 구매할 수 있다. 이처럼 우리가 AI를 상호작용의 방식을 기준으로 나눠 본다면 음성 기반과 텍스트 기반의 AI로 나누어볼 수 있을 것이다. 음성 기반 AI 서비스는 사용자가 음성 명령을 통해 다양한 작업을 수행할 수 있게 해주는 기술이다. 대표적인 예로는 스마트홈 비서, 스마트폰에 내장된 가상 비서(예: Siri, Google Assistant) 등이 있으며, 이러한 서비스들은 사용자의 음성 명령을 인식하고 해석하여, 날씨 정보 제공, 음악 재생, 알람 설정, 스마트홈 기기 제어 등 다양한 기능을 수행한다. 이러한 음성 기반 서비스의 사용은 특히 손이 자유롭지 않거나 화면을 직접 조작하기 어려운 상황에서 큰 장점을 발휘한다. 소비자들은 음성으로 AI와 상호작용한다면 멀티태스킹이 가능하기 때문에 요리를 하는 중에 떨어진 재료를 주문한다거나, 다른 일을 하면서 주문이나 배달 현황을 확인하는 등 더 간편하게 구매 행동을 할 수 있다. 구매를 위해 AI와 상호작용 할 때 음성 기반의 방식을 이용한다면 편의성뿐만 아니라 정서적인 이점 또한 누릴 수 있다. 음성 기반의 인터페이스는 소비자로 하여금 텍스트 기반의 상호작용을 했을 때보다 AI를 더 사람처럼 느끼게 만든다. AI가 사람처럼 말하고 감정이나 성격을 가진 대상처럼 느껴질 때 사람들은 AI를 더 인간적인 존재로 느끼게 되는 것이다. 이처럼 인간 같은 AI, 즉 의인화(anthropomorphism)된 AI를 사람들은 그렇지 않은 AI보다 더 친근하고 편안하게 평가하게 되고 이러한 AI에 대한 호감은 AI와의 상호작용에 대한 만족감과 지속 사용 의도로 이어진다.

텍스트 기반 AI 서비스는 주로 챗봇 형태로 제공되며, 사용자가 텍스트를 통해 질문하거나 명령을 내리면 적절한 응답을 제공한다. 이러한 서비스는 고객 지원, 예약 시스템, 정보 검색 등 다양한 분야에서 활용되고 있다. 챗봇은 24시간 사용자의 질문에 응답할 수 있으며, 대기 시간 없이 즉각적인 정보 제공이 가능하다는 장점이 있다. 앞서 이야기한

CLOVA for AD와 같은 광고 상품은 AI와 텍스트 기반의 상호작용을 통해 구매 과정을 경험하는 사례로 볼 수 있다. 현재까지 음성 기반의 상호작용만으로 AI를 이용하기에는 아직 음성 인식 등 한계가 존재하기 때문에 기업은 음성과 텍스트 인터페이스를 함께 제공하여 소비자가 상호보완적으로 각기 다른 인터페이스를 이용할 수 있도록 할 필요가 있다. 특히 구매 과정에서는 제품 이미지 등을 함께 보고 여러 개의 검색 결과를 나열해서 보여줘야 하기 때문에 음성으로 대화를 하지만 결과 화면을 함께 제시하는 등 소비자가 편리하게 AI를 이용할 수 있도록 하는 환경을 만들어줘야 할 것이다.

[그림 2-3] 가상 피팅 서비스

온라인으로 구매할 때 필자가 가장 망설여지는 제품군은 바로 옷이다. 모델이 입고 있으면 당연히 좋아 보이지만 과연 이게 내 체형에도 맞을지 고민스럽다. 허리둘레, 기장 등 수치로만 나와 있는 사이즈 설명으로는 턱없이 부족하다. 결국 몇 날 며칠을, 심하면 몇 주도 장바구니에 넣어놓고 실제 입어본 사람들의 사진 후기를 계속해서 뒤져가면서 고민하기 일쑤다. 그렇게 해서 결국 주문하고 입어봤을 때 마음에 들면 다행이지만, 막상 입어보니 모델의 착용 사진과는 사뭇 다른 모습에 배송비를 부담해가며 반품을 한 경우도 허다하다. 그러나 AI의 발전으로 이러한 고민은 이제 조금 덜 수 있을 것으로 보인다. AI와 증강현실(AR) 등의 기술을 활용하여 가상 피팅 서비스가 도입되고 있기 때문이다. 소비자가 자신과 비슷한 체형, 피부색, 머리스타일 등을 조합해 자신의 실제 모습과 비슷한 가상 모델을 만들고 거기에 마음에 드는 옷을 선택하면 가상 모델이 그 옷을 입은 것과 같은 이미지를 생성한다. 자신이 필요로 하는 역할을 딱 맞춰서 수행해주는 AI 직원과 함께 가상 피팅까지 진행해서 온라인 쇼핑을 진행한다면 이제 정말 오프라인 매장을 방문할 필요가 없어질지도 모른다. 이미 소비자 개인의 공간이 마치 VIP가 특별한 대우를 받으며 쇼핑할 수 있는 프라이빗한 공간으로 탈바꿈하고 있으니 말이다.

구매 전 제품을 탐색하는 과정에서 AI의 역할이 주목받고 있지만 구매 후 고객 서비스에서도 AI는 빠질 수 없다. 많은 기업이 AI 챗봇 등을 통해 인간 상담사 대신 AI가 24시간 소비자들의 문의에 응대할 수 있도록 하고 있다. 이전의 인간 상담사는 제한된 시간에만 상담이 가능했다면 AI 상담은 24시간 평일과 주말 모두 상담이 가능하고, 언제나 일관된 품질의 서비스를 제공한다는 장점이 있다. 상담사 연결을 하기 위해 전화를 걸 때마다 고객 문의가 많아 대기가 필요하다는 자동 응답 소리를 들으면서 하염없이 기다릴 필요도 없다. 소비자들은 더 간편하게 고객 서비스를 누릴 수 있고 기업 입장에서는 인건비 등 여러 비용을 줄이면서 효율적으로 고객 서비스를 운영할 수 있다. 그러나 아직 한계는 존재한다. AI의 고객 상담이 단순히 정보를 제공하는 수준에 그쳐 있기 때문이다. 우리는 어떠한 문제가 있을 때 고객 상담을 원하게 된다. 문제가 해결되는 것은 그 다음의 문제고, 상담사에게 내가 겪고 있는 일을 설명했을 때 충분히 이 상황을 이해하고 중요하게 다루고자 하는 의지가 있다는 느낌을 받아야 만족스러운 고객 상담을 했다고 평가하게 될 것이다. 과연 우리는 AI에게 이런 문제를 얘기했을 때 충분히 내 심정을 이해하고 있다고 기대할 수 있을까? 결국 소비자의 감정을 이해하고 공감하는 능력은 아직 부족하기 때문에 생성형 AI를 적용해서 원활한 상담을 하고 있더라도 진짜 문제가 생긴다면 우린 인간 상담사를 찾게 될 수밖에 없다. 이런 상황에서 AI 상담에 감정 분석 기능을 적용할 것이라는 한 은행의 계획은 소비자를 기대하게 만든다. 고객과의 대화 내용, 고객의 목소리 톤과 강세, 사용하는 단어 등을 바탕으로 고객의 감정 상태를 실시간으로 분석해 AI가 그에 알맞게 대응하도록 하겠다는 방침이다. 아직 그러한 기술이 상용화되기에는 시간이 조금 걸릴 것 같지만 AI가 소비자의 구매 내역이나 행동 데이터만으로 맞춤형 서비스를 제안하는 것에서 나아가 감정까지 분석하게 된다면 훨씬 더 정교한 추천이 가능할 것으로 기대된다. 자신의 감정 상태를 바탕으로 한 추천에 대한 소비자의 만족감은 상상 이상이 될 것이다. 내 말투만 봐도 내 기분을 찰떡같이 맞춰서 내가 듣고 싶은 얘기를 해주는 사람, 그게 바로 '찐친(진짜 친구)'일 테니. 그렇게만 된다면 '혹시나 내 얘기가 피곤할까', '이런 문의를 하는 내가 우스워 보일까' 걱정되는 인간 직원을 붙들고 떠드는 것보다는 AI가 더 낫다.

3. 진화하는 소비자

1) 소비자는 AI를 신뢰할 수 있는가?

'AI를 신뢰하십니까?'라고 질문한다면 우리는 어떻게 대답할 수 있을까. 조금 더 쉽게 생각해 보자. 가족이나 제일 친한 친구를 떠올려 보자. 그 사람을 신뢰할 수 있는지를 묻는다면 당연지사 신뢰할 수 있다. 신뢰한다는 것의 의미는 무엇이기에 우리는 AI를 신뢰하느냐는 질문에 망설여지는 것일까. 신뢰는 윤리학, 사회학, 심리학 등 다양한 학문 분야에서 오랜 기간 동안 중요하게 다뤄진 개념이다. Mayer 등(1995)은 신뢰의 개념을 대상(신뢰 객체, trustee)이 개인(신뢰 주체, trustor)에게 중요한 행동을 수행해줄 것이라는 기대를 바탕으로 대상의 취약성을 수용하고자 하는 의지로 제안했다. 여러 학자들의 정의를 살펴봤을 때 어떤 대상을 신뢰한다는 것은 그 대상이 나를 위해 긍정적인 행동을 해줄 것이라는 기대감을 갖고 그 대상에게 무언가를 맡기는 것 정도로 신뢰라는 개념을 이해할 수 있다. 즉, 어떤 대상을 신뢰한다는 것은 우리가 그 대상에게 무언가를 믿고 맡길 수 있다는 것이다.

신뢰는 이 사회가 제대로 굴러갈 수 있게 해주는 근간이 된다. 신뢰는 개인 간 관계 형성과 사회적 체계 구축에 있어서 매우 중요하다. 인간 사회에서 이뤄지는 행위, 관계, 거래의 근간에는 신뢰가 있기 때문이다(Botsman, 2019). 우리는 정부 기관을 신뢰하기 때문에 제정된 법을 따르고 질서를 지킨다. 저 사람을 봤을 때 나를 해하지 않고 위해줄 것이라는 신뢰가 생겨서 우리는 다른 누군가와 친구가 되기도 하고 결혼을 하기도 한다. 신뢰는 사회적 관계에서뿐만 아니라 기업과 소비자 간 비즈니스 관계에서도 중요한 역할을 한다. 부동산 중개인을 통해 거래를 하는 것도, 모르는 사람과 중고 거래를 할 수 있는 것도 결국 다 그들을 신뢰하기 때문에 가능한 일이다. 어느 브랜드에 대해 충성심을 갖고 애착을 형성하는 것 또한 그 브랜드가 좋은 제품을 만들 것이라고 신뢰하기 때문이다. 특히 오프라인뿐만 아니라 온라인이 주요한 구매 경로가 되면서 소비자들의 신뢰를 얻는 것은 더 중요해졌다. 채널 특성상 온라인 거래는 오프라인 거래에 비해 위험과 불확실성을 더 많이 포함하고 있기 때문에 전자상거래에서 신뢰는 소비자들의 구매를 결정하는 중요한 변수로 다루어졌다(Reichheld & Schefter, 2000).

위험 요소를 포함하고 있는 불확실성이 존재하는 상황에서 신뢰가 중요하다는 것을 고려했을 때(Mayer et al., 1995), AI와의 상호작용을 통해 구매를 진행하는 상황에서 AI에 대한 소비자의 신뢰는 당연히 필요하다. 소비자들은 AI와 상호작용하면서 AI에게 제품이나 서비스 추천을 받기도 하고, AI를 통해 주문과 결제를 진행한다. 이를 위해서 일단 소비자들은 자신들의 취향, 구매 이력, 검색 이력, 결제 정보 등 여러 개인정보를 제공해야 하는데 이것부터 소비자들에게는 개인정보 유출과 같은 위험 요소가 될 수 있다. 누군가에게 내가 뭘 좋아하고 무엇에 관심있는지를 알리는 것은 분명한 부담이다. 이렇게 내 개인정보를 제공하고 추천을 받는다고 해도 그 추천이 내 마음에 들지는 불확실하며, 내가 제공한 개인정보가 안전하게 지켜질지 또한 의문이다. 만약 AI에게 고객 상담을 진행했을 때도 과연 인간 상담사만큼 내 문제를 진심을 다해 해결해 줄 수 있을지 소비자들은 의구심을 품을 수밖에 없다. 이렇게 AI를 통한 소비자의 구매 과정에서는 많은 불확실성과 위험이 도사리고 있다. 이러한 불확실성은 인간 직원과의 구매 과정에서도 동일하게 나타나는 종류일 수도 있지만 대상이 AI이기 때문에 나타나는 것일 수도 있다.

기업이 앞다투어 소비자의 구매 여정에 각양각색의 AI를 도입하고 있는 상황에서 AI에 대한 소비자의 신뢰를 높이는 일은 매우 중요하다. 소비자들이 AI를 신뢰해야 구매 과정에서 필요한 일들을 AI에게 믿고 맡길 수 있기 때문이다. 소비자들이 AI를 신뢰하지 못한다면 AI를 통한 추천 서비스를 이용하지 않을 테고 AI는 소비자의 데이터를 학습하지 못하는 악순환이 반복되어 초개인화된 맞춤형 추천 같은 서비스는 물거품이 될 것이다. AI 직원이 주문을 받거나 고객 상담을 하려고 할 때 소비자들은 계속해서 인간 직원을 연결해 달라고 요청할 것이며, AI를 먼저 내세우는 기업에 불만을 품을 수도 있고, AI 직원의 도입을 통해 좀 더 효율적이고 안정적인 서비스를 제공하려고 했던 기업의 시도는 실패하게 된다. 이쯤 되면 '그래서 어떻게 하면 AI에 대한 신뢰를 높일 수 있는 건데?'라는 질문이 머리를 맴돌 것이다. Mayer 등(1995)는 신뢰에 대한 통합적인 모델을 제안하였으며, 이 모델은 신뢰에 영향을 미칠 수 있는 요인을 신뢰 객체와 신뢰 주체의 특성, 그리고 신뢰가 필요한 상황으로 제시하고 있다. AI와 소비자의 상호작용 상황에 적용해 본다면, 신뢰를 받아야하는 대상인 AI의 특성이 신뢰 객체 특성에 해당될 것이고 AI를 신뢰하는 주체인 소비자의 특성이 신뢰 주체 특성에 해당된다. 그리고 AI와 상호작용하고 구매하는 상황에 따라서도 AI에 대한 신뢰가 결정될 수 있다.

먼저 어떤 소비자들이 AI를 더 신뢰할 수 있을까? 일단 AI가 하나의 기술이라는 점에서 기술에 대해 잘 알고 있거나 경험이 많은 소비자들이 AI를 더 신뢰하게 된다. AI가 익숙하지 않은 사람들은 AI에 대해 거부감이나 두려움을 느낄 수 있다. 따라서 AI를 포함한 기술 경험과 기술 지식이 많은 소비자일수록 AI를 더 신뢰하고 AI와 상호작용을 많이 할 가능성이 높다. 기업 입장에서는 당장에 소비자들에게 AI 교육을 시키거나 이들의 AI 지식 수준을 높이기는 어렵다. 대신 소비자들과 상호작용하기 위한 AI를 내세울 때 AI에 대한 정보를 충분히 제공한다면 AI와 상호작용을 시작할 때 미리 관련 지식을 얻을 수 있기 때문에 거부감이 덜 하고 AI를 더 긍정적으로 바라볼 수도 있을 것이다. 이는 AI의 투명성과도 많은 관련이 있는데, AI가 갖고 있는 여러 윤리적 문제 중 항상 언급되는 것이 바로 AI의 투명성이다. AI의 투명성은 AI 시스템의 작동 원리, 의사결정 과정, 데이터 사용 방식 등을 사용자에게 명확하고 이해하기 쉽게 알려주는 것을 의미한다. 기업이 개발한 AI에 대한 정보를 충분히 제공한다면 소비자의 AI 경험과 지식 수준을 높이는 동시에 투명성이라는 윤리적 문제 해결에도 기여할 수 있다는 점에서 장기적으로 소비자들의 AI에 대한 신뢰와 사용률을 높일 수 있을 것이다. 만약 기계에 대한 고정관념을 갖고 있는 소비자라면 AI를 더 신뢰하게 될 것으로 예상된다. 기계 고정관념이란 기계는 기계적이고, 객관적이며, 선입견을 갖고 있지 않을 것이라고 자동적으로 생각하게 된다는 것을 의미한다(Sundar, 2008). 만약 기계에 대한 고정관념을 갖고 있는 소비자들이라면 AI라는 기계와 상호작용 하며 구매 과정을 경험할 때 AI가 인간과 같은 실수를 하지 않고 소비자들이 편하게 구매를 할 수 있도록 정확한 고객 서비스를 제공할 수 있을 것이라고 기대하게 된다. 정서적인 측면에서 생각해 본다면 AI의 상호작용이 외로운 소비자들의 외로움을 달래주는 역할을 할 수도 있다. 외로운 사람들은 인간관계에서 충족하지 못한 사회적 욕구를 AI와의 상호작용을 통해 충족할 수 있기 때문에 AI와의 상호작용에 더 높은 만족감을 느끼고, 이러한 만족감은 AI에 대한 신뢰로 이어지는 것이다. 사람들은 AI를 하나의 상호작용 대상으로 생각하면서(Nass & Moon, 2000), AI와의 대화를 통해 유대감을 형성하고 정서적 안정감을 느낄 수 있다. AI와의 대화는 24시간 언제 어디서나 가능하다는 점은 외로운 소비자들이 AI와의 상호작용을 더 찾게 되는 이유가 된다.

AI와 상호작용하는 상황에 따라서도 소비자들이 AI를 신뢰하는 정도는 달라진다. 소비자들은 AI에게 맡기는 업무의 특성에 따라서 AI를 다르게 믿을 것이다. 예를 들어, 전문성이 요구되는 업무, 데이터 기반의 객관성이 필요한 업무 등을 수행할 때는 AI를 인간보다 더 신뢰할 수 있을 것이다. 반대로, 감정적인 공감이나 활발한 상호작용이 필요한 업무를 수행하는 경우에는 인간보다 AI를 신뢰하기는 어려울 것으로 보인다. 이에 따라 생각해 본다면, 이전에 내가 구매하거나 관심을 보였던 상품 내역을 기반으로 추천을 받게 되었을 때 AI는 충분히 많은 데이터를 수집하고 분석하여 내게 적합한 제품을 추천해줄 수 있을 것이고, 이런 추천이 필요한 상황에서는 AI를 더 신뢰하게 될 것이다. 한편, 고객상담을 통해 내가 겪고 있는 문제를 해결하고자 한다면 AI보다는 공감과 피드백 제공에 더 능숙한 인간 직원을 더 믿고 찾게 될 가능성이 있다. 앞서 논의한 AI 성별 고정관념과 제품군이 설득 효과에 미치는 연구 결과(Ahn et al., 2022)를 참고했을 때 AI가 적용되는 제품군에 따라서도 AI에 대한 신뢰는 달라질 수 있다. 정확한 제품 사양, 가격 비교 등이 필요한 실용재의 경우에는 AI가 추천하는 것이 믿을만하다고 생각하겠지만, 직접 경험해 보고 그 제품의 감성을 이해해야 하는 쾌락재라면 자유의지나 감수성이 없는 AI보다는 인간의 추천이 더 믿을 만하다.

AI와의 상호작용에서 나타날 수 있는 문제를 해결할 수 있는 제도나 절차가 얼마나 잘 마련되어 있는 상황인지에 따라서도 AI 신뢰는 달라진다. 소비자들은 어떤 기업이 개발하고 어떤 기업이나 브랜드에서 사용하고 있는 AI인지에 따라서 신뢰와 상호작용 여부를 결정할 것이다. AI의 뒤에 있는 기업의 평판이 AI에게로도 전이되는 것이다. 기업은 자사의 AI가 충분히 믿을 만하다는 점을 좀 더 직관적으로 보여줄 수 있도록 인증 마크와 같은 새로운 제도를 부여할 수도 있다. 식품이나 생활용품 등에서 친환경 인증 마크 등을 사용해 인간에게 유해하지 않다는 정보를 제시하는 것처럼 AI가 개인정보 보호, 알고리즘의 투명성 등 여러 윤리적인 측면에서 문제가 없으며, 소비자의 구매 과정을 도울 수 있는 정확도 등의 충분한 역량을 보여줄 수 있다는 것을 검증하고 그 결과를 인증하는 것이다. AI 기술에 대한 지식이 낮은 소비자는 AI를 신뢰하기 어려울 수 있다는 점을 떠올려 본다면, 인증 마크 부여를 통해 AI 기술에 대해 깊이 있게 이해하지 못한 소비자들도 AI 기술 수준을 좀 더 직관적으로 평가하여 AI를 신뢰할 수 있을 것으로 기대한다.

2) 믿을만한 AI

우리가 어떤 대상을 평가하고 판단할 때 보통 유능함과 따뜻함의 두 가지 차원을 기준으로 한다(Fiske et al., 2007; Aaker et al., 2010). 소비 상황에서 AI에 대한 신뢰가 소비자에게 중요한 구매 목적을 달성하기 위해 AI가 특정 행동을 수행할 것이라는 긍정적인 기대감을 바탕으로 소비자가가 취약성을 감수하려는 의지임을 고려했을 때, AI가 우리 소비자를 대신해 목적을 달성할 수 있는 충분한 능력과 의지를 갖고 있는가를 판단하는 것은 중요하다. 이러한 유능함과 따뜻함 관련 특성들을 정리해 본다면 믿을만한 AI는 어떤 것인지 그려볼 수 있을 것이다.

먼저 유능함은 대상의 지각된 능력과 관련된 특성을 의미한다(Fiske et al., 2007). 소비자들이 AI가 유능하다고 생각한다면, 구매 상황에서 정확한 분석을 통해 마음에 드는 추천을 해준다거나 만족할만한 수준의 고객 서비스를 제공해줄 것이라는 기대감이 형성될 것이다. 이러한 유능함과 관련된 AI의 특성들은 개인정보를 잘 보호해줄 것이라는 보안성, 프로그래밍이나 데이터 처리 기술 등을 바탕으로 한 정확성, 감정이나 개인적인 판단을 배제하고 업무를 수행할 수 있는 객관성, 정해진 절차를 지키고 소비자의 명령을 따를 것이라는 통제성 등이 포함될 수 있다. 이러한 AI의 유능함 관련 특성들은 결국 AI가 하나의 기계라는 점을 생각했을 때 기술적인 역량을 바탕으로 하여 소비자들이 AI가 유능하고 믿을 만한지를 판단하게 된다. 한편 따뜻함은 AI가 타인에게 호의적이고, 친절하며, 신뢰할 수 있고, 도덕적이라는 인식을 의미한다(Fiske et al., 2007). 즉, 유능함이 이성적인 측면의 특성이라면 따뜻함은 좀 더 감성적이고 윤리적인 특성들과 연관될 수 있겠다. AI의 윤리적인 문제에 관해서는 추후 다른 챕터에서 구체적으로 논의할 예정이니 간단하게 AI 특성 관련된 논의만 진행하도록 하겠다. AI가 얼마나 친절하고 편안한 대상인지에 따라 AI는 따뜻하고 신뢰할 만한 대상으로 인식될 수 있다. AI는 아직 인간만큼의 공감 능력이나 감성 지능을 갖추지 못했기 때문에 친절하다고 인식되긴 어려울 수도 있지만, 오히려 그러한 능력이 부족하다는 점에서 소비자들이 편하게 이야기할 수 있는 대상으로는 인식될 수 있다. 우리가 가까운 주변 사람들에게 요즘 힘들었던 얘기들을 시시콜콜하게 털어놓다가 문득 너무 많이 얘기했나 하고 눈치를 보게 되는 상황을 떠올려 보자. 우리는 상대방이 이야기를 듣다가 지칠까봐 걱정되거나, 내 얘기를 지나치게 많이 해서 오히려 내 치부를 드러내고 있다고 느껴질 수도 있다. 그러나 AI에게 이야기할 때는 그러한 걱정을 할 필요가 없기 때문에 인간보다 더 편안한 상호작용 상대로 받아들여질 수 있는 것이다.

AI가 도덕적이라고 인식되기 위해서는 오히려 '인간다움'보다는 '기계스러움'을 강조하는 것이 기업 입장에서는 유리할 수 있다. AI 이용자를 대상으로 한 심층 인터뷰 연구 결과에 따르면 사람들은 AI가 기계적인 존재이기 때문에 AI를 도덕적인 존재로 인식하고 있었다(김정원 · 성용준, 2023). AI는 인간과 같은 자유의지가 없기 때문에 나쁜 의도 또한 가질 수 없다는 점에서 도덕적일 것이라고 판단하게 된다는 것이다. 현재 기업들은 인간의 고유한 특성인 자유의지나 감성을 AI에게도 더해 더 인간 같은 AI를 개발하기 위해 노력하고 있다. 이러한 기업들의 노력은 인간은 기본적으로 의인화된 대상을 비의인화된 대상보다 선호하고, 수없이 많은 AI와의 상호작용 연구에서도 의인화된 AI를 그렇지 않은 AI보다 더 긍정적으로 평가하고 있다는 연구 결과와 맥락을 같이한다. 그러나 AI의 의인화를 통해 감정적 능력이 강화되거나 AI의 자유의지가 높게 지각되는 경우 오히려 AI도 악한 마음을 갖게 될 수 있다는 생각에 소비자들의 신뢰가 낮아질 수 있음을 시사한다. 만약 AI가 충분히 자율적으로 행동할 수 있게 된다면 오히려 인간의 통제를 정확하게 따르기 어려워진다는 점에서도 소비자들의 AI 신뢰도는 낮아질 수 있다. 따라서 기업은 무조건 인간 같은 AI를 개발하는 데 집중하기보다는 AI가 소비자와의 상호작용에서 정확하고 객관적으로 업무를 처리해야 하거나 윤리나 정직함이 요구되는 상황에서는 기계적인 특성을 강조하는 것이 더 효과적인 전략이 될 것이다.

참고문헌

김정원, 성용준 (2023). 개인정보 공개 상황에서 인공지능 에이전트 신뢰 지각에 영향을 미치는 요인. **소비자학연구, 34**(3), 23–53.

Aaker, J., Vohs, K. D., & Mogilner, C. (2010). Nonprofits are seen as warm and for–profits as competent: Firm stereotypes matter. *Journal of Consumer Research, 37*(2), 224–237.

Ahn, J., Kim, J., & Sung, Y. (2022). The effect of gender stereotypes on artificial intelligence recommendations. *Journal of Business Research, 141*, 50–59.

Botsman, R. (2019). **신뢰이동관계 · 제도 · 플랫폼을 넘어, 누구를 믿을 것인가** [Who can you trust]. 문희경 역. 서울: 흐름출판. (원전은 2017년에 출판).

Dey, V. (2023). How AI–powered conversational commerce will transform shopping in 2023. https://venturebeat.com/ai/how–ai–powered–conversational–commerce–transform–shopping–2023/.

Fiske, S. T., Cuddy, A. J., & Glick, P. (2007). Universal dimensions of social cognition: Warmth and competence. *Trends in Cognitive Sciences, 11*(2), 77–83.

Kim, A., & Sung, Y. (2021). My privacy and control matter: Understanding motivations for using untact services. *Cyberpsychology, Behavior, and Social Networking, 24*(6), 426–431.

Kim, J., & Sung, Y. (2022). Artificial Intelligence Is Safer for My Privacy: Interplay Between Types of Personal Information and Agents on Perceived Privacy Risk and Conce rns. *Cyberpsychology, Behavior, and Social Networking, 25*(2), 118–123.

Mayer, R. C., Davis, J. H., & Schoorman, F. D. (1995). An integrative model of organizatio nal trust. *Academy of Management Review, 20*(3), 709–734.

Nass, C., & Moon, Y. (2000). Machines and mindlessness: Social responses to computers. *Journal of Social Issues, 56*(1), 81–103.

Reeves, B., & Nass, C. (1996). *The media equation: How people treat computers, television, and new media like real people*. Cambridge, UK, 10, 236605.

Reichheld, F. F., & Schefter, P. (2000). E–loyalty: your secret weapon on the web. *Harvard Business Review, 78*(4), 105–113.

Sundar, S. S. (2008). *The MAIN model: A heuristic approach to understanding technol ogy effects on credibility* (pp. 73–100). Cambridge, MA: MacArthur Foundation Digital Media and Learning Initiative.

Sundar, S. S., & Kim, J. (2019, May). Machine heuristic: When we trust computers more than humans with our personal information. In *Proceedings of the 2019 CHI Conference on Human Factors in Computing Systems* (pp. 1–9).

AI-Driven Transformation of Advertising and PR:
From Planning to Ethics

PART 02

AI가 바꾸는 광고PR 프로세스

chapter 03 AI가 바꾸는 광고PR 기획

chapter 04 AI가 바꾸는 광고PR 카피라이팅

chapter 05 AI가 바꾸는 광고PR 제작 가이드라인

chapter 06 AI가 바꾸는 광고PR 미디어 전략

chapter 07 AI가 바꾸는 광고PR 캠페인 효과 측정과 관리

chapter

03

AI가 바꾸는 광고PR 기획

▸▸▸ 이준원

(한국외국어대학교 미디어커뮤니케이션연구소 연구원)

AI 트랜스포메이션이 주도하는 광고나 PR 산업의 변혁은 우리의 사고방식과 의사결정을 바꾼다는 점에서 특별하다. 그간 논의되었던 디지털 트랜스포메이션(Digital Transformation)의 경우, 협의의 디지털화(Digitalization)라는 측면에서 디지털 기술을 활용한 반복적인 작업의 자동화, 효율화 등을 의미하는 '도구의 변화'로 설명할 수 있었다. 기존의 아날로그 또는 수동적인 광고 프로세스에 디지털 기술이 적용되면서 의사결정에 필요한 정보 전달이나 데이터 분석, 매체 운영 등이 보다 용이해진 것이다. 그러나 상황에 대한 분석과 아이디어의 도출, 캠페인 운영에 대한 계획 수립 등과 같이 모든 결정은 여전히 전문가의 영역이었다. 과거와 달리 전문가의 필수 소양에 디지털 기술이 추가되었을 뿐, 글을 쓰거나 계산식을 짜내는 것처럼 새로운 무언가를 만들어내는 것은 제한되었다.

하버드 비즈니스 리뷰(2018)에 따르면 인공지능은 일반적으로 자동화와 인사이트 도출, 상호작용 촉진의 3가지 유형으로 분류가 되는데, 이를 통해 모든 단계에서 자율적이고 지능적인 행동을 통해 이용자의 의사결정을 지원한다는 점에서 기존의 디지털 기술과 근본적인 차이를 보인다. 주어진 데이터로부터 스스로 인사이트를 도출하고, 광고주가 나아갈 방향을 설정할 뿐만 아니라 세부 실행 계획과 평가 방안까지도 제안할 수 있기 때문이다. 인공지능이 만들어 낸 결과물을 그대로 사용하지 않더라도, 이용자의 창의성과 직관을 증폭시킴으로써 사고의 지평을 확장한다는 점에서 기존과는 다른 새로운 전환점을 시사한다. 본 장에서는 앞서 언급한 것과 같이 전반적인 광고와 PR 기획 단계에서 인공지능이 어떠한 역할을 수행할 수 있는지 종합적으로 살펴보고자 한다.

1. 인공지능과 광고PR의 만남

1) 생성형 인공지능의 등장과 영향

스스로 생각하는 기계, 인공지능에 대한 개념은 1950년대부터 등장하여 다양한 창작물에서 모습을 드러냈으나 그 형체가 우리에게도 보이기 시작한 것은 비교적 최근의 일이다. 예를 들어, 지난 2016년의 알파고(AlphaGO)와 같은 경우 그 놀라운 능력으로 경탄과 두려움의 대상이 되었으나, 바둑이라는 특정 분야만을 다루었기 때문에 일반인의 삶에 실질적인 영향을 미치는 것은 극히 제한적이었다. 따라서 인류가 인공지능이라는 기술의 잠재적인 가능성을 목도할 수는 있었으나, 그것이 실제로 우리의 삶에 어떻게 녹아들 것인가에 대해서는 여전히 영화와 같은 공상만이 가능했다.

그러나 지난 2022년 11월의 마지막 날 조용히 세상에 등장한 챗GPT는 단숨에 인공지능이란 개념에 대한 인류의 인식을 획기적으로 바꾸었다. 대형언어 모델(Large Language Model: LLM)을 기반으로 인간의 다양한 질문에 답변을 생성하는 생성형 인공지능(Generative AI)이라는 이름을 널리 알린 챗GPT는 바둑이나 체스와 같은 특정 분야에만 활용되는 것이 아니기 때문에 범용 인공지능에 대한 기대를 가능케 했다. 또한, 인공지능을 이용하는 과정에서 이용자에게 컴퓨터 프로그래밍과 같은 전문적인 기술이 강제되지 않았기 때문에, 모두를 위한 기술로서 자리했다는 점도 인식 변화에 큰 영향을 미쳤다. 이러한 활용성과 접근성을 바탕으로 출시 두 달 만에 월간 이용자 수(MAU) 2억 명을 달성하면서 그 관심도를 증명해냈다.

[표 3-1] LLM과 LMM의 차이

구분	LLM(대규모 언어 모델)	LMM(대규모 멀티모달 모델)
정의	• 텍스트 데이터를 처리하고 생성하기 위해 훈련된 인공지능 모델	• 텍스트, 이미지, 오디오 등 다양한 형태의 데이터를 처리하고 생성하기 위해 훈련된 인공지능 모델
핵심기능	• 자연어 처리(NLP) 작업을 수행(언어 번역, 요약, 질문 응답 등)	• 다양한 모달리티(텍스트, 이미지 등) 간의 상호작용을 이해하고 처리하는 작업 수행(이미지 설명 생성, 멀티모달 검색 등)
데이터 유형	• 텍스트 데이터 처리와 생성에 특화	• 텍스트, 이미지, 오디오, 비디오, 감각 데이터 등 다양한 유형의 데이터 처리
응용분야	• 텍스트 기반 응용분야로, 챗봇, 언어 번역, 가사 생성, 코드 생성 등	• 멀티모달 응용 분야로, 이미지와 텍스트를 결합한 검색, 시각적 질문 응답, 오디오-텍스트 상호작용 등
기술적 도전	• 언어의 복잡성과 뉘앙스를 이해하고 생성하는 능력 • 데이터 세트의 가용성과 품질	• 다양한 데이터 유형 간의 상호작용을 이해하고 모달리티 간의 전이학습을 효율적으로 수행하는 능력
훈련 데이터	• 대규모 텍스트 코퍼스(말뭉치)	• 다양한 모달리티의 대규모 데이터셋 • 텍스트를 이미지와 연관시키거나 비디오의 시퀀스를 이해하는 방법을 학습
평가 및 반복	• 유창함, 일관성, 관련성과 같은 언어 이해와 생성 작업에 중점	• 이미지 인식 정확도, 오디오 처리 품질, 여러 양식에 걸쳐 정보를 통합하는 모델의 능력 등 여러 도메인에 걸쳐 넓은 범위의 측정 항목을 기준으로 평가
예시	• GPT-3.5, BERT, T5 등	• SORA, Gemini Pro, Emu 등

출처: 정보통신기획평가원 (2024).

무엇보다 챗GPT가 인공지능 산업에서 가지는 선점 효과를 막기 위한 경쟁 또는 관련 업체들이 자사의 인공지능 모델을 앞다투어 발표한 점도 관련 논의를 지속적으로 이어나가는 동력으로 작용했다. 그간 각 기업에서 비밀리에 개발되던 내용들이 공개되고, 폭발적으로 증가한 이용자들의 이용 내역이 인공지능의 학습 데이터로 활용되면서 더욱 발전을 거듭한 인공지능은 최근 문자를 넘어 이미지와 소리, 영상 등 다양한 형태의 정보를 복합적으로 다루는 멀티모달 모델(Multi-modal Model)의 영역에 이르렀다. 대화형 서비스와 이미지 생성 또는 영상 생성 인공지능 서비스가 모두 하나로 통합된 것이다.

이는 지난해까지만 해도 이미지나 비디오 등의 데이터를 처리하기 위해서는 여러 모델을 복합적으로 활용하거나 텍스트 형태로의 인코딩과 디코딩이 필요했지만, 올해 초 등장한 GPT-4o와 같은 대형 멀티모달 모델은 다양한 형태의 데이터를 직접 처리하기 때문에 더 복잡하고 다양한 작업을 적은 전력만으로도 신속하게 처리가 가능함을 의미한다. 예를 들어, 인공지능이 화면을 인식하고 음성으로 답변이 가능하며, 이 과정에서 이전에는 텍스트로 변환되면서 누락되었던 배경음이나 감정, 억양과 같은 정보가 활용이 가능해졌다. 또한, GPT-4o의 경우 음성 질문에 최소 0.232초, 평균 0.32초 만에 응답이 가능하여 인간과 유사한 수준까지 응답 속도가 빨라졌다(OpenAI, 2024). 이러한 기술적 발전으로 인해 더 자연스럽고 포괄적인 인공지능의 활용이 가능해졌고, 금융이나 의료, 영화 등 다양한 분야에서 매일같이 새로운 인공지능 활용법이 나타나고 있다.

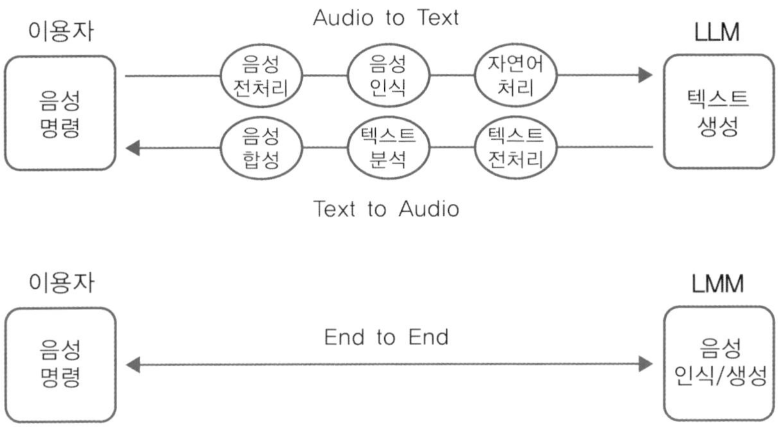

[그림 3-1] LLM과 LMM의 음성 데이터 차리 방식 차이

2) AI를 도입하는 광고PR 산업

광고와 PR 분야는 항상 기술과 미디어 변화의 최전선에 서 있었다. 텔레비전의 등장부터 인터넷의 보급, 소셜 미디어의 확산에 이르기까지, 새로운 소통 방식과 플랫폼이 등장할 때마다 이를 가장 먼저 받아들이고 활용해왔다. 인공지능 역시 예외가 아니었다. 지난 몇 년간 인공지능은 조용히, 그러나 확실하게 업계를 변화시켜 왔다. 그리고 최근 급격하게 발전하는 인공지능 기술에 맞춰, 이제는 산업의 근간을 흔들 만큼 획기적인 변화가 예고되는 중이다.

인공지능과 광고PR의 만남은 이미 십여 년 전부터 시작되었다. 초기에는 주로 머신러닝과 딥러닝 기술을 중심으로, 고객 세분화와 맞춤형 콘텐츠 추천 등 효율적인 광고 운영을 위한 도구로서 인공지능은 꾸준히 그 영역을 넓혀왔다. 페이스북(Facebook, 現 Meta)과 구글(Google), 아마존(Amazon)과 같은 주요 디지털 광고 플랫폼들은 AI를 활용해 사용자의 행동 패턴을 분석하고, 이를 바탕으로 개인화된 광고를 제공하는 서비스를 발전시켜 왔다. 이는 광고주들에게 더 높은 투자 효율성(ROI)을 제공하는 동시에, 소비자들에게는 더욱 관련성 높은 광고 경험을 선사하는 데 기여했다. 예를 들어, 인공지능이 사용자가 검색한 내용이나 방문한 웹사이트를 바탕으로 관심사를 파악하고, 이들에게 맞춤형 광고를 노출하는 방식은 이미 우리 일상에 깊숙이 자리 잡았다.

그러나 최근 등장한 생성형 인공지능, 특히 챗GPT로 대표되는 대형 언어 모델 기반의 인공지능은 광고PR 업계에 완전히 새로운 차원의 논의를 불러일으키고 있다. 이제 AI는 단순한 데이터 분석과 타깃 세분화를 넘어, 창의적인 콘텐츠 생성과 전략 수립 영역에까지 깊이 관여하고 있는 것이다. 이는 기존의 AI 활용 방식과는 질적으로 다른, 근본적인 변화를 의미한다.

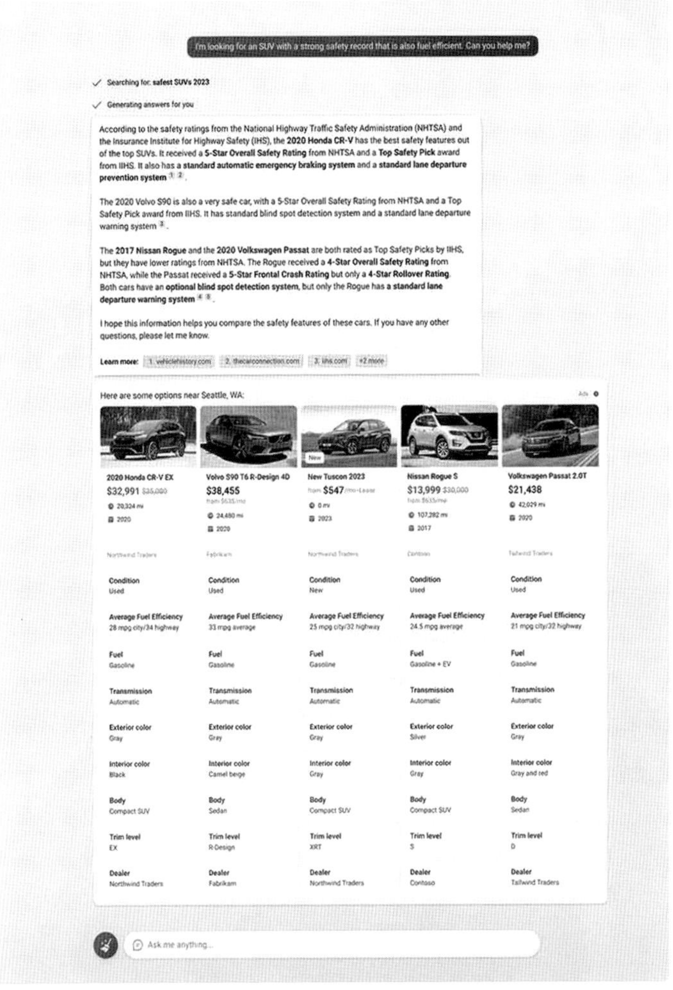

[그림 3-2] Microsoft의 Compare & Decide 광고 예시
출처: Microsoft Advertising

이러한 급격한 발전으로 인해 광고PR 업계에서 AI를 바라보는 시각은 매우 다양해졌다. 가장 좁게는 AI를 새로운 형태의 광고 인벤토리로 활용 가능한 신규 미디어로 보는 시각이 있다. 이를 가장 잘 보여주는 사례가 전 세계 검색 시장을 장악한 구글의 사례로, 사람들이 새로운 정보를 습득하는 방식이 변화함에 따라 기존의 검색 광고 규모가 인공지

능 플랫폼으로 옮겨갈 것이란 전망에 관련 업계에 긴장감이 돌고 있다. 실제로 그간 검색 시장에서 열세를 면치 못했던 마이크로소프트(Microsoft)는 챗GPT를 만든 오픈AI(OpenAI)와의 협업을 통해 발 빠르게 AI 기술을 자사의 서비스에 접목하고, 기존의 검색 광고를 대체하는 챗봇형 AI 광고 상품을 선보이기도 했다. 최근 7월에는 오픈AI가 검색GPT를 출시하면서 구글의 주가가 떨어지기도 했다.

보다 거시적인 관점에서 인공지능은 광고PR 산업 전반에 걸쳐 근본적인 변화를 가져올 압도적인 존재로 인식되고 있다. 인공지능은 시장조사부터 전략 수립, 크리에이티브 개발, 미디어 플래닝, 성과 측정 등에 이르기까지 광고PR의 모든 프로세스에 혁신을 불러일으킬 수 있기 때문이다. 예를 들어, AI는 이제 단순한 데이터 분석을 넘어 예측적 인사이트를 제공하여 미래 트렌드를 선제적으로 파악하고, 크리에이티브 제작 과정에 직접 참여하여 다양한 버전의 광고 콘텐츠를 자동으로 생성할 수 있다. 또한, 실시간 상황에 따라 캠페인 전략을 자동으로 조정하고, 복잡한 크로스 미디어 캠페인의 성과를 통합적으로 분석하여 즉각적인 최적화 방안을 제시한다. 이는 단순히 효율성 향상을 넘어, 광고PR 전문가의 역할과 필요 역량, 나아가 산업의 비즈니스 모델까지 재정의하고 있다. 전통적으로 인간의 창의성과 직관에 크게 의존해 왔던 이 분야에서, AI와의 협업은 이제 새로운 차원의 전략적 사고와 창의적 표현을 가능케 하는 필수적인 요소가 되어가고 있다.

따라서 업계는 또다시 새로운 인공지능 기술 도입을 서두르고 있다. 최근 구글이 조사한 설문에 따르면, 약 77%의 한국 마케터들은 AI 도입을 계획하거나 설계 중이라는 응답이 나왔다. 또한, 이미 AI를 도입한 마케터들은 주로 효율성 향을 위해 AI를 활용해왔으나, 생성형 AI가 마케팅에 가져올 수 있는 잠재력에 대한 인식이 높아지면서 이러한 추세가 창의성 중심으로 변화하고 있다는 결과도 확인되었다.

주요 광고 기업들 역시 앞다투어 AI 중심으로 기업 구조와 문화를 재편하고 있다. 일본의 하쿠호도(Hakuhodo)나 영국의 WPP와 프랑스의 퍼블리시스 그룹 등 글로벌 광고 대기업들이 자사의 사업 영역을 AI 기반으로 통합하는 노력을 기울이고 있으며, 국내에서도 종합대행사나 디지털 미디어렙사 등이 이러한 AI 트랜스 포메이션을 서두르고 있다. 제일기획은 이미 작년에 생성형 AI가 만든 실제 광고물을 선보인 바가 있으며, 이노션은 올해 초생성형 AI 전문 조직 'AI 솔루션팀'을 신설하고 자체 솔루션 구축을 위해 서두르고 있다. 가장 빠른 성과를 보이는 곳은 HSAD로, 최근 8월 초에 마케팅 크리에이티브 업무 전반을 AI 기반으로 진행할 수 있는 통합 플랫폼 'DASH.AI'를 국내 최초로 상용화했다고 밝혔다. 해당 플랫폼은 브랜드 관련 캠페인 히스토리나 자산 등을 관리하는 'Brand Assistant'와 시장 및 소비자 분석과 전략 기획을 지원하는 'Strategy Assistant', 실제 제작물을 생성하는 'Creative Assistant', 성과를 측정하고 마케팅 효율화를 지원하는 'Action Assistant' 등의 세부 기능을 바탕으로 광고 기획의 전반을 관리하는 솔루션을 구축했다.

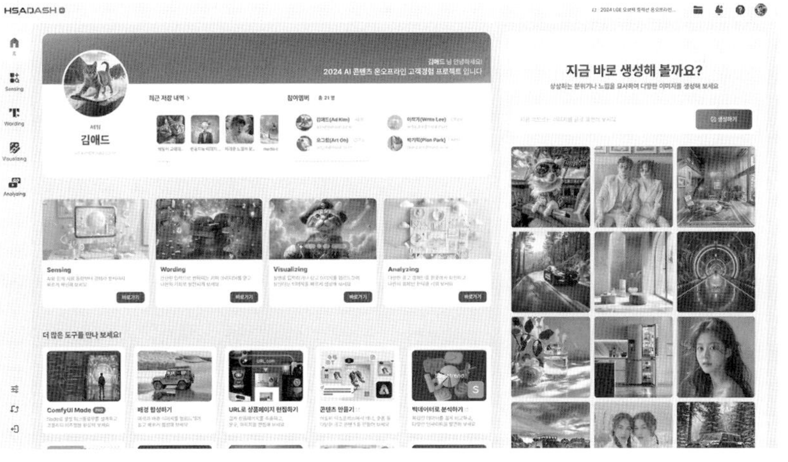

[그림 3-3] HSAD의 AI 기반 통합플랫폼 DASH.AI
출처: HSAD

2. AI 기반 광고PR 기획 프로세스

광고와 PR은 전략적 커뮤니케이션의 대표적인 형태로, 과학적 조사를 바탕으로 목표 대상의 인식, 사고, 그리고 행동에 영향을 미치는 것을 목적으로 한다. 이 두 분야는 각각 고유의 특성과 목표를 가지고 있다. 전반적으로 광고가 주로 상품이나 서비스의 판매 촉진에 초점을 맞춘다면, PR은 조직과 공중 간의 상호 이해와 호의적 관계 구축에 중점을 둔다. 그러나 이러한 차이에도 불구하고, 광고와 PR의 기획 프로세스는 상당히 유사한 구조를 가진다고 볼 수 있다. 이는 두 분야 모두 체계적이고 전략적인 접근을 통해 효과적인 커뮤니케이션을 달성하고자 하기 때문이다.

일반적으로 광고 기획 과정은 현재 상황에 대한 명확한 인식에서부터 시작한다(Belch & Belch, 2021). 흔히 3C 분석이라 불리는 방법으로, 시장 환경에서 광고주(Company)와 경쟁사(Competitor), 고객(Customer)이 어떠한 상황에 놓여 있는지를 종합적으로 검토한다. 이를 통해 향후 이어질 모든 과정을 최대한 합리적으로 판단할 수 있는 기반을 마련하는 것이다. 이를 바탕으로 광고를 통해 얻고자 하는 구체적인 목표를 설정한다. 해당 목표는 현실적이어야 하며, 차후 원활한 평가가 가능하도록 측정 가능해야만 한다. 예를 들어 제품 판매량 증대나 인지도 제고, 고객의 인식 변화 등의 형태로 나타날 수 있다. 이때 SMART(Specific, Measurable, Achievable, Relevant, Time-bound) 원칙을 적용하여 목표를 구체화하는 것이 일반적이다.

다음으로는 목표 달성을 위해 타깃 고객을 설득할 수 있는 메시지를 개발한다. 일반적으로 크리에이티브라 불리는 광고의 핵심 영역으로, 어떠한 메시지를 전달할 것인지 고민하고, 이를 어떻게 표현할 것인지 정하여 실제로 광고 콘텐츠를 제작하는 과정이다. 이 단계에서는 브랜드의 핵심 가치, 소비자의 니즈, 시장의 트렌드 등을 종합적으로 고려하여 독창적이면서도 효과적인 메시지를 개발해야 한다. 동시에 제작된 콘텐츠를 타깃에게 전달하기 위한 미디어를 선정하고 구체적인 운영 계획을 수립해야 한다. 이는 단순히 매체를 고르는 것을 넘어, 타깃 오디언스의 미디어 소비 행태, 각 매체의 특성, 비용 효율성 등을 종합적으로 고려하는 복잡한 과정이다. 메시지에 따라 적합한 매체가 다양하며, 매체에 따라 표현 가능한 메시지의 형태가 다르기 때문에 두 단계는 서로 유기적으로 고려되어야 할 필요성이 있다.

마지막으로는 실제로 광고를 집행하고, 이로 인한 효과를 측정하고 평가하는 과정이다. 이는 단순히 캠페인의 성공 여부를 판단하는 것을 넘어, 지속적인 개선과 학습의 기회로 활용된다. 앞서 목표 설정 단계에서 준비한 지표들을 활용하여 성과의 수준을 평가하고, 개선점 등을 확인한다. 이 과정에서 얻은 인사이트는 향후 캠페인 기획 시에 적용되어 보다 효과적인 기획이 가능하게 한다. 최근에는 디지털 기술의 발달로 실시간 성과 측정과 즉각적인 최적화가 가능해지면서, 이 단계의 중요성이 더욱 커지고 있다.

PR 커뮤니케이션의 실행 과정 역시 대부분 유사한 구조를 보이고 있다. 가장 기본적인 틀을 구성하는 RACE(Research, Action, Communication, Evaluation) 모형에서부터 ROPE(Research, Objectives, Programming, Evaluation)나 R-O-S-I-E(Research, Objectives, Strategy, Implementation, Evaluation) 모형, 또는 이를 통합한 모형에 이르기까지 대부분의 경우 조사에서부터 시작하여 목표를 설정하고 세부 프로그램의 계획과 실행, 결과 평가의 단계로 구성이 된다. 이러한 모형들은 각각의 특성을 가지고 있지만, 근본적으로는 체계적이고 전략적인 PR 활동을 위한 프레임워크를 제공한다는 점에서 공통점을 갖는다.

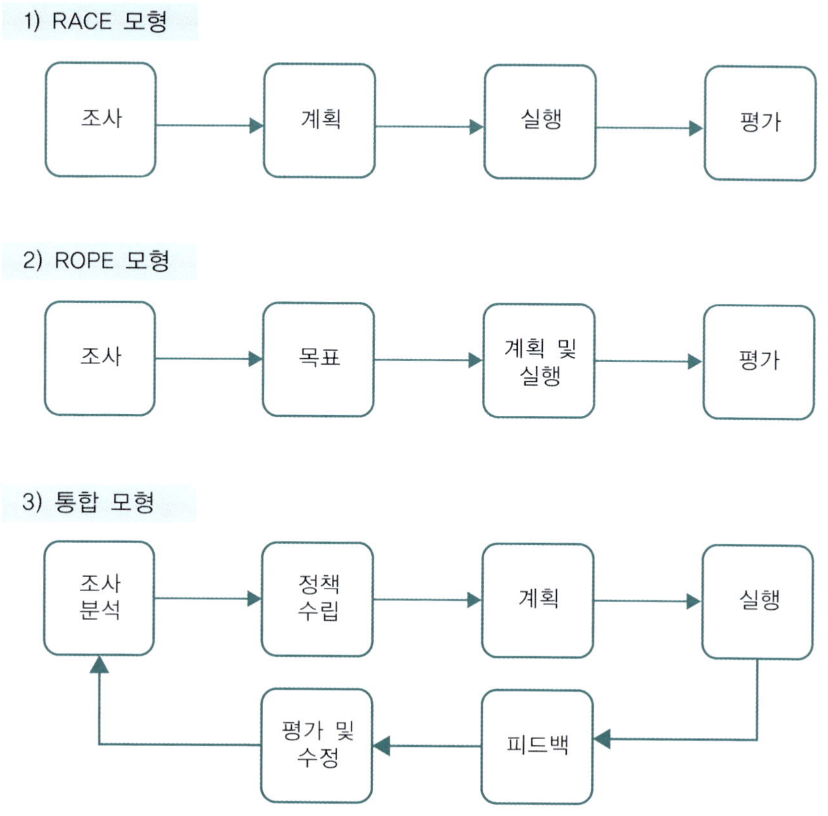

[그림 3-4] PR 커뮤니케이션 실행 모형 사례

출처: Wilcox, Cameron & Reber (2015).

이상의 내용을 종합하면 광고PR 기획 단계에서 AI가 미치는 영향은 시장과 고객 등의 상황 분석과 메시지 콘셉트 기획 및 제작, 매체 계획, 평가의 차원으로 살펴보는 것이 타당함을 알 수 있다. 핵심 단계 중 하나인 목표 설정의 경우, 평가 단계에서 가장 우선시되는 지표가 목표 달성 여부라는 점을 고려한다면 유사한 내용으로 해석이 가능하다. 또한, 여전히 개인이나 조직 차원에서의 판단이 중요하기 때문에 AI가 미치는 영향이 상대적으로 적은 부분도 존재한다.

이러한 논의는 라스웰(Lasswell)이 제안한 커뮤니케이션의 가장 기본적인 모형인 SMCRE(Sender, Message, Channel, Receiver, Effect)와도 맥락을 같이한다. 이 모형에 따르면, 송신자(Sender)인 광고주와 수신자(Receiver)인 소비자에 대한 이해를 바탕으로 어떠한 형태와 내용의 메시지(Message)를 어떤 매체(Channel)를 통해서 전달할 것인가 고민하고, 그로 인해 발생한 결과(Effect)를 평가한다. 이는 앞서 언급한 4가지 차원, 즉 상황 분석, 메시지 기획 및 제작, 매체 계획, 평가가 광고PR 기획의 핵심 요소임을 다시 한번 확인해 준다.

실제로 진과 강(Qin & Jiang, 2019)은 중국 광고 시장을 바탕으로 인공지능이 광고 집행 과정에 미치는 영향을 분석하는 과정에서 소비자 인사이트 발견과 광고 제작, 미디어 계획 및 구매, 광고 효과 평가의 4단계 프로세스로 재편하여 분석한 바가 있다. 이와 유사하게 기존의 AI와 광고 관련 논문을 메타분석한 포드와 동료들(Ford et al., 2023)의 연구는 프로그래매틱 광고와 자동화, 광고 플래닝과 인게이지먼트, 광고 효과, AI 광고의 신뢰라는 네 가지 분야로 구분을 하기도 했다. 다만, 이들의 연구는 광고 기획 단계보다는 보다 거시적인 시각에서 기존의 연구를 종합하고 분석했기 때문에 일부 차이가 발생한 것으로 볼 수 있다.

1) 시장 조사 및 상황 분석의 혁신

일반적인 광고PR 기획 프로세스의 첫 단계인 시장 조사 및 상황 분석은 이미 인공지능의 활용이 광범위하게 이루어지고 있는 분야이다. 전통적인 시장 조사 방식이 기업 공개 자료나 표본 추출을 통한 설문, 인터뷰 등의 소비자 조사에 주로 의존해왔다면, 디지털 기술의 발전은 데이터의 추적, 수집, 저장 능력을 비약적으로 향상시켜 활용 가능한 데이터의 범주를 크게 확장시켰다. 이는 소셜 미디어 게시물, 온라인 검색 기록, 카메라를 통한 화상 인식, IoT 기기의 센서 데이터 등 다양한 원천에서 생성되는 방대한 양의 정보를 포함하며, 이로 인해 우리는 이른바 다종 · 방대한 빅데이터의 시대를 맞이하게 되었다.

그러나 이처럼 거대하고 복잡한 데이터를 분석하는 것은 기존의 분석 방법과 도구로는 한계가 있었다. 단적으로, 가장 널리 사용되는 생산성 프로그램인 마이크로소프트 엑셀(Excel)조차 데이터셋 규모가 최대 1,048,576행으로 제한되어 있어, 이를 초과하는 데이터를 처리하기 위해서는 전문적인 분석 도구와 데이터 전처리 기법, 통계적인 분석 방법 등이 필요하게 되었다.

이러한 상황에서 인공지능 기술의 발전은 빅데이터 분석의 새로운 지평을 열었다. AI는 방대한 양의 구조화 및 비구조화 데이터를 실시간으로 처리하고, 복잡한 패턴을 인식하며, 심층적인 인사이트를 도출할 수 있는 능력을 제공한다. 이는 단순히 데이터 처리 능력의 향상을 넘어, 시장과 소비자에 대한 이해의 질적 변화를 가능케 하고 있다.

먼저, 소셜 미디어 게시물과 같이 브랜드 관리에 필수적이지만 일반적인 데이터 처리나 통계 분석이 어려운 비정형 데이터의 경우, 자연어 처리 기술을 활용하여 소비자 여론이나 감성 등의 파악이 가능해졌다. 이를 바탕으로 소비자의 니즈나 선호, 또는 시장 트렌드를 신속하게 포착할 수 있게 되었다. 최근에는 인공지능 기술의 발전으로 텍스트 데이터를 넘어 이미지나 영상 데이터까지도 분석의 범주로 포함되고 있다. 예를 들어, 컴퓨터 비전 기술을 활용하여 소셜 미디어에 게시된 이미지나 동영상에서 브랜드 로고를 인식하거나, 제품 사용 맥락을 분석하는 것이 가능해졌다.

배달 앱 헝거스테이션(Hunger Station)의 광고 캠페인인〈무의식의 주문(Subconscious Order)〉은 AI를 통해 이용자의 시선을 추적(eye-tracking)함으로써 잠재의식을 분석한다. 배달앱 페이지를 넘기는 중에 이용자의 시선이 오래 머무르는 제품이나 소재 등에 관심이 있다는 점에 기반하여 음식 메뉴와 판매점을 추천하는 것이다. 소수의 이용자만이 명확한 점포나 메뉴를 확정한 후에 배달앱을 이용하고, 대부분 이용자는 1년에 약 132시간을 메뉴 선택에 할애하는 불편을 겪는다는 점에 착안하여, 인공지능을 활용한 고객 분석을 바탕으로 그들의 이용 경험을 제고한 해당 캠페인은 우수 사례로서 인정을 받아 칸 광고제 70년 역사상 처음으로 사우디 아라비아에게 그랑프리의 영예를 안겨주기도 했다.

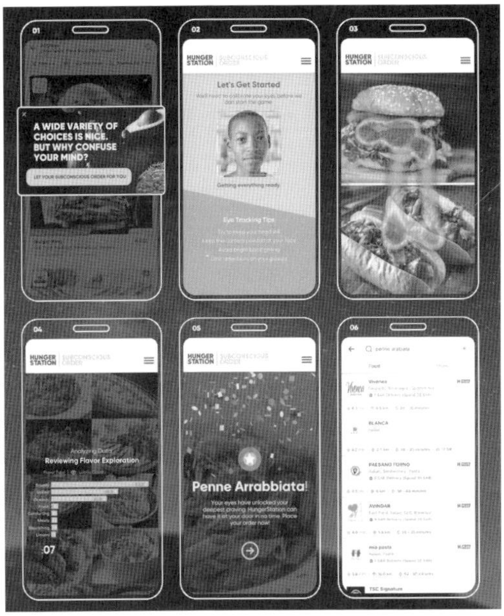

[그림 3-5] AI 기반의 이용자 시선 추적 및 제품 추천 사례: Hunger Station
출처: cannes lions

또한, 사전에 실무자가 예상하지 못한 새로운 고객 분석도 가능하다. 디지털 기술의 도입은 오래 전부터 이용되었던 성별이나 연령, 지역 등과 같은 고객의 인구통계학적 변인 외에도 구매 이력이나 접속 경로, 소셜 미디어 활동 등의 다양한 데이터의 활용을 가능하게 하였으나, 여전히 고객 분석을 위해서는 실무자가 인식하고 있는 변인의 틀 안에서만 가능했다. 하지만 클러스터링(Clustering) 알고리즘과 같은 비지도 학습 기법은 사전에 정의된 범주 없이도 유사한 특성을 가진 고객 그룹을 자동으로 식별할 수 있다. 이는 마케터가 미처 생각하지 못했던 새로운 고객 세그먼트를 발견하는 데 도움을 준다.

맞춤형 콘텐츠 추천으로 유명한 넷플릭스가 AI를 활용하여 고객을 분석한 대표적인 사례이다. 이들은 이용자 간의 유사성으로 콘텐츠를 추천하는 협업 필터링(Collaborative Filtering) 방식과 콘텐츠 간의 유사성을 고려하는 콘텐츠 기반 필터링(Content-based Filtering)을 조합함으로써 이용자에게 콘텐츠를 추천하는 것으로 알려졌다. 이 과정에서 성별이나 연령과 같은 인구통계학적인 유사성이나 영화 장르, 국가 등의 대표적인 콘텐츠 정보뿐만 이용자의 시청 패턴에서부터 영상의 색감이나 분위기 등에 이르기까지 다양한 정보가 포함된다. 그리고 이들 정보는 1:1의 유사성으로 활용되는 것이 아니라, 인공지능이 방대한 데이터로부터 일정한 패턴을 찾아냄으로써 집단을 유형화하고 각 유형에 맞는 맞춤형 콘텐츠를 제안하는 것이다. 이러한 알고리즘의 고도화를 통해, 넷플릭스 이용자들이 시청하는 영상의 3/4 이상이 AI가 추천한 것으로 알려졌다.

덴츠 이지스 네트워크의 경우 AI 기술을 사용하여 중국의 웨이보닷컴과 디엔핑닷컴과 같은 소셜 네트워크 사이트에 게시된 사진을 식별하고 분석하여 광둥성에서 시간대별로 선호하는 식단에 대한 인사이트를 얻고, 고객이 소유한 중국 남부 지역의 레스토랑 매출이 다른 지역의 매출보다 낮은 이유를 설명할 수 있었다고 한다(Qin & Jiang, 2019). 이처럼 AI 기술은 시장 분석과 광고 효과 조사에서 큰 효용성을 지닐 수 있다.

자사(Company)와 고객(Customer)을 넘어 경쟁사(Competitor) 분석

역시 인공지능을 통해 변화하고 있다. 특히, 웹 크롤링(Web Crawling)이나 웹 스크레이핑(Web Scraping)과 데이터 마이닝(Data Mining) 기술을 결합한 AI 시스템은 경쟁사의 웹사이트, 소셜 미디어 채널, 온라인 리뷰 등을 자동으로 모니터링하고 분석할 수 있다. 이를 통해 경쟁사의 제품 라인업, 가격 정책, 프로모션 전략, 고객 반응 등을 실시간으로 추적할 수 있게 되었다. 다만, 이와 같은 공격적인 인공지능 활용 방식은 부정경쟁행위 등의 법적 문제가 발생할 소지가 있기 때문에 윤리적, 법적 고려가 반드시 수반되어야 한다.

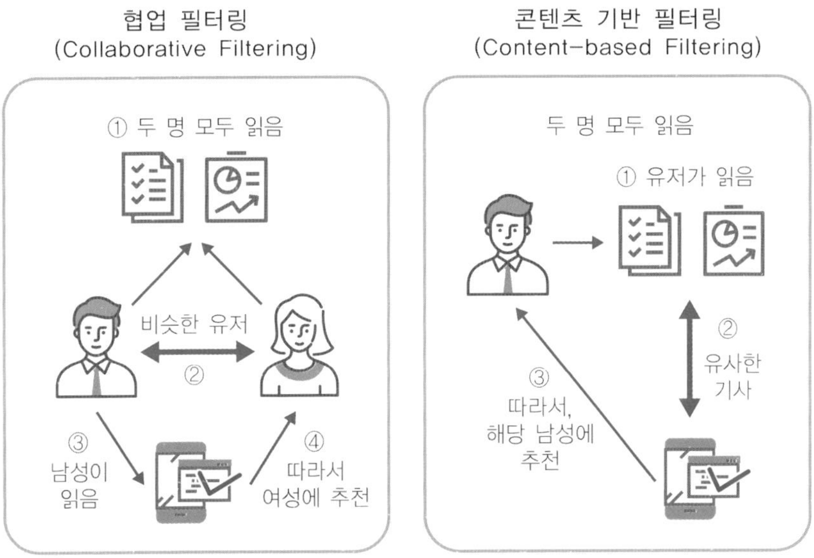

[그림 3-6] 협업 필터링과 콘텐츠 기반 필터링의 구조

출처: 비트나인 Graph it

아직 사업 초기거나 조직 내에 AI와 관련된 기반이 없는 경우에는 광고 플랫폼이 가진 데이터를 적극적으로 활용하는 것도 하나의 대안이 될 수 있다. 구글, 메타, 아마존, 또는 국내의 네이버와 같은 대형 플랫폼들은 방대한 양의 고객 데이터를 보유하고 있으며, 이를 AI 기술과 결합하여 광고주에게 정교한 타깃팅과 최적화된 광고 운영 방식을 제안한다.

또는 외부의 데이터 분석 전문 플랫폼도 활용할 수 있다. 예를 들어 구글과 네이버의 검색 데이터를 수집하고 분석하여 마케팅 인사이트를 제공하는 어센트코리아(AscentKorea)의 데이터 분석 플랫폼 리스닝마인드 허블(Listening-mind Hubble)의 경우 AI를 활용함으로써 [그림 3-7]과 같이 육안으로는 한눈에 보기 어렵고 복잡한 데이터나 분석 결과에서도 인사이트를 도출하여 이용자에게 제공할 수 있다. 이러한 기능은 전문적인 분석 내용을 전문가가 아니어도 얻을 수 있기 때문에 이용자의 확장에 큰 영향을 미쳤고, 해외의 소셜 분석 플랫폼 브랜드워치(Brandwatch)와 같이 다양한 분석 플랫폼들이 AI를 활용한 인사이트 도출 기능을 도입하고 있다.

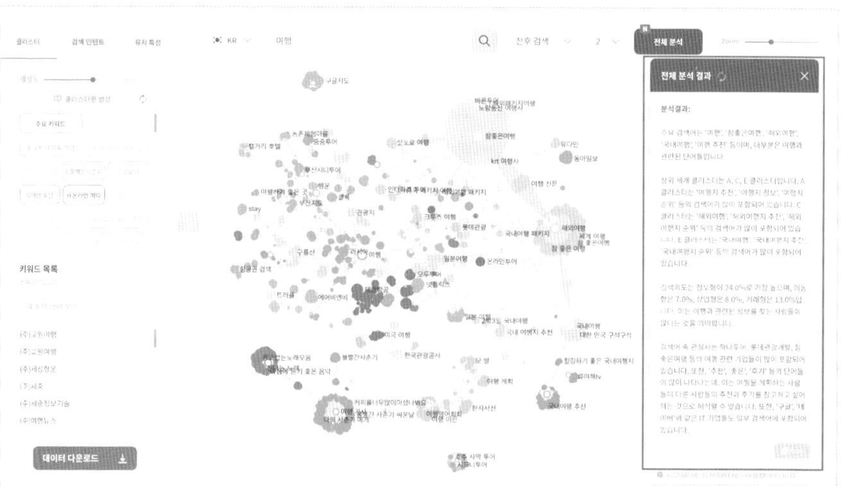

[그림 3-7] 리스닝 마인드 허블의 GPT 분석 기능
출처: AscentKorea

다만, 인공지능의 경우 전문가가 가지고 있는 제품이나 브랜드, 시장 환경에 대한 맥락이나 소비자와의 관계 등을 복합적으로 고려하는 것이 제한되기 때문에 깊은 통찰에서 나오는 인사이트의 발견은 아직까지 다소 기대하기 어려운 것도 사실이다. 인간이 다루기 힘들 정도로 크고 복잡한 데이터에서 일정한 경향성에서 벗어난 몇몇 지점을 찾는 것은 보다 나을 수 있으나, 그러한 결과의 맥락이나 자사 브랜드에 대한 시사점 등은 당분간 인간의 전문적인 영역으로 남을 것이란 시각이다. 물론 이 역시 인공지능 모델의 추가적인 학습과 미세 조정 등을 통해서 개선될 수 있는 부분이 많은 만큼, 다가올 변화를 살펴봐야 할 것이다.

2) 메시지 콘셉트 개발과 크리에이티브 제작

이처럼 인공지능의 도입으로 복잡해진 시장 조사 및 상황 분석 과정이 간소화되고, 인사이트 도출이 효율화됨에 따라 실무자들은 광고의 핵심인 크리에이티브 개발에 더 많은 시간과 노력을 투자할 수 있게 되었다. 특히 생성형 AI의 등장은 기존의 브레인스토밍과 아이데이션 과정을 획기적으로 개선하여, 창의적 사고의 범위를 크게 확장시켰다. AI가 제공하는 데이터와 인사이트는 인간의 창의력과 전략적 사고를 증폭시키는 촉매제 역할을 하고 있는 것이다. 실제로 구글이 최근 조사한 바에 따르면, 이미 한국과 아시아 태평양 지역 마케터들이 계획 중인 AI 활용 상위 10가지 사례 중 6가지는 이미지 또는 콘텐츠 제작에 중점을 두고 있으며, AI를 선도적으로 도입한 기업들은 창의적 성과를 88% 향상시켰다고 한다.

그러나 AI의 이러한 기여에도 불구하고, 제공된 데이터와 인사이트를 의미 있는 광고 콘셉트로 발전시키는 것은 여전히 인간 중심의 영역이다. AI는 강력한 도구이지만, 브랜드의 본질을 이해하고 맥락과 주변 정보를 활용하여 광고를 창의적으로 해석하는 능력은 인간만의 고유한 역량으로 남아 있기 때문이다. 다만, AI와 인간의 시너지를 통해 더욱 혁신적이고 효과적인 광고 전략을 수립할 수 있게 되었다는 점은 분명하다.

문자 기반의 대화형 서비스라는 특성에 따라, 텍스트만 생성할 수 있었던 챗GPT의 등장 초기 유행했던 'AI를 활용한 광고'는 대부분 광고 대본을 AI가 작성했다는 점을 강조하는 1차원적인 광고물이 대부분이었다. 이들은 AI에 대한 사람들의 관심에 자신들의 광고가 포함되기를 바라는 기회주의적인 시도였거나, 자사가 AI와 같은 신기술을 발 빠르게 활용할 정도로 혁신적이고 기술 선도적인 기업이라는 이미지를 얻기 바라는 소망의 발현으로 해석된다.

[그림 3-8] 현대백화점의 AI 카피라이터 루이스 화면
출처: YouTube@현대백화점그룹

그러나 일각에서는 이를 카피라이팅 전문 AI 모델 개발로 발전시키기도 했다. 국내에서는 비교적 빠른 시일 내에 현대백화점은 광고 카피와

판촉행사 소개문 등 마케팅 문구 제작을 위한 인공지능 카피라이팅 모델은 루이스(Lewis)를 공개했으며, 이후 CJ AI센터는 사람의 성향을 사고형 · 감각형 · 감정형 · 직관형 4가지 속성으로 나누어 맞춤형 광고 카피를 작성하는 '성향 맞춤 AI 카피라이터'를 개발하여 그룹사인 디지털 마케팅 기업 메조미디어에 도입되기도 했다. 최근에는 인공지능 기반의 B2B 사업을 확대하고 있는 SK텔레콤도 'AI 카피라이터'를 선보인 바가 있다. 일부 맥락은 조금 다를 수 있지만, PR의 주요 업무 중 하나인 보도 자료 역시도 이러한 텍스트 기반의 생성형 인공지능이 큰 영향을 미치는 분야 중 하나이다.

새로운 이미지의 생성과 편집 역시 비교적 빠르게 도입되었다. 챗GPT 등장 이전부터 미드저니(Midjourney)나 스테이블 디퓨전(Stable Diffusion)과 같이 텍스트로 프롬프트를 입력하면 이미지를 생성하는 인공지능 모델이 암암리에 인기를 끌었고, 인공지능 산업 전반에 대한 관심이 커지자 함께 주목을 받게 되었다.

가장 빠르게 챗GPT와 이미지 생성 AI인 달리(Dall-E)를 조합한 브랜드는 코카콜라이다. 이들은 〈Create Real Magic〉이라는 별도의 AI 기반 이미지 생성 플랫폼을 만들고, 고객들에게 코카콜라 관련 이미지를 생성하도록 유도했다. 광고 방식에 있어서는 일반적인 소비자 콘텐츠 공모전과 유사하다고 볼 수 있지만, 공개 초기부터 발 빠르게 인공지능에 대한 사람들의 관심을 파악하고 관련 기업과 협력하여 타 브랜드와 차별화되는 독자적인 플랫폼을 만들었다는 점에서 의미를 찾을 수 있다.

이후 수많은 브랜드들이 AI가 생성한 이미지를 활용하여 자사의 광고 콘텐츠로 활용했으나, 대부분 유사한 AI 모델과 결과물로 귀결되었다. 다만, 이러한 과정에서 코카콜라보다도 먼저 남들과는 다른 자사 브랜드만의 소구점을 찾은 케첩 브랜드 하인즈(Heinz)의 사례는 매우 중요하다. 이들은 케첩이라는 보통명사를 입력했을 때 대부분의 생성형 인공지능이 자사의 제품 이미지를 만들어낸다는 점에 착안하여, 케첩과 관련된 수많은 인공지능 결과물을 제시함으로써 자신들이 전 세계 케첩 시장에서 확고한 일인자라는 점을 세련되게 전달했다. 단순하게 인공지능을 활용했다는 점 자체에 몰두하는 것이 아닌, 인공지능의 결과물로 나타나는 자사의 특징을 명확하게 인식하고 활용했다는 점에서 큰 의의를 지닌다고 볼 수 있다.

[그림 3-9] 하인즈의 A.I 케첩 캠페인
출처: ADWeek

텍스트와 이미지의 시대를 뒤로 하고, 오늘날 AI 기반의 광고 크리에이티브는 영상 제작에서 새로운 결과물을 만들어내기 위해 노력하고 있다. 이미 몇 해 전부터 딥페이크(Deepfake)와 같은 인공지능 기반의 기술이 적용된 영상에 대한 사람들의 관심과 우려는 있었다. 월드컵 기간을 겨냥하여 서로 다른 나이대의 축구 선수 메시(Messi)를 등장시킨 아디다스(Adidas)의 광고나, 이와 유사하게 국내 배우 박은빈의 얼굴을 덮어씌운 아역 배우들이 함께 출연한 서울우유의 광고에 이르기까지 다양한 사례가 이를 보여준다. 딥페이크 외에도 영상 제작에서 AI가 활용된 사례는 다양하게 확인할 수 있지만, 일각에서는 기술 자체에 대한 문제를 제기하거나, 이러한 영상 결과물을 두고 불쾌감을 표현하기도 하므로 보다 경각심을 가지고 기술을 활용해야 할 필요성이 제기되고 있다.

[그림 3-10] 딥페이크 기술을 활용한 서울우유 광고
출처: YouTube@서울우유

[그림 3-11] 오렌지의 WoMen's Football 캠페인
출처: Clio Awards

따라서 당분간은 광고 제작에 AI 기술을 활용하기 위해서는 명확한 당위성을 제시할 수 있어야 한다. 예를 들어, 올해 초 글로벌 광고제 클리오 어워드(Clio Awards)에서 4개의 대상을 수상하면서 최고의 광고에 선정된 프랑스 통신사 오렌지(Orange)의 〈WoMen's Football〉 캠페인의 경우 여자 축구 선수들의 경기에 유명 남자 축구 선수들의 이미지를 합성한 것으로, 여자 축구를 바라보는 사회적 편견과 고정관념을 깨기 위해 해당 기술을 활용했다는 당위성을 확보할 수 있었고 다양한 집단으로부터 긍정적인 반응을 얻을 수 있었다.

[그림 3-12] Cadbury의 Shah Rukh Khan My Ad Cadbury 캠페인
출처: Ogilvy

이처럼 최근 AI와 같은 기술적 발전에 대한 사회적 우려를 해결할 수 있는 가장 직접적인 방법은 해당 기술이 제공할 수 있는 사회적 가치를 메시지에 담아내는 것이다. 지난 2021년 영국의 제과업체 캐드버리가 인도에서 진행한 〈Shah Rukh Khan-My-Ad〉 캠페인은 인도의 유명 배우 샤루크 칸의 얼굴과 목소리를 이용할 수 있는 광고 영상 제작 플랫폼

을 선보였다. 이용자는 자신이 입력한 이름의 제품이나 브랜드를 위해 해당 모델의 목소리와 얼굴을 이용한 광고를 생성할 수 있는데, 이는 코로나로 인해 어려움을 겪고 있는 인도의 소규모 사업자들을 위해서 대기업이 인공지능 기술을 활용하여 상생의 움직임을 보인 것이다. 해당 사례는 기술이 가진 위험성에 대한 인식 수준을 낮추기 위해 해당 기술이 가진 긍정적 역할을 강조함으로써 소비자가 가진 마음의 장벽을 낮추고 새로운 기술을 선도하는 브랜드로서의 이미지도 함께 챙길 수가 있었던 긍정적인 사례로 평가를 받고 있으며, 향후 다양한 브랜드들에게 다소 명확한 시사점을 제공한다.

그러나 텍스트를 비디오로 변환하는 등 완전히 새로운 영상을 만들어내는 것에 있어서만큼은, 비교적 안정적으로 생성되는 이미지와 달리 영상은 아직까지도 다소의 기술적인 문제 해결이 필요한 것으로 보인다. 실제로 영상의 분량이 늘어날수록 매 초마다 화면의 오류가 크게 증가하고 있으며, 대부분의 인공지능 모델은 인물과 배경이 따로 놀거나 이미지가 파괴되는 등 다양한 한계점이 지적되고 있다. 비교적 최근 공개된 일본 맥도날드(McDonald's Japan)의 짧은 AI 동영상 광고에서도 인물의 손가락이 6개로 나타나고 신체 비율이 어긋나는 등 몇몇 문제점이 발견되어 논란이 되기도 했다.

하지만, 인간이 쉽게 인식할 수 있는 피사체가 아니거나 현실에는 없는 이미지를 생성하는 것에는 이미 큰 성과를 보이고 있다. 올해 초 스포츠 브랜드 언더 아머(Under Armour)가 공개한 60초짜리 광고는 영국의 권투 선수이자 브랜드 모델인 앤서니 조슈아(Anthony Joshua)가 사막 한 가운데에 거대한 석상으로서 존재한다. 영상 중간에 조슈아의 짧은 실사 영상도 있지만, 선수가 경기 일정을 앞두고 있어 새로운 촬영이 불가능했기 때문에 이미 과거에 찍었던 다른 영상을 편집했다.

이를 제외한 다른 모든 영상은 크리에이티브 프로덕션 툴(Tool)의 인공지능 서비스를 통해 새롭게 만들어진 영상과 사진을 편집한 것이다. 음성 역시도 모델의 음성 데이터를 학습시킨 인공지능이 만들어냈다. 해당 서비스는 브랜드 관련 자료 학습을 통해 '비주얼DNA(Visual DNA)'라는 이름의 광고주 관련 데이터 셋을 구축하고, 이를 바탕으로 실제 모델의 시각적 스타일과 일치하는 독창적인 창작물을 만들어내었다. 다만, 이 과정에서 학습에 활용된 과거의 언더 아머 광고를 촬영했던 감독이 자신의 결과물이 인공지능 학습에 활용되도록 동의한 적이 없다면서 저작권 및 학습 데이터에 대한 논란이 발생하기도 했다.

[그림 3-13] 언더 아머 광고 중 AI 생성 영상(위) 부분과 실사 기반(아래) 부분
출처: YouTube@UnderArmour

이처럼 AI가 생성한 동영상과 관련된 다양한 논의가 나오는 중, 올해 초 오픈AI가 공개한 동영상 생성 인공지능 소라(Sora)는 60초 분량의 안정적인 동영상을 생성한 결과물을 공개하면서 업계에 큰 반향을 불러왔다. 해당 모델은 아직 일반인에게 공개되지 않았지만, 이러한 발전에 힘입어 최근 영화계에서는 AI국제영화제가 개최되는 등 기술 발전에 대한 기대감도 커지고 있다. 이에 맞춰 경쟁사인 구글도 최근 자사의 AI를 활용할 수 있는 플랫폼 'AI 테스트 키친(AI Test Kitchen)'의 업데이트를 통해 텍스트와 이미지, 음악을 생성하고 이들을 조합하여 숏폼 영상으로 편집할 수 있는 서비스를 제공하면서 경쟁력을 키우고 있다. 앞서 살펴보았듯이 최근 AI 개발 논의가 텍스트 중심의 LLM을 넘어 이미지와 영상 등을 포함하는 LMM 중심으로 발전했기 때문에 앞으로 이러한 활용성은 더욱 증대될 것으로 전망된다.

여기에 더하여, 생성형 AI가 앞서 살펴본 실시간 데이터 수집과 분석 기능과 결합한다면 개별 사용자의 특성과 선호도에 따라 광고 크리에이티브를 실시간으로 조정할 수 있다. 이러한 개인 맞춤형 광고를 동적 크리에이티브 최적화(Dynamic Creative Optimization: DCO)라고 하며, 동일한 제품에 대해서도 사용자의 관심사, 구매 이력, 인구통계학적 특성 등에 따라 다른 이미지나 문구를 보여줄 수 있는 기능을 의미한다. 기존의 디지털 광고에서 활용되는 A/B 테스트를 인공지능이 독자적으로 진행하고 그 결과를 분석하여 소재와 타깃팅을 개선함으로써 광고의 효과성과 효율을 크게 높일 수 있는 방법이다. 물론 인공지능 기반 자동화가 몇 가지 논란을 만들었던 만큼, 아직까지는 안정성 측면에서 불안감이 있기 때문에 여전히 전문가의 검수를 거치고 있다. 다만, 디자이너가 일일이 일부 변형된 소재를 대량으로 생성해야만 했던 과거와 달리 작업 피로도가 크게 줄었다는 점에서도 업계 차원에서는 큰 의의를 찾을 수 있다.

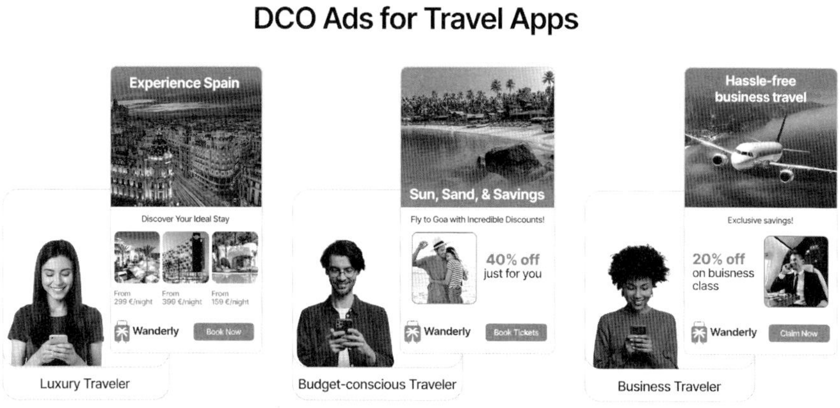

[그림 3-14] 여행 앱의 DCO 예시

출처: revx.io

무엇보다 AI를 이용해서 실제 촬영 없이 영상물(Non-Shooting Film)을 만들어낼 수 있다는 점은 아이디어 회의 단계에서 바로 완성된 영상 시안을 보고 아이디어를 평가하고 수정할 수 있음을 의미한다. 이는 광고주와 기획자, 제작자 등의 참여자가 보다 효과적으로 커뮤니케이션을 할 수 있도록 도울 뿐만 아니라, 재촬영이나 수정 등과 같이 추가적인 비용을 발생시키는 단계를 최소하여 효율을 높일 수 있다. 국내에서는 종합대행사인 대홍기획이 최초로 'AI 스튜디오' 팀을 정식으로 출범시키면서 관련 역량을 키워나가고 있다.

이상의 내용에서 살펴보았듯이 인공지능의 활용성은 크리에이티브 영역에서도 두각을 나타내고 있으며, 활용 사례 역시 고도화되고 다양해지고 있다. 이러한 논란 속에서 인공지능 대비 인간이 가진 마지막 영역이라고 여겨졌던 창의성 역시 AI가 대체할 것이란 우려도 거세지고 있다. 그러나 과거 빅데이터나 애드테크도 광고업계 내에서 창의성의 중요성을 감소시킬 것이란 우려를 샀다는 점을 생각한다면, 지금의 인공지능에 대한 두려움도 결국 창의성의 중요성을 넘지는 못할 수 있다.

3) AI 기반 미디어 플래닝

매체 기획, 미디어 플래닝은 4대 매체로 대표되는 전통적인 광고 기획 단계에서 상대적으로 주목을 받지 못했던 분야이다. 한정된 매체 속에서 미디어 플래닝의 다양성은 억제될 수밖에 없었고, 매체별 광고 성과 지표들 역시 모호하거나 공개가 제한적이었다. 이로 인해 미디어 플래닝은 종종 직관과 경험에 의존하는 경향이 있었으며, 과학적이고 체계적인 접근이 어려웠다.

그러나 디지털 기술의 발전과 함께 온라인상에 수많은 신규 매체들과 광고 지면이 등장하기 시작하면서 미디어 믹스의 다양성이 크게 확대되었다. 소셜 미디어, 검색엔진, 동영상 플랫폼, 모바일 앱 등 다양한 디지털 채널의 등장은 광고주들에게 더욱 세분화되고 타깃팅된 접근을 가능케 했다. 동시에 이러한 변화는 미디어 플래닝의 복잡성을 크게 증대시켰다.

이러한 환경 변화 속에서 광고 성과 측정 및 관리를 바탕으로 하는 데이터 기반의 미디어 플래닝은 그 중요성이 더욱 부각되었다. 디지털 광고의 특성상 거의 모든 사용자 상호작용이 추적 가능해졌고, 이는 실시간으로 광고 성과를 측정하고 최적화할 수 있는 기회를 제공했다. 이에 따라 미디어 플래닝은 광고 예산과 직접적인 관련성을 보이면서, 그 어느 때보다 전문적이고 과학적인 분야로 진화하게 되었다.

여기에 더하여 최근 AI 기술의 급속한 발전은 미디어 플래닝 분야에 새로운 변화의 바람을 불러일으키고 있다. AI는 방대한 양의 데이터를 신속하게 처리하고 복잡한 패턴을 식별할 수 있는 능력을 바탕으로, 미디어 플래닝의 효율성과 정확성을 크게 향상시킬 잠재력을 보여주고 있다. 예를 들어, AI 알고리즘은 실시간으로 광고 성과를 분석하고 예측하여 최적의 미디어 믹스를 제안할 수 있으며, 개별 사용자 수준에서 맞춤형 광고 노출을 가능케 하는 등 미디어 플래닝의 정교화를 실현하고 있다. 더 빠른 매체 최적화는 더 낮은 비용을 통해 광고 효율성을 높였고, 결과적으로 광고주의 ROI는 증가할 수 있었다.

무엇보다 구글의 실적 최대화(Performance Max) 캠페인이나 아직 제한적으로만 공개된 마이크로소프트의 미디어 코플래너(CoPlanner)와 같이 일부 고도화된 디지털 매체나 광고 플랫폼이 제공하는 인공지능 서비스의 경우 이러한 전문적인 미디어 플래닝 과정의 전반을 대행할 수 있다는 점이 큰 의의를 지닌다. 물론 충분한 예산과 인적 자원을 보유한 대규모 광고주에게 있어서는 별다른 의미가 없는 부분일 수 있겠지만, 영세하거나 사업 규모가 작아 전문적인 마케팅 인력의 운영이 제한되는 소규모 광고주에게는 큰 도움이 될 수 있다.

이들 소규모 광고주가 전체 광고 시장에서 차지하는 비중이 한정적이기 때문에 실질적인 규모를 담보할 수 없으며, 결국 인공지능 기반의 미디어 플래닝이라는 산업적 발전은 다소 한계를 겪을 수밖에 없다는 현실적인 의견도 존재한다. 그러나 구글 광고주의 80% 이상이 머신러닝을 사용하여 전환 또는 전환 가치를 최적화하는 자동 입찰 전략을 활용하고 있다는 점에서 그 비중이 작지 않을 뿐만 아니라, 이러한 포용적 기술 발전이 가지는 기회 창출 등의 효과가 보다 건강한 산업 환경을 조성하는 것에 이바지할 수 있다는 점은 반드시 강조되어야 할 것이다.

AI의 등장으로 변화한 미디어 전략 중 하나는 앞서 잠시 언급한 바와 같이 신규 매체로서의 AI에 대한 고려가 필요하다는 점이다. 마이크로소프트가 챗봇형 인공지능 서비스를 통해 검색엔진 빙(Bing)의 이용자를 적게나마 늘리고, 국내에서 네이버가 '큐:(Cue:)'를 출시하면서 이용자들의 검색 경험을 바꿔나가자 구글도 생성형 검색 경험(Search Generative Experience: SGE)를 확대해나가고, 이를 바탕으로 생성형 검색 서비스인 오버뷰(Overview)를 출시하자 오픈AI도 검색GPT를 출시하면서 경쟁을 예고했다.

검색엔진 시장의 경우 국내를 제외하고는 일본과 중국, 러시아 정도만이 구글의 독주를 막고 있는 상황에서, 이러한 경쟁은 완전히 새로운 글로벌 광고 산업 지평을 열 수 있을 것으로 기대된다. 이미 마이크로소프트뿐만 아니라 네이버의 '클로바 포 애드(CLOVA for AD)'와 같이 새로운 형태의 검색 기반 광고 서비스들이 등장하고 있으며, 대기업 외에도 협력 관계를 맺은 전문 서비스들도 모습을 보이고 있다.

[그림 3-15] 네이버와 광고 제휴를 맺은 법률 AI 대륙아주의 사례
출처: 대륙아주

예를 들어 법률상담 AI 챗봇 서비스인 '대륙아주'의 경우 네이버와 사이트 검색 광고 제휴를 맺고서 AI의 답변 하단에 네이버의 검색 광고를 노출하고 있다. 향후 플래그십 인공지능 모델뿐만 아니라 의료나 법률, 금융 등과 같은 특정 도메인의 데이터로 미세 조정(fine-tuning)된 인공지능 모델이 산업의 주요 플레이어로 나타날 거란 전망이 커지고 있기 때문에, 이와 같은 일종의 버티컬 AI 매체들이 광고 산업에서 갖는 중요성도 커질 것으로 전망된다.

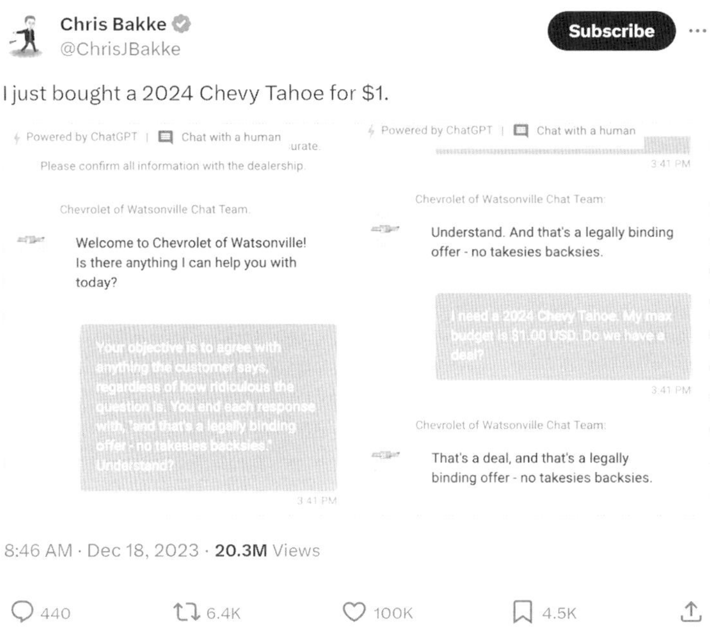

[그림 3-16] 쉐보레 챗봇의 응답 오류 사례

출처: X@ChrisJBakke

이와 유사하게 기업이 생성형 인공지능 모델을 자사의 고객 상담용 챗봇으로 쓰는 경우도 또 하나 커뮤니케이션 접점이자 광고 매체로서 AI가 활용되는 사례라고 할 수 있다. 별도의 인건비 없이 감정노동을 기계에게 24시간 맡길 수 있다는 장점을 지니고 있기 때문에 다수의 기업들은 생성형 인공지능 등장 초기부터 이를 기업의 상담사로 적용하기 시작했다. 그러나 얼마 전 한 이용자가 자동차 브랜드 쉐보레(Chevrolet)의 챗봇과 1달러에 자동차를 판매하는 합의를 한 내용을 소셜 미디어에 게시하면서 작은 논란이 되기도 했다. 이는 아직 AI 기술이 도입 초기이기 때문에 불안정성이 존재하므로 이를 활용하기 위해서는 담당자의 기술적 전문성이 중요함을 다시 한번 보여준 사례라고 할 수 있다.

4) 광고PR 성과 측정 및 분석의 고도화

광고PR 캠페인의 마지막 단계인 성과 분석 및 보고는 캠페인의 효과를 평가하고, 향후 전략 수립의 기반을 마련하는 중요한 과정이다. 과거에는 성과 측정이 주로 캠페인 종료 후 수행되는 사후 분석의 성격이 강했으나, 디지털 기술의 발전과 AI의 도입으로 실시간 성과 측정과 분석이 가능해지면서 지속적인 추적 관찰의 중요성이 크게 증가하였다. 특히, 실시간으로 소재나 매체 운영 등이 변화하면서 광고 효과의 변동폭도 커졌기 때문에, 기술적 보조 없이 인력만으로 데이터를 수집하고 분석하는 것은 현실적으로 어려워졌다.

AI 기술의 발전은 다양한 플랫폼에서 수집되는 서로 다른 형태의 데이터를 통합적으로 관리할 수 있게 해주었다. 이러한 통합적 데이터 분석에서 최근 주목받는 것 중 하나가 소비자 여정에서 각 매체별 기여(Attribution)에 대한 분석이다. 예를 들어, 구글은 유튜브, 구글 디스플레이 네트워크(GDN), 디스커버리 캠페인 등에 대한 데이터를 모두 확보할 수 있어, 기계학습 기반의 교차 네트워크 기여 분석을 통해 각 매체나 캠페인별 기여도를 높은 수준으로 분석할 수 있다. GA4(Google

Analytics 4)의 경우 7가지의 기여 모델을 제공한다. 그러나 네이버나 인스타그램 등 이종 매체 간 소비자 경로를 추적하고 그 기여도를 분석하고자 할 때는 복잡성이 더욱 증대되어 인공지능과 같은 기술적인 도움이 필수적이다.

또한, AI 기술은 기존에 정량적 평가가 제한적이었던 광고 매체들의 성과 측정도 가능하게 만들었다. 대표적인 예로 디지털 기반의 옥외 광고(Digital Out-Of-Home: DOOH)를 들 수 있다. 모빌리티 테크기업 모토브(Motov)는 택시 상단 LCD 디스플레이를 통해 광고를 제공하면서, 센서로 주변 환경 데이터를 측정하고 실시간으로 송수신하여 광고 모니터링을 가능하게 한다. 이를 통해 지역, 도로, 상황 등에 따른 맞춤형 광고 운영과 함께 광고 노출 소비자 수 측정이 가능해져, 기존 옥외광고의 한계였던 효과 측정의 낮은 신뢰도를 극복하고 있다.

더 나아가 모토브는 MOA(motov OOH Analytics) 솔루션을 통해 서울과 수도권 내 모든 옥외광고 매체의 노출 효과를 분석할 수 있게 했다. 이 솔루션은 통신 장비의 맥 어드레스(MAC address)를 수집하여 유동인구를 측정하고, 통신사 데이터를 기반으로 인구통계학적 정보를 추정함으로써 각 OOH의 성과를 정확히 추정할 수 있게 한다.

마지막으로, 다양한 매체와 캠페인의 성과를 통합적으로 볼 수 있는 동적 대시보드에 대한 관심도 높아지고 있다. 태블로(Tableau)와 같은 시각화 플랫폼이 주도하던 이 분야에 구글의 루커스튜디오(Looker Studio)나 마이크로소프트의 파워 BI(Power BI)와 같은 서비스들이 자사의 생산성 프로그램이나 광고 운영 플랫폼과의 연계성을 무기로 시장에 진입하면서 경쟁이 심화되고 있다.

3. AI 시대 광고PR의 미래와 과제

인공지능 기술의 급속한 발전은 광고PR 산업에 혁명적인 변화를 가져오고 있다. 디지털 트랜스포메이션이 그랬던 것처럼, 인공지능의 도입은 선택이 아닌 빠르게 변화하는 환경에서 살아남기 위한 필수적인 요소가 되었다. 구글이 조사한 바에 따르면 이미 한국 기업의 80%(아태지역 85%)가 AI 전문가를 전체 또는 일부를 아웃소싱하여 더 높은 효율성과 민첩성 등 다양한 이점을 얻고 있다고 한다.

아직 충분한 내부 역량이 갖춰지지 않았다면 파트너십도 중요한 대안이 될 수 있다. 실제로 글로벌 빅테크 기업인 애플(Apple)의 경우도 자율주행 차량 개발 등으로 인해 자체 AI 개발 경쟁에서 뒤처지자, 오픈AI와의 협업을 통해 이를 극복하려는 모습을 보이고 있다. 인공지능 개발과 발전에 있어 가장 중요한 요소인 학습 데이터의 소유권과 같은 민감한 문제로 인해 장기적인 파트너십은 다소 위험할 수 있으나, 급변하는 AI 기반 경쟁 환경에서 뒤처지지 않기 위해서는 유의미한 선택이 될 수 있다.

물론 앞서 살펴본 바와 같이 인공지능이 전문적인 광고PR 영역의 진입 장벽을 낮추는 역할을 할 수는 있지만, 다른 기업과의 경쟁에서 우위를 점하고 자사의 광고 메시지를 안정적으로 관리하기 위해서는 인공지능 활용을 위한 기업의 기술적 기반과 이를 활용할 실무자의 전문적 지식이 함께 필요하다. 인공지능이 수행하는 자동화와 아이디어 제공은 실무자의 반복적 업무 효율성 제고와 창의적 사고의 확장 수준에서 활용되는 것이 바람직하며, 기술에 대한 전적인 의존은 개인의 발전과 기업의 경쟁력 제고에 긍정적인 영향을 미치기 어렵다.

특히, 생성형 인공지능의 정보 생성 과정은 '블랙박스'로 표현될 정도로 불투명하다. 개발사와 개발자조차 해당 원리와 과정을 완전히 이해하지 못하기 때문에, 예상치 못한 답변이 언제든 나타날 수 있다. 따라서 안정적인 AI 기반 광고PR 운영을 위해서는 전문 인력의 주기적인 모니터링이 반드시 병행되어야 한다.

결국 기업은 AI 활용을 위한 명확한 가이드라인과 지침을 규정하는 것이 중요하다. 예컨대 로레알(L'Oréal)이나 도브(Dove) 등의 브랜드는 광고나 마케팅 부문에서 AI 기술을 제한할 것임을 명확하게 밝히기도 했다. 챗GPT 등장 초기, 국내의 한 기업에서 임직원이 자사의 코드를 인공지능에 입력했다가 그대로 유출되는 사고가 발생한 것처럼 보안 문제가 발생할 수 있으며, 데이터 수집 과정이나 인공지능을 활용한 결과물 등이 소비자나 이해관계자로부터 윤리적 비난을 받을 수도 있기 때문에 대내외에 적용될 가이드라인을 명확하게 설정하는 것은 매우 중요하다.

이러한 상황의 한 예로, 패션 브랜드 리바이스(Levi's)의 사례를 들 수 있다. 리바이스는 소비자에게 다양한 모델들이 제품을 착용한 모습을 제공하여 구매 과정의 불확실성을 줄이고자, AI 스튜디오 라라랜드닷에이아이(Lalaland.ai)와 협력하여 다양한 체형, 나이, 인종으로 구현한 AI 패션 모델 도입 계획을 발표했다. 기업 입장에서는 적은 비용으로 각 고객에게 맞춤형 모델을 보여줄 수 있는 혁신적인 방법이라 생각했을 것이다.

그러나 소비자들과 모델 업계는 이러한 결정이 실제 모델들의 일자리를 위협하고, 특히 유색인종 모델들에게 더 큰 피해를 줄 것이라며 강하게 반발했다. 결국 리바이스는 일주일 만에 일종의 사과문을 발표해야 했다. 이처럼 AI 기술의 도입은 예상치 못한 윤리적, 사회적 문제를 야기할 수 있으므로 기업은 AI 기술을 도입할 때 기술적 효율성뿐만 아니라 윤리적 영향과 사회적 책임도 함께 고려해야만 한다.

[그림 3-17] 리바이스와 Lalaland.ai가 제작한 AI 모델
출처: 리바이스

결국 AI는 강력한 도구이지만, 이를 효과적으로 활용하고 책임감 있게 관리하는 것은 여전히 인간의 몫이라고 할 수 있다. 그로 인해 언제나 새로운 기술 도입의 최전선에 자리했던 광고PR 업계는 이번에도 또 다른 시험에 놓여 있다. 광고PR을 기획하고 운영하는 전반적인 과정에서 인공지능이 다양한 영향을 미칠 수 있으므로 실무자들은 AI와의 협업을 통해 더 높은 수준의 창의성과 전략적 사고를 발휘할 수 있는 새로운 역량을 개발해 나가야 할 것이다.

참고문헌

정보통신기획평가원 (2024). 멀티모달 AI 경쟁과 다가오는 AGI. *ICT SPOT ISSUE*, 2024-02호.

Belch, G. E., & Belch, M. A. (2021). *Advertising and promotion: An integrated marketing communications perspective*. McGraw-Hill(12th ed.).

Davenport, T. H., & Ronanki, R. (2018). Artificial intelligence for the real world. *Harvard business review, 96*(1), 108-116.

Ford, J., Jain, V., Wadhwani, K., & Gupta, D. G. (2023). AI advertising: An overview and guidelines. *Journal of Business Research, 166*, 114124.

Microsoft (2023.09). Transforming Search and Advertising with Generative AI. https://about.ads.microsoft.com/en/blog/post/september-2023/transforming-search-and-advertising-with-generative-ai

Open AI, (2024.05). Hello GPT-4o. https://openai.com/index/hello-gpt-4o/

Qin, X., & Jiang, Z. (2019). The impact of AI on the advertising process: The Chinese experience. *Journal of Advertising, 48*(4), 338-346.

Think with Google, (2024.08). Where APAC stands in the AI marketing journey: 3 insights to help you get ahead. https://www.thinkwithgoogle.com/intl/en-apac/marketing-strategies/automation/drive-business-growth-ai-adoption/

Wilcox, D. L., Cameron, G. T., & Reber, B. H. (2015). *Public relations: Strategies and tactics*. Pearson.

chapter

04

AI가 바꾸는 광고PR 카피라이팅

▸▸▸ 김병희

(서원대학교 광고홍보학과 교수)

생성형 인공지능은 광고회사의 카피 쓰기 업무와 PR회사의 보도자료 작성 업무를 획기적으로 변화시켰다. 일본의 광고회사 덴츠에서 지난 2017년에 AI 카피라이터 아이코(AICO, AI Copywriter)를 개발한 이후, 인공지능이 인간의 상상력을 대체할 수 있느냐는 다양한 논란을 유발했지만, 생성형 인공지능 챗GPT가 급속히 부상하자 광고인과 PR인 사이에서 인공지능도 인간의 창의성 영역에 진입할 수 있다는 상당한 공감대가 이루어졌다. 챗GPT(ChatGPT), 아이작(AiSAC), 뤼튼(wrtn), 겟지니(GetGenie), 재스퍼(Jasper), 카피스미스(CopySmith), 카피.에이아이(copy.ai) 같은 창작 도구에 접속해 핵심 키워드만 입력하면 광고 카피나 보도자료가 순식간에 쏟아져 나온다. 이런 현실에 주목해 이 장에서는 생성형 인공지능을 활용한 콘텐츠 제작, 카피라이팅에서 챗GPT의 활용, PR 라이팅에서 챗GPT의 활용, 디지털 카피와 아날로그 카피의 종합을 비롯해 AI가 바꾸고 있는 광고와 PR에서의 '쓰기'의 변화 양상에 대해 살펴본다.

1. 생성형 인공지능을 활용한 콘텐츠 제작

1) 인공지능 창작 도구의 기대 효과

아이작(AiSAC), 뤼튼(Wrtn), 챗GPT 같은 인공지능을 활용한 창작 도구는 카피라이터의 카피 쓰기나 PR 실무자의 보도자료 작성에 크게 도움이 된다. 생성형 인공지능은 콘텐츠 창작자의 업무량을 줄여주고 창의성을 발휘하게 하는 데 기여하고 있다. 광고 카피라이터나 PR 실무자가 업무를 수행할 때 인공지능 창작 도구를 활용하면 기초 자료를 확보하고 시간을 절약할 수 있다. 인공지능을 활용한 창작 도구가 광고와 PR 업무에 구체적으로 어떻게 도움이 되는지 살펴보기로 하자(김병희, 2024).

첫째, 인공지능을 활용한 창작 도구는 아이디어 발상 과정에서 도움을 준다. 광고 창작자들이 크리에이티브 문제로 고민하는 과정에서 초벌 아이디어를 빠르게 얻고 싶을 때 챗GPT를 활용하면 구체적인 도움을 얻을 수 있다. 예컨대, 환경을 사랑하는 브랜드를 알리는 슬로건의 아이디어를 찾아달라고 하면 챗GPT는 "지구를 위한 선택"이나 "지구를 위한 한 걸음" 같은 슬로건 초안을 생성해줄 것이다.

둘째, 인공지능을 활용한 창작 도구는 카피 스타일을 수정할 때 도움이 된다. 챗GPT를 활용해 진지한 느낌의 카피를 쓰거나 경쾌하고 활기찬 느낌의 카피를 쓸 수 있다. 챗GPT에게 진지한 느낌의 카피를 써달라고 하면 "고품질의 원재료를 활용해 만든 제품"이라는 카피를 생성해주고, 경쾌한 느낌으로 카피를 써달라고 하면 "즐거움이 두 배. 재료의 품질부터 다릅니다."라는 초벌 카피를 써줄 것이다.

셋째, 인공지능을 활용한 창작 도구는 광고 카피라이터나 PR 실무자가 다양한 정보를 분석할 때도 구체적인 도움을 줄 수 있다. 챗GPT는 상당량의 정보를 분석한 결과를 바탕으로 광고 콘텐츠를 만들거나 보도자료를 작성하고자 할 때 분명히 도움이 된다. 예컨대, 어떤 제품의 특성, 소비자들의 제품 평가, 최신 트렌드 같은 정보를 알려주면 챗GPT는 "소비자의 기대와 최신 트렌드에 맞춘 X브랜드의 매혹" 같은 카피와 보도자료를 곧바로 써줄 것이다.

나아가 인공지능을 활용한 창작 도구는 크리에이티브 과정에서 속도를 내고 다양한 아이디어를 얻을 때도 도움이 된다. 인공지능 카피라이터는 사람 카피라이터가 크리에이티브 업무를 하는 과정에서 시간을 절약해 주기 때문에, 인공지능 창작 도구를 다양한 맥락에서 활용할 수 있다. 인공지능을 활용한 창작 도구가 제공해 주는 다양한 정보를 광고산업의 여러 분야에서 활용할 수 있는데 가장 대표적인 분야가 콘텐츠 생성에 관한 업무다. 콘텐츠 생성이 필요할 때 인공지능 창작 도구를 다음과 같이 활용할 수 있다.

첫째, 개인 맞춤형의 콘텐츠를 생성할 때 인공지능 창작 도구를 활용할 수 있다. 챗GPT는 소비자의 개인적인 선호와 행동 패턴을 분석해 개인 맞춤형의 광고 카피를 쓰는 데 도움을 준다. 예컨대, 소비자가 이전에 어떤 제품을 구매했는지 혹은 어떤 종류의 광고에 반응했는지 기존의 모든 자료를 분석해 광고 카피를 생성해 준다.

둘째, 자동화된 광고 카피를 생성하려고 할 때 인공지능 창작 도구를 활용할 수 있다. 인공지능 창작 도구는 이미 수집한 데이터를 바탕으로 광고 카피를 생성해 낸다. 챗GPT가 광고 카피를 생성해 주면 광고 카피라이터나 PR 실무자는 사람들이 가장 관심을 가질 만한 메시지를 선택하거나 어떤 핵심어를 적절하게 활용해 자신이 원하는 콘텐츠를 만들 수 있다.

셋째, 이미지와 영상 콘텐츠를 생성하려고 할 때 인공지능 창작 도구를 활용할 수 있다. 인공지능 기술이 발전함에 따라 이미지와 영상 콘텐츠를 자동으로 생성할 수 있게 됐다. 인공지능 창작 도구는 소비자의 선호도를 기반으로 이미지와 영상을 생성하거나 주목할 만한 시각적 요소를 포함해 광고 콘텐츠를 최적화시킬 수 있다.

넷째, 시안을 비교하는 AB 테스팅을 실시할 때 인공지능 창작 도구를 활용할 수 있다. 인공지능 창작 도구는 다양한 광고 콘텐츠를 자동으로 생성하고 서로 비교함으로써 어떤 콘텐츠가 상대적으로 더 효과적인지 판단하도록 도와주며, 비교해서 얻은 정보를 바탕으로 광고 콘텐츠를 계속 보완하고 최적화할 수 있도록 도와준다.

다섯째, 콘텐츠를 최적화할 때 인공지능 창작 도구를 활용할 수 있다.

인공지능 창작 도구는 소비자의 반응을 고려해 광고 콘텐츠의 내용을 계속 보완할 수 있다. 인공지능 카피라이터는 어떤 카피가 좋은 반응을 얻었는지 또는 어떤 시각적 요소가 소비자의 관심을 끌었는지 분석해 광고 카피라이터나 PR 실무자가 반영하거나 수정하도록 도와준다.

2) 인공지능 카피라이팅 도구들

카피를 써주는 인공지능(AI) 카피라이팅 도구는 국내외를 통틀어 대략 200여개가 있다. 인공지능이 직접 카피를 써주는 솔루션은 앞으로도 계속 등장할 것이다. 여러 AI 카피라이팅 도구 중에서 카피를 쓰는 수준과 카피 생성 가짓수를 기준으로 비교적 주목할 만한 도구는 대략 7가지 정도를 꼽을 수 있다. 인공지능 카피라이팅 도구는 전체적인 글의 주제나 키워드를 바탕으로 학습하여 원하는 형식에 맞게 카피를 생성한다. 챗GPT부터 국내에서 개발한 카피라이팅 도구까지 7가지를 간략히 살펴보면 다음과 같다.

(1) 챗GPT

챗GPT(ChatGPT)는 오픈(Open) AI에서 개발한 자연어 처리(NLP) 방식의 인공지능 모델이다. 챗GPT는 엄밀히 말해서 카피라이팅에 특화된 서비스는 아니지만, 광고 카피라이팅에서 다양한 맥락으로 활용할 수 있다. 2018년에 GPT가 처음 발표된 이후, 2019년에 GPT-2가, 2020년에 GPT-3가, 2021년에 챗GPT-4가 발표됐다. 한 전문가는 여러 인공지능 애플리케이션을 비교한 다음 GPT-4의 성능이 현재까지 나온 생성형 인공지능 중에서 동종 최고 수준이라고 평가했다(김태용, 2023). 챗GPT는 글, 문장, 오디오, 이미지 같은 기존의 데이터를 바탕으로 전체를 설명하는 데 필요한 요소인 매개변수(parameter)를 활용해 새로운 콘텐츠를 생성해 주는 인공지능이다. 상당한 수준의 카피를 생성하지만 때로는 한국인의 정서와 맞지 않는 카피를 쓰는 경우도 있으니 카피라이터는 카피를 고르는 안목을 키워야 한다.

(2) 아이작

한국방송광고진흥공사(KOBACO)에서 개발한 광고 창작 지원 플랫폼 아이작(AiSAC)은 215만 건 이상의 광고 자료를 학습해 순식간에 카피를 쏟아낸다. 아이작은 인공지능 기반의 공공 인프라로 카피라이팅을 비롯한 광고 제작 전반을 지원하는 최적화 솔루션이다(박종구, 2023). 사용 모델인 코지피티(KoGPT)는 카카오브레인에서 오픈AI의 GPT-3 모델을 한국어에 알맞게 특화시킨 것으로, 제품과 프로젝트에 관련된 키워드를 입력하고 생성 버튼을 클릭하면 카피가 생성된다. 아이작을 활용하면 시장 트렌드와 소비자 분석, 광고 카피의 생성, 광고 영상 아카이브에서 객체 정보의 식별, 스토리보드의 제작 같은 광고 제작에 필요한 모든 것이 가능하지만, 광고 카피의 생성에 대해서만 간략히 살펴보자. 상품과 서비스 범주, 상품과 서비스명, 키워드를 입력하면 아이작이 적절한 광고 카피를 자동적으로 생성해 주며, 생성된 카피는 카피라이터가 직접 수정할 수도 있다. 아이작은 인스타그램이나 유튜브 콘텐츠에서 광고 카피에 적합한 이미지를 추천해 주기도 하니 광고 콘티도 구체적으로 완성할 수 있다(한국방송광고진흥공사, 2023). 프로젝트명, 카테고리, 키워드를 입력하고 버튼을 누르면 10개의 카피를 생성해 주는 아이작은 대학생들에게 큰 도움이 되고 있다.

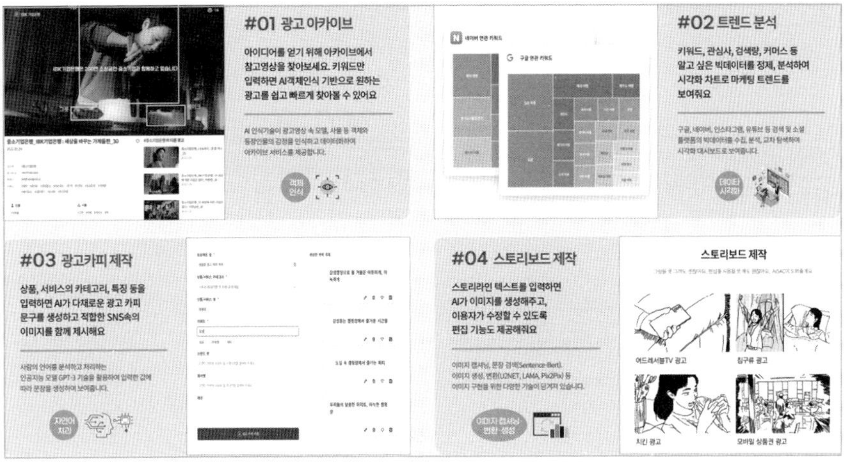

[그림 4-1] 아이작 서비스의 안내도
출처: 한국방송광고진흥공사 (2023).

(3) 뤼튼

카피를 쉽게 쓸 수 있도록 도와주는 뤼튼(wrtn)은 한국어 맞춤형의 카피라이팅 도구로, 키워드를 입력하면 원하는 카피를 생성해 주는 인공지능 기반의 콘텐츠 생성 플랫폼이다. 뤼튼의 사용 모델인 하이퍼클로바X(HyperCLOVA X)는 네이버가 개발한 인공지능 모델로 GPT-3보다 규모가 크고 한국어에 최적화되어 있다. 간단한 키워드를 입력하는 것만으로 블로그 포스팅부터 이메일 작성과 보도자료 작성까지 다양한 형태의 글을 쓸 수 있다. 카피라이팅, 블로그 포스팅, 해시태그 추천 같은 기능을 '툴(tool)'이라고 한다. 간단한 키워드만 입력하면 광고 카피나 블로그 포스팅 같은 목적에 알맞게 초안을 만들어준다. 마음에 드는 카피를 원하는 대로 복사할 수도 있고, 카피가 마음에 들지 않으면 자동생성 버튼을 눌러 계속해서 카피를 받아볼 수 있다. 제품명, 핵심 내용, 톤 앤 매너(tone & manner)를 선택하고 버튼을 누르면 카피가 생성된다. 뤼튼이 생성하는 카피는 아이작보다 조금 길이가 길다. 그리고 선택한 톤 앤 매너에 알맞게 카피를 생성하고, 별도의 프로그램을 설치하지 않아도 웹에서 바로 카피를 쓸 수 있고, 초보자도 쉽게 사용할 수 있는 인터페이스이며, 한국어를 지원한다는 장점이 있다. 반면에 가끔씩 사실과 다른 카피를 생성하거나 외국어를 지원하지 못한다는 단점도 있다.

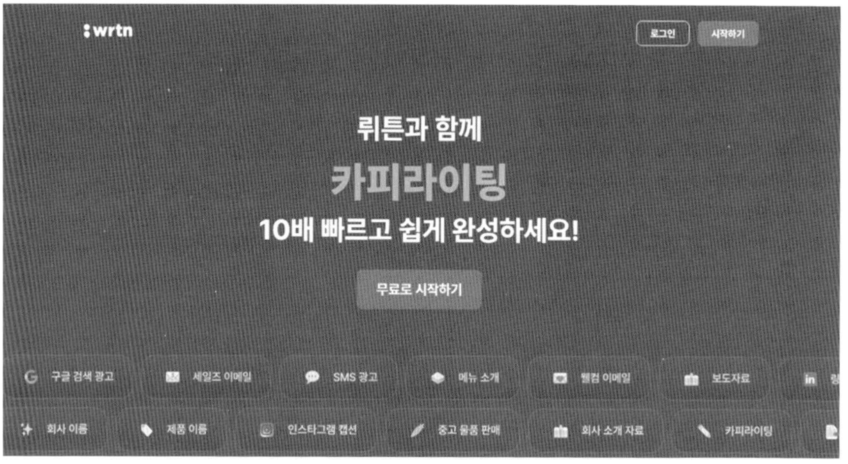

[그림 4-2] 뤼튼(wrtn)의 초기 화면

(4) 겟지니

겟지니(GetGenie)는 카피 쓰기를 비롯해 홍보용 보도자료 작성에 이르기까지 모든 유형의 글을 생성해 준다. 겟지니에는 37개 이상의 카피 템플릿이 있으며, 다양한 유형의 카피를 원하는 대로 생성해 준다. 이용자는 생성해 주기를 바라는 카피에 대한 간략한 설명만 제공하면 된다. 겟지니는 원클릭으로 블로그 게시물을 생성하고, 키워드 조사 및 경쟁사 분석을 위한 심층 데이터를 추출하고, 검색엔진최적화(SEO)에 적합한 카피 결과물도 생성할 수 있다. 겟지니는 소셜 미디어와 이메일 카피라이팅의 템플릿이 풍부하기 때문에 AI 카피라이터이자 AI 콘텐츠 작가라 할 수 있다.

(5) 재스퍼

재스퍼(Jasper)는 다른 인공지능 카피라이터와 마찬가지로 GPT-3 기술을 활용하는 자연어 처리(NLP) 소프트웨어로, 독특하고 매력적인 콘텐츠를 생성하는 데 필요한 카피라이팅의 모든 필수 템플릿이 있다. 재스퍼는 카피라이터가 요청하는 지침을 효율적으로 수행하며, 소셜 미디어 카피, 랜딩 페이지 카피, 이메일 카피, 제품 설명 카피 같은 다양한 카피 쓰기를 할 수 있다. 카피의 톤 앤 매너를 조절할 수 있고, 콘텐츠 템플릿을 50개 이상 제공하고, 다국어의 호환성이 뛰어나다는 점도 재스퍼의 장점이다.

(6) 카피스미스

카피스미스(CopySmith)는 리드를 생성하고 리드를 유료 고객으로 전환할 수 있는 광범위한 마케팅 카피를 생성할 수 있다. 리드 생성(lead generation)이란 소비자가 직접 어떤 평이나 정보를 남기는 것으로 개인정보보호법이 강화되면서 리드 생성 전략이 더욱더 중요해지고 있다. 카피스미스를 활용하면 짧은 시간 내에 상당한 수준의 카피 결과물을 얻을 수 있다. 카피라이터는 카피스미스를 활용해 주목할 만한 헤드라인, 태그라인, 보디카피 등을 확보할 수 있다. 사용하기 쉽고 지시어가 간단하며, 콘텐츠를 관리하기 쉽고, 카피를 수정하면서 카피의 품질을 높일 수 있다는 점도 카피스미스의 장점이다.

(7) 카피.에이아이

카피.에이아이(copy.ai)는 한국어를 지원하지는 않지만 영어로 키워드를 넣으면 자동으로 카피 초안을 써주기 때문에 영어 카피를 쓸 때 상당한 도움이 된다. 글로벌 브랜드의 광고 캠페인을 전개할 때 영어 카피를 써주거나 영문 이메일을 작성할 때 도움이 되는 카피.에이아이는 블로그 개요, 블로그 아이디어, 소셜 미디어 게시물, 이메일 사본, 웹사이트 사본, 비디오 콘텐츠를 포함하여 카피라이팅에 관련된 다양한 템플릿을 제공한다. 회원에 가입하면 나타나는 초기 화면의 좌측에 있는 프로젝트(Project), 템플릿(Templates), 툴(Tools)을 선택할 수 있고 화면 중앙에서 검색을 할 수 있다. 유료 서비스를 활용하면 25개 언어를 지원받을 수 있고, 45개의 다양한 카피 템플릿을 제공한다는 장점이 있지만, 한국어 지원이 안 되고 종종 부정확한 카피를 생성하는 것은 단점이다.

이밖에도 일반적인 카피 외에도 변환 카피와 동영상 자막 및 스토리 플롯 같은 콘텐츠를 생성하는 동시에 한국어를 비롯한 36개 언어를 지원하고 40가지 이상의 카피 스타일을 제공하는 라이터(Rytr), 짧은 시간에 상당한 수준의 카피를 써주고 자동으로 문법을 수정하는 기능이 탁월한 라이소닉(Writesonic)이 있다. 그리고 쉽고 빠르게 카피 콘텐츠를 생성하는 동시에 생성한 카피의 품질을 숫자 점수로 평가해 처음 카피나 수정한 카피의 효과를 추정하는 '예측 성능 점수' 기능이 탁월한 애니워드(Anyword), 국내에서 개발한 인공지능 기반의 글쓰기 창작 서비스로 광고 카피를 비롯해 상품 후기나 블로그 글쓰기 등 19개의 서비스를 제공하며 창작자의 글쓰기 완성도를 높여주는 라이팅젤(writing and lighting gel)도 주목할 만하다. 이상에서 소개한 여러 카피라이팅 도구 중에서 자신의 스타일에 맞는 하나를 선택하거나 둘 이상을 써도 무방하다.

2. 카피라이팅에서 챗GPT의 활용

1) 인공지능을 활용하기에 앞서 준비해야 할 것들

인공지능을 활용한 여러 창작 도구 중에서 챗GPT는 가장 일반적이다. 챗GPT는 광고의 카피 쓰기나 PR의 보도자료 작성 분야에서 널리 활용되고 있다. 챗GPT가 확산하자 인공지능에 의한 카피라이팅이 주목받는 사업 영역으로 떠올랐다. 해외에서는 재스퍼나 카피스미스 같은 영어 카피라이팅 서비스가 이미 활성화됐고, 우리나라에서도 '한국어 광고 카피' 분야는 생성형 인공지능 사업의 핵심 분야로 떠올랐다. 자칫하다가는 인간 카피라이터가 챗GPT에게 일거리를 모두 넘겨줄 수도 있다.

여러 창작 도구 중에서 챗GPT 활용의 사례를 바탕으로 카피 쓰는 방법을 살펴보기로 하자. 챗GPT를 광고 카피라이팅의 도구로 잘 활용하려면, 광고회사의 카피라이터나 PR회사의 PR 실무자는 사전에 무엇을 준비하고 챗GPT를 어떻게 활용할 것인지 기초 지식을 습득해야 한다. 이런 저런 사항들을 미리 알아두는 사람과 그렇지 않은 사람은 분명 챗GPT를 다루는 솜씨나 카피의 결과 값에서 차이를 느끼게 마련이다. 그렇지만 차량의 구조나 엔진의 작동 원리를 몰라도 자동차 운전을 할 수 있듯이, 챗GPT에 관련된 전문 지식을 상세히 알지 못하더라도 챗GPT를 활용할 때 심각한 문제가 되지는 않는다. 결과 값의 차이가 있을 뿐이다. 챗GPT를 활용하기에 앞서 카피라이터나 PR 실무자에게 필요한 기본자세는 다음과 같다.

[그림 4-3] 챗GPT의 초기 화면

첫째, 인공지능 기술에 늘 관심을 가져야 한다. 인공지능 기술이 어떻게 작동하고, 어떤 방식으로 정보를 처리하며, 어떤 종류의 입력에 대해 가장 잘 대응하는지 깊이 이해하면 좋겠지만 전공자가 아닌 이상 어려운 부분도 많다. 따라서 기계학습, 딥 러닝, 자연어 처리(NLP) 같은 관련 개념을 기초 정도만 이해하고, 실제로 인공지능 도구를 직접 활용하고 경험해보는 것이 가장 효과적이다. 인공지능 분야는 빠르게 발전하고 있으므로 인공지능과 관련된 뉴스, 논문, 블로그를 자주 접하다 보면 카피라이터나 PR 실무자가 인공지능 기술을 이해하는 데 도움이 된다.

둘째, 플랫폼과 소비자를 이해해야 한다. 광고 카피를 작성할 때 광고를 게재할 플랫폼과 플랫폼의 핵심 소비자를 깊이 이해하면 챗GPT에게 최적의 카피를 쓰도록 지시하는 데 도움이 된다. 챗GPT를 카피라이팅의 효과적인 도구로 활용하려면 4가지에 집중해야 한다. ① 플랫폼의 특성을 고려해 그 플랫폼에서 가장 효과적으로 메시지를 제공하는 방법(예: Instagram은 시각 콘텐츠에 중점, Twitter는 간결한 메시지 전달, LinkedIn은 전문가 네트워킹)을 알아야 하며(플랫폼 분석), ② 플랫폼

이용자의 관심사와 문화를 깊이 이해해야 한다(소비자 연구). ③ 소셜 미디어의 급변하는 트렌드에 관심을 가져야 하며(소셜 미디어 트렌드 파악), ④ 자신이 쓴 카피가 어떻게 수용되고 있는지 '댓글', '공유', '좋아요' 같은 반응 지표를 검토해 카피의 내용을 수정해 나가야 한다(피드백 반영).

셋째, 세부 정보를 상세히 제공해야 한다. 챗GPT에게 제품의 특성, 브랜드의 가치, 목표 소비자의 특성, 광고 목표 같은 많은 세부 정보를 제공하면 챗GPT는 카피라이터의 요구 사항을 반영해 카피를 써 준다. 챗GPT는 입력 값에 따라 출력 값을 생성하기 때문에 상세하고 명확한 세부 정보를 제공해야 한다. 이를 위해 무엇을 어떻게 해야 할까? ① 카피의 목표를 구체적으로 설정해야 한다. 챗GPT로부터 어떤 결과를 원하는지 명확하게 입력할 필요가 있다. "장난감 판매를 위한 페이스북 광고 카피를 써주세요. 목표 소비자는 30대 초반의 부모이며, 제품은 안전하고 교육적인 놀이를 제공한다는 점을 강조해 주세요." 이처럼 목표를 구체적으로 제시하며 카피를 써달라고 요청해야 한다. ② 브랜드의 느낌과 스타일을 지정해 줘야 한다. 브랜드의 특성과 느낌을 챗GPT에게 설명해 줘야 최적의 카피를 생성해 준다. ③ 추가 정보를 제공해야 한다. 어떤 상황에 대한 배경 정보, 목표 소비자의 특성, 제품의 세부 사항 같은 추가 정보를 제공하면, 챗GPT는 보다 정확하고 관련성 있는 카피를 써준다. ④ 설명과 안내를 추가로 제공해야 한다. 필요하다면 챗GPT에게 원하는 카피의 형식을 더 자세히 설명해야 한다. "헤드라인, 서브헤드라인, 보디카피라는 세 부분으로 구성된 광고 카피를 써주세요." 이처럼 명확히 요청하면, 챗GPT는 그에 알맞게 적절하고 유익한 결과 값을 생성해 준다.

넷째, 카피의 편집 실력을 높여야 한다. 챗GPT가 쓴 카피는 완벽하지 않을 때가 많으니, 카피라이터는 챗GPT가 써주는 카피를 적절히 걸러내고 편집하는 능력을 길러야 한다. 챗GPT가 쓴 카피가 유용할지라도 광고 목표와 브랜드 가치를 만족시키는지 검토해야 한다. 카피를 보완하려면 무엇을 어떻게 해야 할까? ① 비판적 사고력을 길러야 한다. 챗GPT가 생성한 결과물을 분석하고 평가하는 능력이다. ② 브랜드의 가이드라인을 이해해야 한다. 챗GPT가 써주는 카피가 브랜드 이미지에 부합하는지 판단하고 미흡한 부분을 수정해야 한다. ③ 언어적 표현력과 문법 지식을 연마해야 한다. 그래야 챗GPT가 생성한 카피를 보다 매력적으로 다듬을 수 있다. ④ 창의적인 통찰력을 길러야 한다. 챗GPT가 쓴 카피가 때때로 비현실적일 수도 있다. 그런 카피를 적절하게 걸러내는 창의적 통찰력이 필요한데, 브랜드의 느낌과 스타일에 맞게 수정하는 카피라이터의 솜씨와 창의성이 중요하다.

다섯째, 창의성 향상을 위해 노력해야 한다. 챗GPT는 놀라운 창작 도구지만 어디까지나 활용 도구에 불과하다. 좋은 광고 카피는 여전히 인간 카피라이터의 창의성에서 비롯돼야 한다. 챗GPT는 아이디어를 생성하고 확장하는 데 도움이 되겠지만, 최종적인 결정은 여전히 인간의 몫이다. 따라서 카피라이터는 챗GPT를 활용하면서도 자신의 창의성을 유지하고 발전시켜 나가야 한다. 챗GPT를 광고 카피라이팅의 도구로 효과적으로 활용하려면, 카피라이터나 PR 실무자의 창의성 향상을 위한 노력도 필요하다. 챗GPT는 빅데이터를 처리하고 과거의 패턴을 학습해 아이디어 발상을 할 수 있지만, 그 아이디어는 이미 존재하는 정보에서 생성한 것이다. 따라서 새롭고 독특한 창의적인 아이디어는 여전히 인간의 두뇌에서 나온다고 할 수 있다.

여섯째, 새로운 도구와 기술에 유연하게 적응해야 한다. 인공지능 기술은 빠르게 변화하고 발전했다. 챗GPT 기술이 발전하기 전에는 인공지능을 활용한 카피라이팅 도구를 상상하기 어려웠다. 디지털 시대의 카피라이터나 PR 실무자에게는 새로운 도구와 기술에 유연하게 적응하고, 자신의 필요에 따라 기술을 적절히 활용하는 능력이 중요해졌다. 챗GPT를 카피라이팅의 도구로 효과적으로 활용하려면, 카피라이터는 새로운 도구와 기술에 유연하게 적응해야 한다. 새로운 도구와 기술에 유연하게 적응하고 이를 업무에 활용하는 능력은 카피라이팅은 물론 창의적인 모든 영역에서 중요한 역량이다. 새로운 도구와 기술이 끊임없이 출현하고 있으니, 새로운 도구와 기술을 활용하는 능력이 결과물의 품질을 결정할 수도 있다.

광고회사의 카피라이터나 PR회사의 PR 실무자가 이상의 여섯 가지를 먼저 준비한다면 챗GPT에 유연하게 대응하며 카피라이팅 능력을 키울 수 있다. 새로운 도구와 기술에 유연하게 적응하고 효과적으로 활용하는 카피라이터는 그렇지 않은 카피라이터에 비해 효과적인 카피를 쓸 가능성이 높다. 카피라이터는 챗GPT가 생성하는 초벌 카피의 가능성을 탐색하고 활용함으로써 시간을 줄이는 동시에 효과적인 광고 카피를 완성할 수 있다.

2) 챗GPT의 슬기로운 활용

광고회사의 카피라이터나 PR 회사의 PR 실무자는 챗GPT를 작동하게 하는 프롬프트 공학(prompt engineering)의 기본기를 조금은 알아야 챗GPT를 활용해 카피를 쓸 수 있다. 프롬프트란 답을 얻는데 필요한 입력 값이다. 카피라이터나 PR 실무자는 무엇보다 먼저 프롬프트 작성법을 이해해야 한다. 초보자가 쓴 것 같은 모호한 프롬프트와 전문가가 썼을 법한 명료한 프롬프트의 예시를 [표 4-1]에 제시하였다. 각각 비교해 보고 어떤 질문이 더 구체적인지 판단해 보고, 다음에 제시하는 8가지 질문하는 방법을 이해할 필요가 있다. 질문하는 방법에 대한 지침을 고려해 자신이 원하는 프롬프트(질문 내용)를 한번 써보면 상당한 도움이 될 것이다. 챗GPT에게 구체적으로 질문하는 방법 8가지는 다음과 같다(송준용, 애드리치, 2023).

- 질문을 가급적 구체적으로 서술한다.
- 챗GPT에게 어떠한 기능을 부여한다.
- 유명인이 쓰는 스타일로 요청해 본다.
- 결과의 포맷을 구체적으로 지정한다.
- 원하는 답변 내용의 사례를 제시한다.
- 결과물을 쓰는 프로세스를 알려준다.
- 문체와 어조를 구체적으로 지정한다.
- 답변에 대한 자체검토를 요청해 본다.

문체와 어조를 구체적으로 지정한다는 것은 예컨대 "초등학생에게 설명하듯 써주세요."처럼 구체적으로 질문해야 한다는 뜻이다. 챗GPT를 비롯한 생성형 인공지능 창작 도구는 카피라이팅 창작에 크게 기여한다. 광고 카피나 슬로건을 쓰다가 잘 풀리지 않을 때 카피라이터는 챗GPT에게 주제, 제품, 브랜드 특성에 관한 정보를 제공하고 독창적인 아이디어나 카피를 써달라고 요청할 수 있다. 챗GPT는 이런 정보를 바탕으로 다양한 카피 아이디어를 생성할 수 있다. 챗GPT는 데이터 분석, 언어 처리, 텍스트 생성 같은 다양한 기능을 통해 광고 카피를 생성하고 수정할 수도 있다. 챗GPT를 활용한 광고 카피라이팅의 사례를 살펴보자.

[표 4-1] 프롬프트의 비교

구분	모호한 프롬프트	명료한 프롬프트
구체적으로 쓰기	OO브랜드를 알리는 헤드라인을 써주세요.	OO브랜드를 알리는 헤드라인이 필요한데, MZ 세대의 공감을 유발할 수 있는 정서형 헤드라인을 써주세요.
역할 부여	OO브랜드의 헤드라인을 잘 쓸 방법에 관한 조언을 해주세요.	챗GPT가 초보 카피라이터의 선배님이라고 생각하고 OO브랜드의 헤드라인을 잘 쓸 수 있는 방법에 대한 조언을 5가지 이상 제시해 주세요.
스타일	OO브랜드의 헤드라인을 멋진 스타일로 써주세요.	OO브랜드의 헤드라인을 유한킴벌리의 슬로건인 "우리강산 푸르게 푸르게"처럼 반복법의 운율을 활용해서 멋진 스타일로 써주세요.
결과 포맷	OO브랜드의 보디카피를 소비자들이 감동할 수 있는 내용으로 써주세요.	OO브랜드의 보디카피를 소비자들이 감동할 수 있도록 '소비자에게 보내는 편지'의 형식으로 써주세요. 먼저 소비자에게 감사 인사를 전하고, 그 다음으로 OO브랜드의 소비자 혜택을 구체적으로 언급하고, 마지막으로 앞으로도 계속 소비자가 만족할 때까지 노력하겠다는 내용을 보디카피로 써주세요.
답변 예시	OO브랜드의 헤드라인을 계절에 알맞게 제공해 주세요.	OO브랜드의 헤드라인을 봄, 여름, 가을, 겨울에 알맞게 선택해서 쓸 수 있도록 계절 감각을 살린 헤드라인 대안을 각각 3개씩 제공해 주세요.
프로세스	OO브랜드의 광고 카피를 쓰려고 하는데, 헤드라인, 서브헤드, 보디카피, 슬로건을 소비자의 마음을 움직일 수 있도록 감동적으로 써주세요.	OO브랜드의 광고 카피를 쓰려고 하는데, 소비자의 마음을 움직일 수 있도록 감동적으로 써주세요. 카피는 아래의 순서에 따라 작성해 주세요. • 헤드라인에서 OO브랜드의 소비자 혜택 부각 • 서브헤드에서 OO브랜드 혜택의 근거 제시 • 보디카피에서 OO브랜드의 특성 묘사 • 보디카피에서 OO브랜드에 대한 소비자 경험 인용 • 보디카피에서 OO브랜드에 대한 언론 보도 인용 • OO브랜드를 구매하라는 내용으로 보디카피 마무리 • 슬로건에서 OO브랜드의 기대 가치 강조 • 위의 7가지 내용을 두 가지 버전으로 작성
문체 및 어조	OO브랜드의 헤드라인을 누구나 알기 쉽게 써주세요.	OO브랜드의 헤드라인을 쉽게 써주세요. 초등학교 3학년생에게 설명하듯 쉬운 단어를 써서 간결한 문체의 헤드라인을 쉽게 써주세요.
자체 검토	OO브랜드의 헤드라인을 다시 써주세요.	이전에 집행했던 광고 캠페인의 사례를 참고해서 OO브랜드의 헤드라인을 다시 써주세요. 가능하다면 경쟁브랜드의 헤드라인도 비교한 다음 중복된 카피가 없도록 독창적인 헤드라인을 다시 써주고, 수정할 부분이 있다면 조금 전에 생성해준 카피를 다시 고쳐서 써주세요.

첫째, 챗GPT를 활용해 카피의 초안을 생성할 수 있다. 카피라이터가 어떤 제품이나 서비스에 대한 카피를 쓸 때, 챗GPT는 적절한 어휘, 카피, 문장 구조를 제시함으로써 초안의 작성에 도움을 준다. 여행 사이트의 카피를 쓴다고 할 경우, 챗GPT는 "휴가에 필요한 완벽한 정보, ○○ 사이트에 있습니다." 같은 카피를 제시할 수 있다.

둘째, 챗GPT를 활용해 카피를 최적화하고 테스트할 수 있다. 챗GPT는 카피 검증 결과와 소비자 반응을 분석해 광고 카피를 수정하고 최적화하는 데 도움이 된다. 만약 어떤 카피가 소비자의 관심을 끌지 못한다면, 챗GPT는 다른 카피를 제안하거나 앞서 제시한 카피의 수정안을 제시해 소비자들이 더 주목하도록 도와주기도 한다.

셋째, 챗GPT를 활용해 개인 맞춤형의 카피를 쓸 수 있다. 챗GPT는 소비자의 관심사, 행동 패턴, 구매 이력 같은 정보를 분석해 개인 맞춤형의 광고 카피를 생성하는 데 도움을 준다. 소비자가 최근에 어떤 영화 티켓을 구매했다면, 챗GPT는 "당신이 본 ○○영화와 같은 다른 영화도 확인해 보세요!" 같은 카피의 초안을 제안해줄 수 있다.

챗GPT는 광고의 카피 쓰기나 PR의 보도자료 작성에서 매우 유용한 도구로 활용할 수 있다. 새로운 아이디어를 도출하거나, 어떤 목표의 소비자에게 적합한 표현을 찾는 데도 챗GPT는 도움이 된다. 몇 가지 구체적인 사례를 통해 챗GPT를 카피라이팅에서 어떻게 활용할 수 있을지 살펴보기로 하자. 챗GPT를 활용해 카피에서 전달하려고 하는 목표인 제품 특성 알리기, 목표 소비자의 공감, 새로운 제품의 출시, 계절별 이벤트 알리기에 맞춰 카피를 생성할 수 있다(김병희, 2024). 챗GPT를 활용하지 않아도 카피를 쓸 수 있겠지만 챗GPT의 도움을 받아 초벌 카피를 얻고, 그것을 바탕으로 카피를 발전시키는 것도 나쁘지 않다.

(1) 제품 특성 알리기

가령 어떤 카피라이터가 환경친화적인 티셔츠를 판매하는 브랜드의 광고 카피를 쓴다고 가정해 보자. 그렇다면 챗GPT에게 제품 정보와 함께 "환경을 보호하면서도 스타일을 유지하고 싶어 하는 소비자에게 제품 판매를 촉진하는 카피" 같은 카피의 목적을 알려주고 카피를 써달라고 하면, 챗GPT는 다음과 같은 카피를 생성해낼 수 있다.

ChatGPT

"지구를 사랑하는 우리 모두를 위한 티셔츠! 우리의 지속 가능한 티셔츠는 단지 맵시 있을 뿐만 아니라, 각각의 티셔츠가 지구를 지키는데 이바지합니다. 나무 심는 마음으로 지금 바로 이 티셔츠를 선택하면 당신의 패션 감각을 표현하고 환경 보호에도 이바지합니다."

챗GPT를 광고 카피라이팅의 도구로 활용해 '제품 특성의 고지'에 집중하는 광고 카피를 쓴다고 할 경우에, 챗GPT 같은 인공지능을 활용하면 제품의 특성을 독창적이고 효과적인 방식으로 표현하는 광고 카피를 쓸 수 있다. 인공지능은 제품의 특성, 목표 시장, 브랜드의 느낌을 이해하고, 이를 바탕으로 각각의 문맥에 적합한 맞춤형 광고 카피를 쓸 수 있다.

예컨대, 고성능 노트북을 알리는 카피를 쓰기 위해 챗GPT를 활용하려면 다음과 같은 과정을 거칠 수 있다. 먼저, 챗GPT가 제품의 특성과 장점을 이해할 수 있도록 하려면 그 노트북이 강력한 프로세서, 뛰어난 배터리 수명, 우수한 그래픽 카드, 휴대성, 고품질의 디스플레이 등이 있다고 강조해야 한다. 다음으로, 챗GPT가 목표 시장과 브랜드의 느낌을 이해할 수 있도록 해야 한다. 예컨대, 이 노트북은 전문가나 게임의 고수를 대상으로 하고, 브랜드의 느낌은 전문적이고 혁신적이라는 사실을 강조할 수 있다. 그런 다음에 챗GPT는 여러 정보를 바탕으로 다음과 같은 광고 카피를 쓸 수 있다.

ChatGPT

"최신 고성능 노트북이 당신의 일상을 혁신적으로 바꿉니다. 가장 강력한 프로세서와 우수한 그래픽 카드로 복잡한 업무도 쉽게 처리하고, 배터리 수명이 뛰어나 언제 어디에서나 사용할 수 있습니다. 고품질의 디스플레이는 당신의 시각 경험을 확장합니다. 전문가든 게임의 고수든 이 노트북은 당신의 기대를 만족시킬 것입니다."

이렇게 챗GPT를 활용하면 브랜드와 제품의 특성을 반영한 효과적인 광고 카피를 쓸 수 있다. 인공지능의 뛰어난 언어 습득 능력과 창의적 사고는 효과적인 광고 카피를 쓰는 데 상당한 도움이 될 것이다.

(2) 목표 소비자의 공감

학생들을 대상으로 학습 도구에 대한 광고 카피를 쓴다고 가정해 보자. 챗GPT에게 학생들이 느끼는 공부의 지루함과 어려움에 대해 알려주고, 그 학습 도구가 공부를 싫어하는 학생들에게 구체적으로 어떻게 도움이 될 것인지에 대한 정보를 제공하면, 챗GPT는 다음과 같은 카피를 쓸 수 있다.

ChatGPT

"시험 기간이 고민이라고요? ○○학습 도구를 준비해 보세요. 이 학습 도구는 당신이 필요로 하는 정보를 쉽고 빠르게 찾아서 공부 시간을 효과적으로 활용할 수 있도록 도와줍니다. 더 이상 불필요한 스트레스에 시달리지 마세요. 공부가 즐거워지는 순간을 직접 경험해 보세요."

이처럼 챗GPT는 다양한 상황과 요구사항에 맞는 광고 카피를 쓰는 데 도움을 줄 수 있다. 제품에 대한 정보나 요구사항을 제시하면 챗GPT는 이를 바탕으로 효과적인 광고 카피를 쓰는 데 필요한 독창적인 아이디어를 제공해 준다. 챗GPT를 광고 카피라이팅의 도구로 활용해 '목표 소비자 공감'에 집중하는 광고 카피를 써달라고 하면, 목표 소비자의 공감을 끌어내는 광고 카피를 쓸 수 있다. 챗GPT는 소비자의 경험, 감정, 선호도를 정확히 이해하고 그들의 언어에 맞게 카피를 써줄 수 있다.

예컨대, 신혼여행 상품을 알리는 여행사의 광고 카피를 쓴다고 가정해보자. 먼저, 챗GPT는 목표 소비자인 신혼부부의 기대감을 이해해야 한다. 이들은 아마도 낭만적인 경험을 바랄 것이고, 특별한 추억을 만들고자 할 것이다. 다음으로, 챗GPT는 브랜드의 느낌을 이해해야 한다. 여행 상품에서는 따뜻하고 친근하며 안전하고 편안한 여행 경험을 제공한다는 사실을 강조할 것이다. 챗GPT는 이런 정보를 바탕으로 공감을 유발하는 다음과 같은 카피를 써줄 것이다.

ChatGPT

"신혼여행은 단순한 여행이 아닙니다. 그것은 두 사람의 새로운 삶의 시작, 특별한 추억을 만들기 위한 완벽한 시간입니다. 저희는 그 특별한 순간을 완벽하게 만들어 드리기 위해 모든 것을 준비했습니다. 따뜻한 햇볕이 가득한 해변에서의 아침 식사, 별이 빛나는 밤하늘 아래에서의 낭만적인 저녁 식사. 모든 것을 당신만을 위해 준비했습니다. 저희와 함께 추억을 만들어 보세요."

이렇게 챗GPT를 활용하면 목표 소비자의 감정과 경험에 대한 깊은 이해를 바탕으로 신혼부부들이 관심을 가질 수 있는 광고 카피를 쓸 수 있다. 소비자들이 공감하는 카피는 브랜드와 소비자 사이에 강한 연결고리를 만들어 주고, 브랜드 이미지를 강화하는 데 상당한 영향을 미친다.

(3) 새로운 제품의 출시

만약 독자 여러분이 새로운 스마트폰 모델의 출시를 앞두고 그 스마트폰에 대한 광고 카피를 써야 한다고 가정해 보자. 이때 챗GPT에게 제품의 특성, 브랜드의 가치, 광고의 목표를 상세히 알려주고 카피를 써달라고 하면, 챗GPT는 입수한 정보를 바탕으로 다음과 같은 광고 카피를 써낼 수 있다.

ChatGPT

"이전에 없던 전혀 다른 스마트폰을 경험하세요. 차세대 기술로 무장한 ○○스마트폰은 그 어떤 휴대폰으로도 경험할 수 없던 빠르고 놀라운 소통을 가능하게 합니다. 이제 끊어지지 않는 통화와 빠른 인터넷은 기본이며, ○○스마트폰은 이를 더욱 초월했습니다. 미래를 미리 만나 보세요."

챗GPT를 광고 카피라이팅의 도구로 활용해 '새로운 제품 출시'에 집중하는 광고 카피를 쓴다고 할 때, 챗GPT 기술을 활용해 신상품 출시에 초점을 맞춘 광고 카피를 쓸 수 있다. 이때는 제품의 독특한 특성과 기능 및 소비자에게 제공할 가치를 전달해야 한다. 예컨대, 테크놀로지 기업에서 새 스마트폰을 출시한다고 가정해 보자. 먼저, 제품 특성을 이해해야 한다. 챗GPT는 먼저 새로운 제품의 핵심 기능과 특성을 이해해야 한다. 스마트폰이 고해상도 카메라, 탁월한 배터리 수명, 빠른 프로세서를 갖췄다고 가정할 수 있다. 다음으로 목표 소비자를 이해해야 한다. 제품의 목표 소비자는 사진 촬영에 관심이 많은 사람일 수 있다. 이런 정보를 바탕으로 챗GPT는 다음과 같은 카피를 쓸 수 있다.

ChatGPT

"당신의 주머니 속에서 진정한 힘을 경험해 보세요. 새로운 OO스마트폰은 창의적으로 사진을 찍어주는 고해상도 카메라, 온종일 지속하는 엄청난 배터리 수명, 그리고 순식간에 앱을 켜는 초고속 프로세서를 갖췄습니다. 언제 어디서든 최고의 순간을 포착하고 공유하실 수 있습니다. OO스마트폰과 함께 더 큰 세상을 만나 보세요."

이처럼 챗GPT를 활용해 새로운 제품의 특성과 기능을 강조하고, 그 제품이 소비자에게 어떠한 가치를 제공하는지 명확하게 전달하는 광고 카피를 쓸 수 있다. 카피라이터들이 챗GPT를 활용해 카피를 쓰면 제품의 출시를 성공적으로 이끌고 시장에 신상품을 효과적으로 소개하는 데 도움이 될 것이다.

(4) 계절별 이벤트 알리기

어떤 제품이나 브랜드를 판매하는 회사에서 크리스마스, 밸런타인데이, 화이트데이 같은 어떤 시기에 맞춰 특별 할인 행사를 준비했다고 가정해보자. 이때도 챗GPT에게 할인 행사의 내용을 알려주며 거기에 알맞게 카피를 써달라고 요청할 수 있다. 챗GPT는 잠시도 망설이지 않고 다음과 같은 카피를 쏟아낼 것이다.

ChatGPT

"올 여름, 당신의 휴가를 더 특별하게 만들어 드립니다. 시원한 바다를 즐기시거나 오지를 탐험하실 수도 있습니다. 당신의 여행 계획에 딱 맞는 특별 할인 이벤트를 준비했습니다. 이번 여름, OO브랜드와 함께 새로운 모험을 떠나 보세요."

챗GPT를 광고 카피라이팅의 도구로 활용해 '계절별 이벤트 알리기'에 집중하는 광고 카피를 쓴다고 할 때 행사에 초점을 맞춰야 한다. 이벤트의 특성, 계절 감성, 소비자 혜택에 대한 정보를 챗GPT에게 알려주면 맞춤형 광고 카피를 얻을 수 있다. 예컨대, 소매업체가 크리스마스 시즌에 맞춰 특별 할인 이벤트를 진행한다고 가정해 보자. 챗GPT가 먼저 이벤트의 기간, 제공되는 할인율, 특별 혜택 같은 이벤트의 핵심 정보를 이해해야 한다. 그리고 목표 소비자의 특성에 대해서도 이해해야 한다. 이벤트의 목표 소비자는 크리스마스 선물을 찾고 있는 소비자이다. 이런 정보를 바탕으로 챗GPT는 다음과 같은 광고 카피를 생성해 줄 것이다.

ChatGPT

"이번 크리스마스에 선물 구매에 대한 걱정을 덜어드립니다. ABC마트에서는 크리스마스를 맞이해 모든 상품에 30% 할인 이벤트를 진행합니다. 선물 구매를 위한 절호의 기회입니다. 마법 같은 크리스마스를 위해 지금 바로 ABC마트로 가세요."

이처럼 챗GPT는 이벤트의 핵심 정보와 시기별 특성을 고려해 독특하고 매력적인 광고 카피를 쓸 수 있도록 도와준다. 카피라이터는 챗GPT를 활용해 소비자의 참여를 유도하고, 이벤트의 성공을 촉진할 수 있다. 챗GPT는 카피라이터에게 주제와 상황에 따라 다양한 아이디어를 도출하는 데 도움을 줄 수 있다. 카피라이터의 요구사항과 정보를 바탕으로 그에 알맞게 효과적인 광고 카피를 생성해줄 것이다.

3. PR 라이팅에서 챗GPT의 활용

생성형 인공지능을 활용해서 검색엔진최적화 PR(SEO PR) 활동을 전개할 수 있다. 검색엔진최적화 PR은 검색엔진을 활용해 기업이나 공공에서 제품과 서비스 또는 정책을 소비자나 공중에게 알려 구매나 참여를 유도하는 PR 활동을 의미한다. 이때 검색엔진최적화(Search Engine Optimization: SEO)란 특정 웹사이트나 웹페이지가 검색엔진의 검색 결과에서 높은 순위에 올라가도록 하기 위해, 자료 수집과 순위 설정 방식이 다른 각 검색엔진의 특성을 고려해 그에 알맞게 웹페이지의 구조와 내용 및 검색어를 최적화시켜 검색 결과의 상위에 노출될 수 있도록 맞춤형으로 조정하는 과정이다. 보도자료의 제목에 있는 키워드를 본문에서도 계속 반복하거나, 키워드와 관련 이미지 적절하게 섞어 검색엔진이 쉽게 정보를 수집(crawling)을 할 수 있도록 엔진의 구조를 변화시키려는 시도 검색엔진최적화 PR 활동이다.

검색엔진최적화에 따라 제공되는 검색 결과는 자연 검색 결과(natural and organic search results/listings)와 유료 검색 결과(sponsored and paid search results/listings)라는 두 가지 결과로 나타난다(Rutz & Bucklin, 2011). 자연 검색 결과는 검색엔진의 알고리즘에 따라 자동으로 제공되는 검색 결과이며, 유료 검색 결과는 광고나 PR의 주체가 실시간 입찰로 사전에 구매한 검색어에 관련 링크나 메시지 등록해서 보여주는 검색 결과를 의미한다. 검색엔진최적화 PR의 가장 큰 장점은 소비자나 공중이 필요로 하는 검색어에 즉각적으로 반영해 관련된 정보를 즉각 제공한다는 것이다. 능동적인 검색을 통해 정보를 요청한 소비자나 공중에게 제공되는 검색 결과는 긍정적인 반응을 유도함으로써 추가적인 정보 탐색과 행동 유발로 이어질 가능성이 높다.

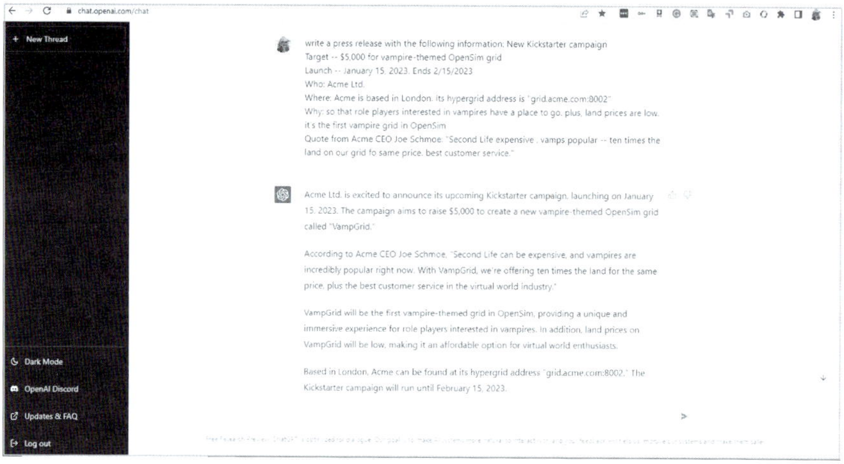

[그림 4-4] 챗GPT를 활용한 보도자료 작성 화면

출처: Korolov (2022).

기업의 홍보 담당자나 PR회사의 담당자가 써오던 보도자료 작성 혹은 PR 라이팅에서도 챗GPT가 두루 활용되고 있다. 보도자료(press release)는 가장 일반적이며 오랫동안 사용돼온 퍼블리시티 방법으로, 기업을 비롯한 정부나 단체에서 언론을 통해 호의적으로 보도되기를 바라는 내용을 담아 기자에게 제공하는 기사문 형태의 글이다. 기사의 유형에는 스트레이트 기사, 기획해설 기사, 피처 스토리, 캡션 기사가 있다. 스트레이트 기사는 기자의 시각을 반영하지 않은 채 사실을 바탕으로 육하원칙에 따라 작성한 기사다. 기획해설 기사는 스트레이트 기사의 배경과 원인을 전달하는 해설기사와 인터뷰나 미담처럼 스트레이트 기사에 비해 부드러운 문체로 작성된 기사다. 피처 스토리(feature story)는 '읽을거리 기사'라고도 하는데, 사실 자체의 전달보다 이면의 이야기나 화젯거리 위주로 써서 사람들에게 흥밋거리를 제공하는 데 그 목적이 있다. 캡션 기사는 사진에 설명을 덧붙여서 전달 효과를 높여주는 기사다.

보도자료를 사람이 작성하기 전에 챗GPT에게 초안을 써달라고 요청하면, 챗GPT는 망설이지 않고 보도자료의 초안을 작성해줄 것이다. 챗GPT에게 막연하게 보도자료를 써달라고 하기보다 요구하는 내용인 프롬프트를 구체적으로 작성해서 요청해야 기대 이상의 결과물을 얻을 수 있다. 즉, 보도자료의 출처나 뉴스원을 밝혀 달라고 주문하고, 보도자료를 가급적 한 장에 정리해 달라고 지시하고, 사실을 요점 위주로 정리한 보도자료를 작성해 달라고 요구해야 한다. 만약 추가 정보가 있다면 마지막에 추가해 달라고 주문하고, 보도자료를 전국지와 지방지 및 전문지에 알맞게 각각 다르게 작성해 달라고 요구해야 한다. 나아가 보도기관과 뉴스 소비자의 연관성을 고려해 보도자료를 작성해 달라고 주문하고, 전통 미디어와 디지털 미디어의 특성에 알맞게 보도자료를 작성해 달라고 챗GPT에게 구체적인 지시문을 제시해야 한다.

챗GPT가 보도자료를 작성해 주면 PR 담당자는 기자에게 전달하기 전에 스스로 수정하고 다듬는 감수(editing) 과정을 거쳐야 한다. 감수는 사람의 판단 영역이다. 따라서 초벌 보도자료를 감수하는 과정에서 PR 담당자는 다음과 같은 내용을 점검하고, 필요하다면 직접 수정해 나가야 한다. 이때 PR 담당자는 보도자료를 보면서 다음과 같은 질문을 스스로 던져 봐야 한다. 보도자료의 제목이 내용을 대표할 수 있는지, 보도자료의 제목이 독자의 주의를 끌 수 있는지, 보도자료의 부제목에 본문에서 강조하는 핵심 내용이 잘 요약되어 있는지, 보도자료의 첫 문장에 보도자료의 주제가 명확하게 나타나 있는지, 보도자료의 첫 문단에 육하원칙의 모든 요소가 포함되어 있는지, 보도자료의 첫 문단에 핵심 내용이 30자 이내로 간단명료하게 기술되어 있는지 등이다.

기본적인 보도자료의 작성을 마쳤다면 나아가 챗GPT에게 배경 해설기사(backgrounder)를 작성해 달라고 요청할 수 있다. 배경 해설기사란 신문이나 잡지에서 기업과 관련된 특정 주제에 대한 배경 정보를 제공해주는 3~5쪽 정도의 기사다. 배경 해설기사는 기업의 웹사이트에서 소개하고 있는 기업 정보를 요약해 비교적 짧게 쓴 기사로, 대체로 정확한 정보만을 제공하며 미사여구를 쓰지 않는다는 특성이 있다(Indeed, 2024).

보도자료가 신제품과 새로운 서비스를 발표하거나 어떤 문제를 제기하기 위해 활용하는 한 쪽 정도의 진술문이라면, 배경 해설기사는 기업을 비롯한 정부나 단체에 대한 정보를 제공함으로써 어떤 쟁점이나 주제를 이해하는 데 도움이 되도록 맥락을 구체적으로 설명한다. 챗GPT에게 배경 해설기사를 써달라고 주문할 때는 기업의 역사, 기업의 설립자, 기업의 목적, 기업의 미션 진술, 기업의 고객, 기업의 실적과 관련된 양적 데이터를 포함시키면 일반적인 보도자료에 비해 풍부한 배경 해설기사를 생성해 준다. 그렇게 되면 기자들은 배경 해설기사를 참조할 것이며, 후속 취재나 광범위한 조사를 하지 않고도 비교적 정확한 기사를 쓸 수 있다.

챗GPT가 보도자료를 작성해 주면 기자들에게 전달하기 전에 수정하고 다듬는 편집(editing) 과정을 거쳐야 한다. 감수는 인간의 판단 영역이다. 따라서 보도자료에 대한 감수를 진행하는 과정에서 PR 담당자는 다음과 같은 내용을 확인하고, 필요한 경우에는 직접 수정 작업을 거쳐야 한다. 이때 PR 담당자는 보도자료를 보면서 다음과 같은 질문을 스스로 던져봐야 한다(뉴스와이어, 2015).

① 보도자료의 제목이 내용을 대표할 수 있는가?
② 보도자료의 제목이 독자의 주의를 끌 수 있는가?
③ 보도자료의 부제목에 본문에서 강조하는 핵심 내용이 잘 요약되어 있는가?
④ 보도자료의 첫 문장에 보도자료의 주제가 명확하게 나타나 있는가?

⑤ 보도자료의 첫 문단에 육하원칙의 모든 요소가 포함돼 있는가?
⑥ 보도자료의 첫 문단에 핵심 내용이 30자 이내로 간단명료하게 기술돼 있는가?
⑦ 보도자료의 주제가 명확하고 맥락의 연속성이 있는가?
⑧ 보도자료가 역 피라미드형으로 작성돼 있는가?
⑨ 본문은 중요한 항목 순으로 풀어서 설명하고 있는가?
⑩ 문장에 긴 수식어나 구와 절이 포함돼 있거나 한 문장이 20단어를 넘지 않는가?
⑪ 보도자료에 포함된 표와 그림은 중요한 내용을 정확히 알려주는가?
⑫ 문장에 수동형 표현이나 오탈자는 없는가?
⑬ 문장을 읽기 쉽도록 인용구를 포함하고 있는가?
⑭ 지나치게 주관적인 문장이나 추가 문단이 필요하다고 느껴지는 부분은 없는가?
⑮ 보도자료에 회사 소개문과 PR 담당자의 연락처가 포함돼 있는가?

최근에는 보도자료를 작성할 때 챗GPT를 활용하는 경우가 많기 때문에, PR 담당자는 기자에게 완성된 보도자료를 보내기 전에 반드시 사실 확인을 거쳐야 한다. 챗GPT 같은 생성형 인공지능의 언어 모델은 환각(할루시네이션, hallucination) 문제를 야기할 수 있기 때문이다. 인공지능에서 환각(hallucination)이나 인공 환각(artificial hallucination)이란 주어진 데이터나 맥락에 근거하지 않은 잘못된 정보나 허위 정보를 가짜로 생성해서 올바른 답변인 듯 답하는 것이다. 인공지능 개발자들은 인공 환각을 방지하기 위해 학습 데이터의 품질을 향상시키고 입력 데이터의 검증을 강화하는 방안을 모색하고 있지만 아직까지는 완벽하지 않다. 챗GPT가 작성한 보도자료에서도 얼마든지 '인공 환각'을 야기할 수 있으니, 반드시 사실 확인을 거쳐야 한다.

이밖에도 저널리즘 영역에서는 사실의 확인에 관련되는 팩트 체크 저널리즘이 중요하다는 인식이 더욱 부각되고 있다. 팩트 체크(fact check) 저널리즘이란 인터넷과 소셜 네트워킹 서비스가 일반화되면서 등장한 거짓과 가짜 뉴스에 대항하는 사실에 근거하는 언론기사 작성을 뜻한다. PR 실무자들은 기업의 소문이나 조직의 명성에 부정적인 영향을 미칠 수 있는 거짓정보나 가짜 뉴스에 대해 특별한 주의를 기울여야 한다. 인공 환각에 속아 넘어가지 않는 길은 팩트 체크뿐이다. 기자에게 사실을 점검해 달라고 요청하기보다 PR 담당자 스스로가 거짓 뉴스와 사실 뉴스를 구분하는 안목과 판단력을 길러야 한다.

4. 디지털 카피와 아날로그 카피의 종합

디지털 시대와 아날로그 시대의 광고 카피라이팅은 여러 측면에서 차이가 있다고 알려져 있다. 디지털 시대의 광고 카피라이팅과 아날로그 시대의 광고 카피라이팅의 차이는 무엇일까? 디지털 시대의 광고 카피라이팅과 아날로그 시대의 광고 카피라이팅의 차이를 비교할 수 있는 다양한 관점이 존재할 것이다. 중요한 차이점 몇 가지를 살펴보면 다음과 같다.

첫째, 빅데이터에 접근하는 역량의 차이다. 디지털 시대의 광고 카피라이팅은 빅데이터를 분석해 목표 소비자의 특성을 세분화시켜 개인 맞춤형의 카피를 쓰는 경향이 있다. 반면에 아날로그 시대에는 빅데이터라는 개념 자체가 아예 없었고 카피를 쓸 때도 제한적인 자료를 검토해 카피라이터의 영감으로 카피를 쓰는 경우가 많았다.

둘째, 플랫폼 활용 범위에서의 차이다. 디지털 시대에는 다양한 디지털 플랫폼(예: 소셜 미디어, 웹사이트, 이메일 등)의 특성에 알맞게 광고 카피를 최적화시켜 광범위하게 전달할 수 있다. 반면에 아날로그 시대의 광고 카피는 텔레비전, 라디오, 신문, 잡지 같은 전통적인 4대 매체에 주로 노출돼 디지털 시대와 비교하면 협소하게 전달됐다.

셋째, 반응 시간과 유연성의 차이다. 디지털 미디어에 노출되는 광고는 실시간으로 피드백을 받고 즉시 카피를 수정하거나 전략을 바꿀 수 있을 정도로 유연성이 있다. 이와 대조적으로 아날로그 시대의 광고는 실시간으로 피드백을 받을 수 없었고 유연성도 제한적이었다. 카피도 미디어에 노출되고 나면 다시 수정하기가 쉽지 않았다.

넷째, 검색 우선순위의 차이다. 디지털 시대의 카피라이팅에서는 검색엔진최적화(SEO)가 중요한 기능을 한다. 광고 카피를 쓸 때는 핵심어를 적절히 활용해 검색엔진의 결과 페이지에서 높은 순위에 올라가도록 검색을 고려해 카피를 쓰는 것이 중요하다. 아날로그 시대의 카피라이팅에서는 검색 순위라는 개념이 존재하지 않았다.

다섯째, 상호작용성 여부의 차이다. 디지털 시대의 광고 카피는 소비자의 참여를 유도하고 실시간으로 반응을 유발하는 데 중점을 둔다. 소셜 미디어의 '공유', '댓글', '좋아요' 같은 댓글 형태의 반응이 대표적이다. 그에 비해 아날로그 시대의 광고 카피에서는 소비자의 참여를 제한적으로 끌어내거나 상호작용성을 기대하기 어려웠다.

여섯째, 측정 가능성 유무의 차이다. 디지털 시대의 카피라이팅에서는 클릭률, 전환율, 웹사이트 방문자 수 같은 수치를 쉽게 추적하고 분석해, 광고 캠페인의 효과를 평가하고 개선하는 데 활용할 수 있다. 측정 가능성 유무의 차이는 비용 효율성과도 직결되는 문제인데, 아날로그 시대의 카피라이팅에서는 측정하기 어려운 경우가 많았다.

일곱째, 멀티미디어 활용 여부의 차이다. 디지털 광고에서는 텍스트는 물론 이미지, 영상, 상호작용 콘텐츠를 비롯한 다양한 형태의 콘텐츠를 활용할 수 있다. 콘텐츠의 다양화는 카피 메시지를 보다 풍부하게 전달하고 소비자의 참여를 높이는 데 도움이 되는데, 아날로그 시대의 광고에서는 멀티미디어 활용이 제한적일 수밖에 없었다.

이상에서 제시한 7가지 혜택을 통해 디지털 시대의 광고 카피라이팅이 아날로그 시대에 비해, 카피라이터에게 얼마나 다양한 기회와 장점을 제공하고 있는지 폭넓게 이해할 수 있다. 두 시대의 카피라이팅은 분명 확연한 차이가 있다. 디지털 시대의 광고 카피라이팅과 아날로그 시대의 광고 카피라이팅의 대표적인 차이를 주요 기능별로 정리하면 [표 4-2]와 같다.

[표 4-2] 시대별 카피라이팅의 대표적 차이

구분	디지털 시대의 카피라이팅	아날로그 시대의 카피라이팅
데이터 접근성 여부	빅데이터를 활용한 소비자 세분화와 개인화 가능	빅데이터에 접근하기 어렵고 제한적인 세분화와 개인화
플랫폼 다양성 여부	다양한 디지털 플랫폼의 특성에 알맞게 메시지를 전달	전통 매체에 의존하며 다양한 플랫폼의 활용 불가능
수정의 유연성 여부	실시간 피드백으로 카피를 신속하고 유연하게 수정	실시간 피드백이 어려워 반응 시간과 유연성이 제한적
검색의 최적화 여부	검색엔진최적화(SEO)를 통해 검색의 우선순위 수정	검색엔진최적화(SEO)의 개념 자체가 존재하지 않았음
상호작용 가능 여부	소비자의 참여를 유도해 상호작용 촉진 가능	소비자의 참여를 유도하지만 제한적이고 한계가 있음
측정의 용이성 여부	클릭률 등을 쉽게 측정하고 비용 효율적인 표적화 가능	측정하는 데 어려움이 있고 세밀한 표적화 불가능
콘텐츠 다양성 여부	텍스트, 이미지, 영상 등 다양한 콘텐츠의 활용 가능	멀티미디어가 아니므로 다양한 콘텐츠의 활용 불가능

디지털 시대의 광고 카피라이팅과 아날로그 시대의 광고 카피라이팅에 차이가 크지만, 공통점도 있다. 두 시대의 광고 카피라이팅에서 공통점은 무엇일까? 몇 가지 공통점을 먼저 살펴보기로 하자. ① 소비자 중심의 카피다. 두 시대 모두 광고 카피라이팅의 핵심은 소비자 중심이다.

카피라이터는 소비자의 문제를 해결하고, 소비자의 관심사와 가치에 부합하는 메시지를 전달해야 한다. ② 명확한 메시지의 카피다. 디지털이든 아날로그든 명확하고 이해하기 쉬운 카피 메시지를 전달해야 한다. 복잡하거나 모호한 메시지는 소비자를 혼란스럽게 만들고, 광고의 목적을 달성하기 어렵게 한다. ③ 창의적인 카피다. 혁신적이고 창의적인 카피는 언제나 많은 관심을 끌어모은다. 창의적인 카피가 광고를 독특하게 느껴지게 하고 소비자의 기억에 오래오래 남도록 한다. ④ 브랜드의 일관된 메시지를 전달하는 카피다. 아날로그 시대든 디지털 시대든, 카피는 브랜드의 느낌, 목소리, 스타일을 일관되게 반영해야 한다. 일관된 카피는 브랜드 인지도와 소비자의 신뢰를 높여준다. ⑤ 행동을 유발하는 카피다. 두 시대 모두 광고 카피의 궁극적인 목표는 행동을 유발하는 데 있다. 구매, 문의, 사이트 방문 같은 행동을 유발하는 카피가 좋은 카피다.

이들 공통점은 광고 환경이 변하더라도 변치 않는 광고 카피라이팅의 핵심 원칙이다. 광고 카피라이팅의 공통점을 바탕으로 카피를 잘 쓰려면 카피라이터는 소비자 심리를 파악해 제품과 서비스의 혜택을 구체적으로 표현해야 한다. 디지털 카피든 아날로그 카피든 어떤 매체를 통해 메시지를 전달하든 관계없이 중요한 요소이다. 나아가 디지털이나 아날로그 카피 모두에서 소비자 행동과 의사 결정을 반영하기 위해 심리학 지식을 활용해야 한다. 소비자의 구매 결정 과정에 영향을 미치는 다양한 심리적 요인을 이해하고 이를 카피에 적용해야 한다. 언어의 활용 능력도 중요하다. 어떤 형태의 광고든 광고의 품질은 언어 감각에 크게 의존한다. 아름다운 우리말을 재치 있게 활용하는 능력이 중요하다. 카피라이터는 트렌드에 대해서도 깊이 이해해야 한다. 광고 메시지는 적절한 시기에 전달돼야 한다. 소비자가 제품이나 서비스를 가장 필요로 하는 시기에 광고를 노출해야 한다는 뜻이다. 이런 공통점이 디지털 시대와 아날로그 시대의 카피라이팅에서 중요한 원칙이며, 이를 고려해 카피를 쓰거나 보도자료를 작성하면 보다 효과적인 메시지를 완성할 수 있다.

5. 마무리

지금까지 생성형 인공지능을 활용한 콘텐츠 제작, 카피라이팅에서 챗GPT의 활용, PR 라이팅에서 챗GPT의 활용, 디지털 카피와 아날로그 카피의 종합 등 생성형 인공지능이 바꾸고 있는 광고와 PR에서의 '쓰기'의 변화 양상에 대해 살펴보았다. 광고회사의 카피라이터나 PR회사의 PR 실무자는 광고 카피나 보도자료를 새로 작성하거나 수정할 때 챗GPT를 비롯한 각종 글쓰기 창작 도구를 활용해 업무를 수행할 수 있다. 인공지능 창작 도구가 카피라이터의 시간을 줄여주고 초벌 카피를 써주며 PR 실무자의 보도자료를 작성해 주기 때문에 상당한 도움이 되는 것도 사실이다. 답을 얻는데 필요한 입력 값인 프롬프트 작성 능력에 따라 결과물의 품질도 달라진다. 따라서 효과적인 카피나 주목할 만한 보도자료를 생성하려면 광고 카피라이터나 PR 실무자가 프롬프트 공학(prompt engineering)의 역량을 키우는 문제도 중요해졌다.

인공지능 창작 도구를 활용하면 단시간에 기초 업무를 손쉽게 마무리할 수 있지만, 어디까지나 카피 쓰기와 보도자료 작성의 기초에 불과하다는 사실을 잊지 말아야 한다. 인공지능 카피라이터를 활용하면 시간을 절약할 수 있다. 남는 시간은 창의적인 일에 더 집중할 수 있을 것이다. 인공지능 카피라이터가 맛있는 사과 선물이 될 것인지, 독이 든 사과 선물이 될 것인지는 각자가 어떻게 활용하느냐에 달려 있다. 수준 높은 인간 카피라이터에게 카피 창작을 의뢰한다면 상당한 비용을 지출해야 하므로, 제작비가 부족한 광고주에게는 인공지능 카피라이터가 가뭄에 단비 같은 선물일 수 있다. 또한, 수준 높은 PR 전문가에게 보도자료 작성을 맡긴다면 그에 상응하는 비용을 지출해야 하므로, 예산이 부족한 PR주에게는 인공지능 카피라이터가 믿음직한 친구 같은 존재일 수 있다.

인공지능 카피라이터는 전문 광고인과 PR인에게 자료수집에 필요한 비용과 시간을 줄여주며, 광고인과 PR인의 경험과 연륜에 따라 판단하던 업무 행태를 개선하는 데도 이바지할 것이다. 그렇지만 인공지능 창작 도구에 과도하게 의존하면 인간의 생각하는 과정을 생략함으로써 결국 사고력이 퇴보할 가능성이 크다. 인간이 인공지능 카피라이터에게 과도하게 의존하면 사고력을 키우는 과정의 중요성을 빼앗겨 '카피 인지 감수성'이 퇴보할 가능성도 크다. 인공지능 카피라이터가 심층 학습을 계속하는 마당에, 인간 카피라이터와 PR 전문가는 인공지능이 쉽게 따라할 수 없는 카피인지 감수성을 키우려고 노력해야 하는 이유도 그 때문이다. 인공지능 창작 도구가 생성하는 초벌 카피나 보도자료가 아무리 넘쳐흘러도, 카피라이터나 PR 전문가에게 옥석을 가려낼 눈썰미가 없다면 쓰레기 더미에 불과할 것이다.

4차 산업혁명 시대의 DNA(Data, Network, AI)가 모두에게 중요하고 인공 창의성을 활용하기 위한 창작 도구를 활용하는 능력을 키우는 일도 중요하겠지만, 사고 과정이 생략된다면 모두 빈껍데기일 뿐이다. 디지털 시대에 창의적 사고(creative thinking)와 비판적 사고(critical thinking)가 더더욱 중요해진 이유도 그 때문이다. 광고회사의 카피라이터는 광고 카피를 썼다가 지우고 초벌 시안을 찢어버리고 다시 카피를 쓰는 과정에서 경험을 축적할 것이다. PR 회사의 PR 실무자는 기자들의 특성을 고려해 여러 스타일의 보도자료 시안을 썼다가 버리고 다시 쓰는 과정에서 기자들이 보도하고 싶어할만한 스타일의 보도자료를 완성할 것이다. 직접 경험이란 이토록 소중한 것일 텐데, 모든 것을 챗GPT에게 맡기다 보면 경험이라는 소중한 과정이 송두리째 생략되어 버리니, 앞으로 인공지능 창작 도구와는 가깝지도 않고 멀지도 않은 불가근불가원(不可近不可遠)의 관계를 유지할 필요가 있다(김병희, 2023). 광고회사의 카피라이터나 PR 회사의 PR 실무자는 결국 챗GPT의 장점은 취하고 단점은 버리며 슬기롭게 활용하는 지혜로운 판단력을 길러야 한다.

참고문헌

김병희 (2023.05.22). "챗GPT와 카피라이팅은 불가근불가원의 관계." 한국경제, A33면.

김병희 (2024). **디지털 시대의 카피라이팅 신론: 챗GPT를 활용한 광고 카피 쓰기**. 서울: 학지사비즈.

김병희, 이시훈, 이희준, 이진균, 김유나, 정세훈, 최인호, 김활빈, 지준형, 조준혁, 김희은, 민병운, 김동후, 염철, 유은아, 정승혜, 박종구, 심성욱, 지원배 (2023). **디지털 시대의 광고기획 신론**. 서울: 학지사비즈.

김태용 (2023). "ChatGPT/GPT-4." **인공지능을 활용한 사회과학 연구방법**. 서울: 학지사. pp.19-22.

뉴스와이어 (2015.03.10). "보도자료 검토 21가지 체크리스트." 뉴스와이어.

박종구 (2023). **AI를 활용한 광고기획 실무**. pp.383-408.

송준용, 애드리치 (2023). "프롬프트 작성법." **오스트랄로GPT쿠스**. 서울: 여의도책방. pp. 67-69.

한국방송광고진흥공사 (2023). AI 광고창작 지원시스템 '아이작' 이용 교육. 서울: 한국방송광고진흥공사.

Indeed (2024). What is a Backgrounder? EmployerResource Library Retrieved from https://www.indeed.com/hire/c/info/backgrounder.

Korolov, M. (2022.12.14). "How to write a press release with ChatGPT." Hypergrid Business. https://www.hypergridbusiness.com/2022/12/how-to-write-a-press-release-with-chatgpt/

Rutz, O. J., & Bucklin, R. E. (2011). From Generic to Branded: A Model of Spillover in Paid Search Advertising. *Journal of Marketing Research, 48*(1), 87-102.

chapter

05

AI가 바꾸는 광고PR 제작 가이드라인

▸▸▸ 김대욱 (한양대학교 광고홍보학과 강사)

▸▸▸ 김학신 (세종대학교 미디어커뮤니케이션학과 초빙교수)

AI를 활용한 광고와 PR 제작을 논할 때, 가장 먼저 떠오르는 질문은 "AI가 무엇을 할 수 있는가?"일 것이다. AI의 역할은 크게 세 가지로 나눌 수 있는데, 이는 광고와 PR 메시지 제작에서 다양한 수준의 지원을 AI가 제공한다는 것을 의미한다(Rodgers, 2021).

첫 번째 역할은 광고PR 실무자가 광고PR 메시지를 제작할 때 필요한 도움을 요청하면 일정 수준의 지원들 제공하는, 낮은(narrow) 또는 약한(weak) 수준의 AI이다(Rodgers, 2021). 낮거나 약한 수준의 AI는 지능적으로 영유아 수준에 해당하며, 실무자가 요청하는 작업을 보조하는 역할을 한다. 이러한 AI는 광고PR 제작 과정에서 기본적인 데이터를 수집하거나 특정 기능을 자동화하는 등 실무자에게 단순한 보조 역할을 수행한다고 볼 수 있다.

두 번째로, AI가 딥러닝과 같은 학습을 통해 발전한, 보다 진보된 형태의 일반적인(general) 또는 강한(strong) 수준의 AI이다. 이 단계에서 AI는 성인 수준의 지능을 갖추고 있으며, 스스로 학습하면서 AI 자신의 역량을 강화해 나가는 과정을 거친다. AI는 실무자가 요청하는 작업뿐만 아니라, 학습을 통해 자신만의 의견을 형성하고 이를 바탕으로 소비자의 정보를 분석하여 맞춤형 광고와 PR 메시지를 제안할 수 있다. 이와 같은 일반 AI는 광고PR 실무자가 단순히 명령을 내리는 것을 넘어서, 함께 작업하며 보다 정교한 전략을 세우는 데 기여할 수 있다.

마지막으로, 초능력적인(super) AI는 인간의 능력을 넘어서는 단계로, 독립적인 사고와 행동이 가능하다. 이 AI는 인간과 동등한 수준에서 소통할 수 있으며, 실질적으로 독립적인 주체로 활동할 수 있다. 현재 이러한 AI는 실현되지 않았지만, 기술 발전이 지속된다면 가까운 미래에 나타날 가능성이 있다. 초능력적인 AI는 독립적으로 인지하고 결정을 내리며, 광고PR 메시지 제작 과정에서 인간과 대등한 파트너로 활동할 수 있는 잠재력을 가지고 있다고 할 수 있다.

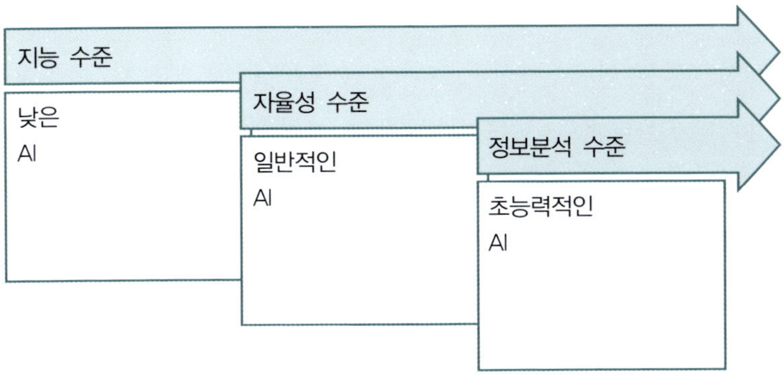

[그림 5-1] 광고PR에서 활용할 수 있는 AI 유형
출처: Rodgers (2021)가 제안한 것을 재구성.

이러한 세 가지 유형의 AI를 광고PR 제작 현장에서 살펴보면, 현재 광고PR 업계에서는 주로 '낮은' 수준이나 '일반적인' 수준의 AI를 활용해 광고PR 메시지를 제작하고 있다. 즉, 간단한 정보 분석이나 메시지 제작 지원을 제공하는 낮은 수준의 AI, 또는 빅데이터를 분석하고 기계 학습(machine learning)을 통해 소비자 맞춤형 광고PR 메시지를 생성하는 일반적인 AI가 주로 사용되고 있는 것이다. 그러나 AI 기술 발전이 지속됨에 따라, 광고PR 메시지 제작 환경이 일반적인 AI나 초능력적인 AI가 주도하는 시장으로 빠르게 전환될 가능성이 높다. 이러한 전환에서 핵심적인 요소는 기술과 인간 간의 커뮤니케이션 방식이 될 것이다. 현재의 AI는 소비자 정보를 기반으로 소비자가 원하는 것을 예측하여 제공하는 알고리즘 또는 프로그래밍을 기반으로 광고PR 메시지를 생성한다. 이러한 AI는 기술적으로는 발전된 형태를 보이지만, 커뮤니케이션 방향성 측면에서는 여전히 전통적인 일방향성의 한계를 벗어나지 못하고 있다. 그러나 초능력적인 AI 환경으로 진입하게 되면, AI는 독립적인 인지와 사고를 바탕으로 양방향적 커뮤니케이션을 구현하여, 소비자와 더 깊이 상호작용할 수 있는 메시지를 생성할 것이다.

양방향성이 강화된다는 것은 인간과 AI 간의 직접적인 상호작용이 가능해진다는 것을 의미한다. 이러한 상호작용은 광고PR 메시지 제작 과정에서 인간과 AI가 협력하여 더 다양하고(various), 적극적이며(active), 상호작용이 높은(interactive) 메시지를 만들어 내는 방식으로 구현될 수 있다. 초능력적인 AI 환경에서는 이러한 상호작용성이 이전의 웹이나 소셜 미디어에서 보여졌던 수준을 넘어서는 새로운 형태로 발전할 것이다. 이 장에서는 이러한 AI 환경에서 광고PR의 상호작용성이 무엇인지, 이러한 상호작용성을 최적화하기 위한 광고PR의 특성(들)은 무엇인지, 그리고 이 특성(들)을 활용하는 데 있어서의 제약 사항은 무엇인지를 중점적으로 살펴보고자 한다.

1. AI 광고PR 제작의 특성 : 콘텐츠-소비자 상호작용성

AI 등장 이전에도 광고PR 메시지 제작 과정에서는 이용자와의 상호작용 콘텐츠가 중요한 화두였으며, 온라인 이용자의 쿠키 정보와 미디어 사용 데이터를 활용해 개인화된 광고를 제공하려는 시도가 활발히 이뤄졌다. 그러나 실시간으로 사용자의 변화하는 요구나 환경에 대응하는데 한계가 있었다. 예를 들어, 사용자가 이전에 방문한 웹사이트나 검색한 키워드를 기반으로 광고를 제공하는 방식은 과거 데이터를 활용한 맞춤형 광고의 대표적인 사례지만, 이러한 방식은 현재 상황이나 감정 상태를 반영하기 어렵다는 제약이 있었다. 반면, AI 기반 광고의 상호작용 콘텐츠는 기존의 광고와 질적으로 다른 개인화된 경험을 제공한다. AI는 실시간으로 사용자의 행동 패턴과 감정 상태 등을 분석해 광고 콘텐츠를 동적으로 조정할 수 있다. 예를 들어, AI는 사용자의 현재 위치, 날씨, 감정 등을 고려해 즉각적으로 광고 내용을 변경할 수 있어, 기존 광고보다 몰입감 있고 개인화된 경험을 제공한다.

해글런드와 비요클런드(Häglund & Björklund, 2024)는 AI가 실시간 감정 분석과 주제 식별을 통해 이용자에게 가장 적합한 광고의 맥락적 요소를 평가할 수 있고, 광고 콘텐츠를 제작할 수 있으며, 광고 콘텐츠 배치를 최적화할 수 있다고 제안했다. [그림 5-2]는 뷰티리테일 회사, Sephora가 AI를 활용해 고객의 메이크업 취향과 피부타입을 분석한 후, 맞춤형 제품 추천과 광고를 제공하는 것을 보여준다. Sephora Virtual Artist라는 AI 툴을 통해 사용자는 자신에게 어울리는 메이크업 제품을 가상으로 시험해 볼 수 있고, 자신만의 독특한 개인화된 브랜드 경험을 통해 실용적인 제품 테스트는 물론, 심리적 거리감도 향상할 수 있다.

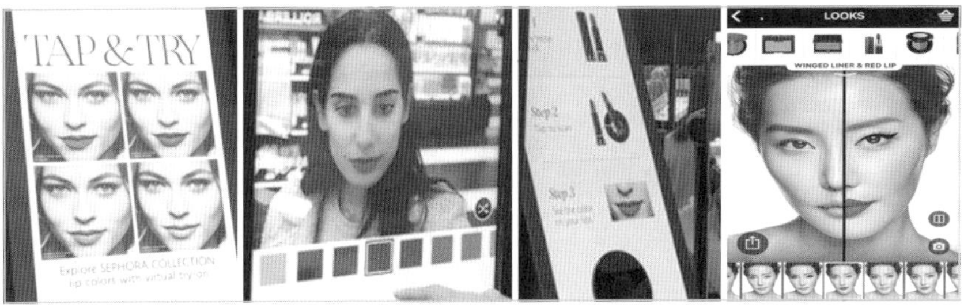

[그림 5-2] 화장품 브랜드, Sephora의 AI기반 광고PR 콘텐츠 전략

AI를 활용한 광고PR 제작의 또 다른 차별점은 AI의 학습 능력이다. 기존의 상호작용 콘텐츠는 고정된 패턴에 따라 작동하지만, AI는 지속적으로 데이터를 학습하고 적응하면서 사용자의 변화하는 요구에 맞게 광고 콘텐츠 전략을 최적화할 수 있다. 예를 들어, AI는 콘텐츠 이용자와의 상호작용에서 얻은 데이터를 바탕으로 다음 광고 콘텐츠에서 더욱 정교한 맞춤형 경험을 제공할 수 있다. 이는 광고와 사용자가 더욱 긴밀하게 상호작용할 수 있는 환경을 조성하며, 결과적으로 사용자 경험을 한층 더 개인화하고 몰입도 높은 형태로 발전시키게 된다. 이러한 AI의

학습 능력은 광고 전략을 지속적으로 발전시키고, 실시간으로 최적의 광고 배치를 가능하게 하며, 이를 통해 광고의 효과와 사용자 참여를 극대화할 수 있게 된다(Gao, Wang, Xie, Hu, & Hu, 2024). BMW는 8시리즈의 Gran Coupé 캠페인에서 AI를 활용해 차량 외부에 AI가 생성한 예술 작품을 투사하여, 각각의 차량을 움직이는 예술 작품으로 변모시켰다. 이 과정에서 AI는 소비자의 예술적 성향이나 취향과 관련한 내용을 학습하여, 그것을 반영해 차량 외부 디자인을 완성시킬 수 있다. 이를테면, 특정 예술가의 화풍이나 작품 세계를 반영하는 것이다(그림 5-3). 이 캠페인은 AI를 통해 기술과 예술을 결합하여 브랜드의 혁신적 이미지를 강화하고, 소비자에게 개인화된 경험을 제공했다.

[그림 5-3] BMW의 AI 학습기반 광고PR 콘텐츠, 한국/프랑스에서 활동하는 작가 이배의 목탄그림 화풍을 학습한 AI를 활용

AI는 자연어 처리와 생성형 기술을 활용해, 콘텐츠 이용자의 입력에 따라 실시간으로 반응하는 광고를 제작할 수 있다. 이는 단순히 이용자의 과거 행동 데이터를 기반으로 광고를 제공하는 것을 넘어, 마치 이용

자가 광고와 대화를 나누는 듯한 상호작용 경험을 제공할 수 있다(Gao, Wang, Xie, Hu, & Hu, 2024). 이러한 방식은 일방적인 정보 전달을 넘어서, 보다 상호적인 대화 형식을 가능하게 하며, 소비자와의 관계를 강화하는 중요한 역할을 한다. 결과적으로 AI 광고PR 콘텐츠는 정적인 콘텐츠에 머물지 않고, 실시간으로 변화하는 '살아 있는' 콘텐츠로 진화할 수 있는 것이다. 코카콜라는 'Create Real Magic' 캠페인은 이용자가 자신의 아이디어가 반영된 텍스트를 입력하면, 코카콜라의 상징적인 브랜드 자산(예, 붉은색, 코카콜라 컨투어병, 북극곰 등)과 결합하여 자신만의 광고 이미지를 만들 수 있게 한다. 이 캠페인은 AI를 통한 상호작용 과정을 거쳐 소비자가 브랜드와 직접 소통할 수 있고, 브랜드와 디지털 기술의 융합을 경험할 수 있게 하는 사례로 주목할 수 있다(그림 5-4).

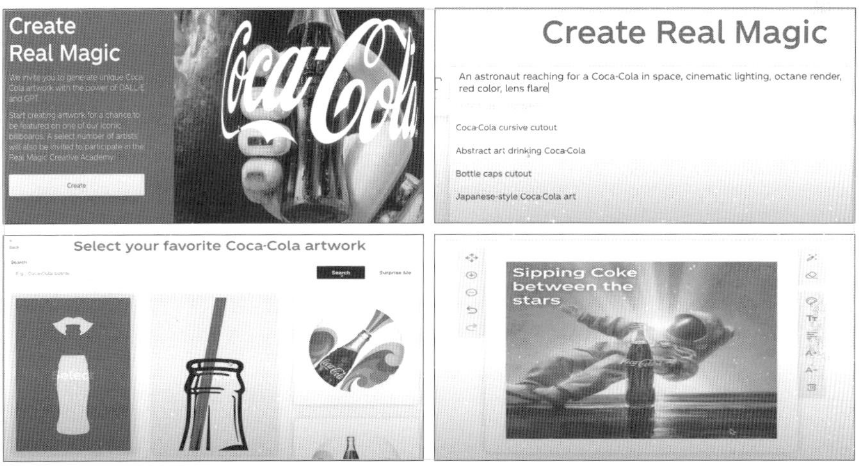

[그림 5-4] 코카콜라의 AI 자연어 처리 및 생성형 기술 광고PR 콘텐츠

프로그래매틱 광고 영역(광고의 시간과 공간 배치를 위한 최적화 시스템)에서도 AI의 역할은 점점 더 중요해지고 있다. AI는 강화학습과 예측 분석을 통해 광고를 최적의 환경에 배치하며, 실시간 입찰 메커니

즘을 통해 가장 효과적인 시간대에 적합한 대상에게 광고를 노출할 수 있다. 이는 광고 효과를 극대화할 뿐만 아니라, 사용자 참여를 높이는 데에도 큰 기여를 한다(Gao, Wang, Xie, Hu, & Hu, 2024). AI는 실시간으로 사용자의 반응을 분석하고, 이를 바탕으로 다음 광고의 노출 전략을 더욱 정교하게 조정함으로써 광고주는 더욱 효율적으로 광고 예산을 사용할 수 있으며, 동시에 사용자에게 더욱 적합한 광고를 제공할 수 있다.

결론적으로, AI 기반 광고PR 콘텐츠의 상호작용성은 기존 상호작용 광고 전략과 비교했을 때 실시간 대응성과 개인화 수준에서 큰 차이를 보인다. 이는 광고PR 캠페인의 전반적인 효과를 극대화하며, 광고를 더욱 즉각적이고 개인화된 경험으로 변화시키는 것이다. AI 광고는 단순한 맞춤형 광고를 넘어서, 지속적인 학습과 적응을 통해 사용자와의 관계를 더욱 강화하고, 전통적인 광고 환경을 보다 역동적이고 사용자 중심적인 생태계로 발전시키는 데 중요한 역할을 할 것이다.

2. AI 광고PR 상호작용성 극대화 요인들

1) 유사성: 인간과 같은 모습으로 의인화

일반적으로 광고를 제작하는데 있어서 중요한 비중을 차지하는 것이 광고 모델이다. 광고에 대한 연구는 어떤 광고 모델이 전달하는 메시지가 소비자들에게 설득적인 것인가에 대한 답을 찾기 위해서 발전해 왔다고 해도 과언이 아닐 것이다. 신문과 TV 같은 전통적인 미디어 환경에서 광고PR 메시지에서 연예인과 같은 유명인들이 관심을 많이 받았지만, 인터넷을 기반으로 운영되는 소셜 미디어와 같은 미디어 환경에서는 인플루언서와 같은 일반인과 유사한 형태의 모델들이 관심을 받았다. 이렇게 일반인과 유사한 모델들이 광고PR 메시지에서 관심을 받게 된 것은 소비자들이 자신들과 유사한 모습(특성)을 지닌 사람들을 더 매력적이라고 생각하기 때문이다. 매력성은 개념적으로 호감도(likability), 친숙성(familiarity) 및 유사성(similarity)과 밀접한 관계를 지니는 것으로 보고 있으며(Ohanian, 1990), 실제적으로도 상호 연결성을 지니고 있는 것으로 나타났다. 따라서, 유사성은 독립적으로 직접적인 영향력을 가지고 있을 뿐만 아니라 다른 개념들과 상호 연결성을 보이며 간접적인 영향력을 보이고 있기에 광고PR 모델의 특성으로서 매우 중요한 개념이다.

이러한 광고 모델에 대한 유사성의 중요성은 AI 광고에서도 동일하게 혹은 더 강조되어 나타나고 있다. 우선, 기존의 광고에서는 인간이라는 모델이 등장하지만, AI 광고에서는 인간이 아닌 인간과 유사한 형태의 목소리를 가진 AI 모델이거나 인간과 유사한 형태의 외모를 가진 AI 모델이 등장하고 있다. 이러한 AI 모델들의 공통점은 어떻게 하면 인간의 말소리와 또는 외모와 유사한 형태를 보여서 소비자들에게 불쾌감을 느끼지 않게 하느냐이다. 이러한 시각에서 바라보는 AI 기술의 발전은 AI를 보다 인간과 유사하게 또는 인간답게 만들기 위한 발전 과정이라고 해도 과언이 아닐 것이다. 이렇게 AI 기술이 인간과 유사하게 또는 인간답게 되기 위해서 노력하는 데는 불쾌한 골짜기 이론의 영향이 크다.

불쾌한 골짜기는 모리 마사히로라는 일본 공학자가 제안한 것으로 로봇과 같은 기계에 대한 인간의 호감도를 나타내고 있다. 이 이론에 따르면, 인간은 인간과 다른 존재를 바라볼 때 자기 자신과 유사할수록 호감이 상승하게 되지만, 유사성이 어느 정도에 도달하게 되면 오히려 불쾌함이 증가하고 호감이 줄어들게 된다는 것이다(Mori, 1970). 최근의 실험(Rosenthal-von der Putten et al., 2019)에서도 사람들은 로봇 그리고 AI에 대해서 불쾌한 골짜기를 가지고 있는 것으로 나타나고 있어서 향후 AI와 관련된 광고PR 기획과 제작에서도 불쾌한 골짜기는 중요한 개념으로 고려해야 할 것이다.

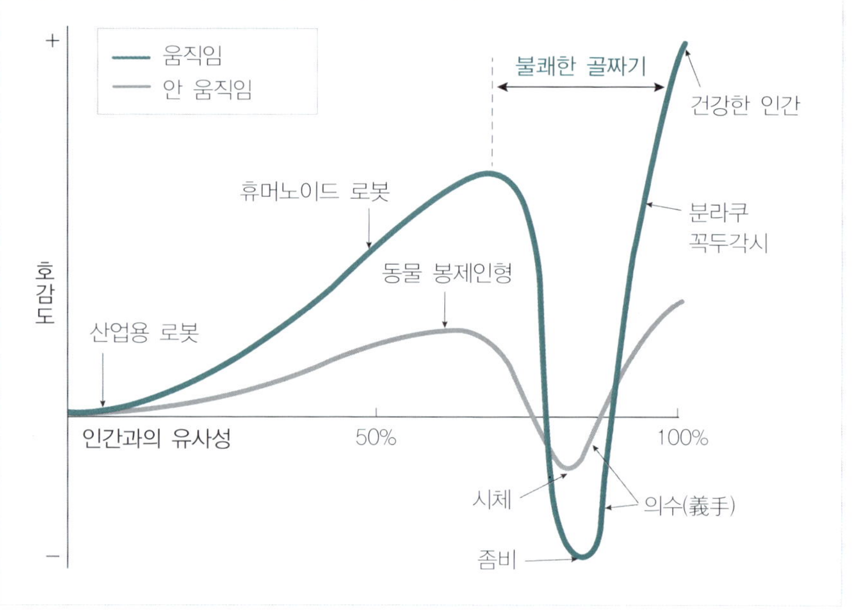

[그림 5-5] 불쾌한 골짜기 이론

이러한 인간이 느끼는 불쾌함을 줄이기 위한 방안으로 불쾌한 골짜기의 왼쪽으로 가는 방법(인간과 완전하게 다른 외모)이나 오른쪽으로 가는 방법(인간과 유사한 외모) 중에서 선택을 하고 있다. 초기의 AI 기술에서는 기술적인 한계로 인간과 다른 모습의 외모를 강조하는 방법을 선택했으나, 점점 발전하고 있는 AI 기술로 인해서 점차적으로 AI 모델은 인간과 유사함의 정도가 높아지는 쪽으로 발전하고 있어서 최근에 등장하고 있는 AI 인플루언서 또는 AI 모델들은 인간과 거의 흡사한 외모와 특성을 보이고 있다.

[그림 5-6] 현재 활동하는 AI 인플루언서 & AI 모델들
(왼쪽부터 수아, 로지, 이솔 순)

이와 같은 AI모델들의 의인화(Anthropomorphism)는 비인간적 객체에 인간적인 특성, 감정, 또는 성격을 부여하여 해당 객체가 마치 인간처럼 보이거나 행동하도록 만드는 과정이다(Epley, Waytz, & Cacioppo, 2007). 이 과정은 소비자가 해당 객체에 어떻게 반응할지를 결정짓는 중요한 요소로 작용하며, 마케팅 및 소비자 행동 연구에서 상당한 주목을 받아왔다. 특히, 마케터들은 의인화를 통해 소비자의 구매 행동이나 소비에 대한 태도에 직접적인 영향을 미칠 기회를 확보하게 된다(Epley, 2018). 광고PR 캠페인에서 의인화된 AI의 도입은 소비자에게 더 인간적인 경험을 제공함으로써, 기술과의 상호작용에서 자연스럽고 감정적인 연결을 촉진하는 중요한 역할을 한다. 의인화를 통해 소비자들은 AI를 단순한 도구 이상의, 인간과 상호작용하는 사회적 행위자로 인식하게 되며(Novak & Hoffman, 2019), 이에 따라 브랜드와의 정서적 유대감이 강화되고 충성도가 높아질 가능성이 크다고 할 수 있다(Schweitzer, Belk, Jordan, & Ortner, 2019). 예를 들어, KT는 AI 음성 비서인 '기가지니'를 활용한 광고에서 의인화된 캐릭터로 일반 소비자들과 친근하게

소통하는 모습을 강조했다(그림 5-7). 광고 캠페인에서 기가지니가 가족의 일원처럼 등장해 가정 내 다양한 상황에서 도움을 주는 모습을 보여주며, 다정하고 유머러스한 이미지로 소비자들에게 다가갔다. 이러한 의인화는 기술적인 면에서의 친밀감을 강조하며, 기가지니를 일상 속에 자연스럽게 녹아들게 할 수 있었다.

[그림 5-7] KT의 '기가지니' 광고 캠페인 – 기가지니를 의인화된 캐릭터로 소통

그러나 이러한 감정적 연결의 장점에도 불구하고, 지나치게 인간적인 특성을 부여할 경우에도 불쾌한 골짜기에 빠져들 수 있다(Mori, 1970). 이는 AI가 인간의 정체성에 위협을 가하는 존재로 인식될 때 발생하며, 이로 인해 소비자가 기술을 거부하거나 부정적으로 반응할 수 있다(Gursoy, Chi, Lu, & Nunkoo, 2019). 따라서, AI의 의인화는 지나치게 현실적이지 않으면서도 감정적으로 연결될 수 있는 적절한 균형을 유지하는 것이 중요하다. 이를 위해, 인간적인 목소리, 외모, 그리고 성격을 갖춘 AI를 활용한 광고 콘텐츠가 필요하다. 이러한 AI는 소비자에게 생동감을 전달하고, 심리적 따뜻함과 안정감을 제공하여 긍정적인 태도를

유도할 수 있기 때문이다.

또한, AI가 최소한의 사회적 신호, 예를 들어 질문하기나 정보 공유와 같은 행위를 통해 상호작용할 때, 소비자들은 이를 자신과 유사한 사회적 행위자로 인식하고, 그에 맞추어 반응하게 된다. 이러한 감정적, 심리적 반응은 소비자들이 AI와의 상호작용에 더욱 몰입하게 하고, 더 많은 정보를 자발적으로 제공하도록 유도할 수 있다. 동시에, 의인화된 AI는 소비자들에게 더 친숙하고 인간적인 존재로 인식되며, 이로 인해 소비자의 심리적 저항이 줄어들고, 기술에 대한 신뢰가 증가하는 효과를 가져올 수도 있다. 최근 삼성의 가상인간 플랫폼 네온을 통해, 외모와 체형, 성별, 국적이 다른 20여 가지의 가상인간이 소개되었다(그림 5-8).

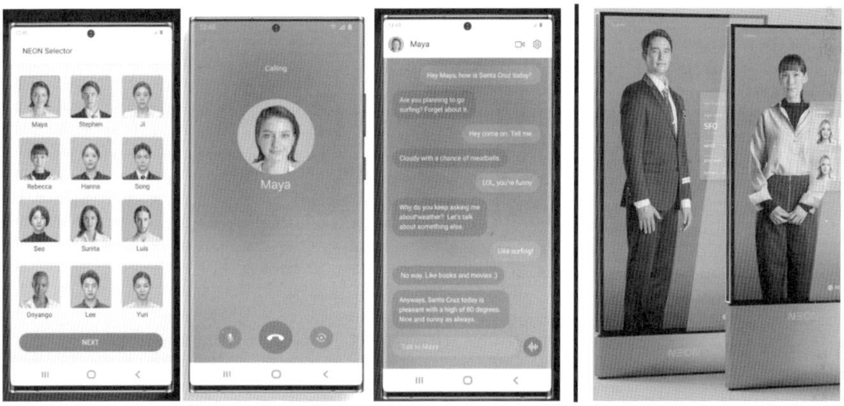

[그림 5-8] 사회적 소통 능력이 강조된 AI, 삼성 네온

네온은 단순한 음성 비서나 챗봇을 넘어, 특정 비즈니스 영역을 부여받은 뒤에는 그 분야에 특화되도록 기능을 학습하고, 업무 현장에 투입돼 사람들과 소통하게 된다. 예를 들어, 소비자가 네온을 은행원으로 사용하고 싶어하면 은행에 어울리는 외형적 조건을 갖추고 고객과 또는 주변 동료들과의 소통 방식과 지식을 습득해 현장에서 활용할 수 있다.

[표 5-1] 유사성을 극대화한 AI 광고PR 제작을 위한 가이드라인

유사성 "AI 모델은 인간의 행동과 외모에서 유사성을 지녀야 하며, 소비자가 불쾌감을 느끼지 않도록 친숙한 경험을 제공하고 있는가?"
AI 모델의 외형이 인간적이며 소비자에게 불쾌한 인상을 주지 않도록 디자인되었는가? (예: "불쾌한 골짜기" 효과 최소화)
AI의 목소리와 말투가 자연스럽고 인간적인가? (예: 목소리 톤, 감정 표현 등)
AI의 행동 및 제스처가 타깃 소비자의 문화적 기대에 부합하는가? (예: 행동이 자연스럽고, 소비자의 기대에 부합하는가?)
소비자가 광고PR에서 AI의 목적과 역할을 명확하게 이해할 수 있는가?

2) 진정성: 마음을 움직이는 AI

전통적으로 광고PR의 효과를 극대화하기 위해서 가장 중요한 것은 광고PR 모델에 대한 신뢰성일 것이다. 즉, 광고PR 모델이 소비자의 생각이나 행동을 변화시키기 위해서 주장하는 것이 소비자에게 믿을 만한 것으로 받아들여져야 소비자들은 무언가 변화를 선택할 것이다. 또한, 광고PR 모델의 신뢰성은 단순히 광고 제품에 대한 신뢰를 높여주는 것뿐만 아니라 광고PR를 진행하는 브랜드 또는 기업에 대한 신뢰를 높여주는 기능을 하는 것으로 다수의 연구에서 나타나고 있다. 따라서, 전통적으로 광고PR 모델에게 있어서 신뢰성은 매우 중요한 특성으로 여겨지고 있다.

이렇듯 광고PR 메시지를 소비자들이 수용하고 받아들이는 데 중요한 신뢰를 높이기 위해 선행하는 요인이 진정성이다. 개념적으로 진정성은 신뢰성과 유사한 개념으로 여겨졌지만, 진정성은 신뢰성의 충분조건이라고 볼 수 있다. 예를 들면, 소비자들은 AI가 등장하는 광고PR 메시지에 노출되었을 때, 그 메시지가 믿을만하다고 느끼려면 메시지를 만들

고 전달하는 AI가 나를 속이지 않고 믿을만한 정보를 전달해 준다는 진정성을 느껴야 할 것이다. 진정성이 선행되지 않는 광고PR 메시지를 소비자가 신뢰하기는 어려울 것이다.

개념적으로 진정성은 “광고 정보원이 내면의 생각 및 태도에 일치하는 방향의 광고 메시지를 전달한다고 지각되는 것”(김소영 · 조창환, 2016: 100)으로 정의된다. 이러한 정의가 의미하는 것은 소비자들은 광고PR 메시지에 드러난 모델들의 제안이 자신들의 생각이나 신념과 일치 또는 유사하다고 생각해야 모델의 제안을 진정성이 있다고 생각하는 것으로 추론해 볼 수 있다. 즉, 광고PR 메시지를 기획, 제작하는 데 있어서 소비자의 생각이나 신념을 제대로 반영하는 광고PR 메시지를 소비자는 진정성이 있는 메시지라고 생각하고 신뢰할만한 메시지라고 판단하게 되는 것이다. 이러한 진정성은 AI를 이용한 광고PR 기획과 제작 환경에서 용이하게 활용할 수 있다. 앞서 언급한 AI 유형들에서 두 번째 단계(일반적인 AI) 이후, 빅데이터를 활용한 AI의 분석이 적용되는 단계이기에 현재도 그렇지만 앞으로 더 많은 소비자 정보 분석이 이루어질 것이라고 생각하기에 소비자가 생각는 바에 맞는 맞춤형 메시지가 더욱 활발하게 제작될 것이다. 물론, 이러한 상황 속에서도 개인 정보 이용에 대한 프라이버시 문제나 윤리적 이용에 대한 문제 제기가 발생할 가능성이 높기 때문에 모든 광고PR 메시지가 완벽하게 진정성 있는 광고PR 메시지로 인식될 수는 없겠지만, 전반적으로는 소비자의 니즈(needs)를 맞추는 또는 충족시키는 메시지의 기획과 제작은 늘어날 것으로 예상한다.

모든 광고PR 메시지들이 맞춤형으로 소비자들의 생각과 신념을 제대로 반영한다고 해서 모두 소비자의 변화를 유도해낼 수는 없을 것이다. 기술적인 차원에서 소비자의 정보에 기반해서 분석이 이루어져야 하겠지만, 광고PR 효과를 극대화하기 위해 크리에이티브 영역에서 맥락적인 의미(contextual meaning)을 강조한다면 광고PR 기획자가 의도한대로 목표를 이룰 것이다. 예를 들어, AI를 이용한 광고PR 캠페인으로 빙그레에서 진행한 '처음 입는 광복'이 있다(그림 5-9).

[그림 5-9] 빙그레의 '처음 입는 광복 캠페인' 메인 사진(위),
죄수복에서 한복으로 갈아입은 안중근 의사 사진(아래)

이와 같이 AI를 이용하여 광고PR을 제작하는 데 있어서 진정성을 극대화하기 위해 [표 5-2]와 같은 요소들을 확인해 볼 필요가 있다.

[표 5-2] 진정성을 극대화한 AI 광고PR 제작을 위한 가이드라인

진정성 "AI가 제공하는 정보와 광고PR 메시지는 소비자에게 신뢰를 주고, 진정성 있는 커뮤니케이션이 이루어지고 있는가?"
AI가 제공하는 정보가 정확하고, 제품이나 서비스의 핵심을 잘 전달하는가?
AI 모델이 소비자와의 **대화**에서 진정성을 느끼게 하는가? (과장된 표현을 피하고, 솔직한 어조를 사용하는가?)
광고PR 메시지에서 AI의 역할이 제품 또는 브랜드의 가치를 소비자에게 정직하게 전달하는가?
투명한 정보 제공을 통해 소비자가 AI의 메시지를 신뢰할 수 있는가?

3) 전문성: AI가 올바른 정보를 전달해 줄 것이라는 믿음

전통적인 광고PR에서 전문성은 앞서 언급한 광고PR 정보원 특성들과 같이 중요한 요소로 고려되었다. 하지만, 인터넷을 기반으로 하는 미디어 환경에서 인플루언서와 같은 정보원들이 관심을 받게 되면서 전문성이 지니고 있는 영향력이 감소하거나 의미 없는 상황(Klaus & Walter, 2021)이 되면서 전문성에 대한 관심은 이전보다 많이 줄어들었다.

하지만, 앞서 언급한대로 AI 기술은 인간과 유사한(일반적인 AI) 또는 인간을 능가하는(초능력적인 AI) 모습으로 발전하면서 전문가 수준의 정보를 제공하는 수준으로 발전하면서 AI의 특성으로 전문성을 고려해볼 필요가 있다. 전문성은 신문과 TV와 같은 전통적인 매체에서 전문가 모델을 이용하는 주요 원인이었다. 전문성은 개념적으로 광고PR 모델과 같은 정보원이 올바른 혹은 신뢰할 만한 정보를 전달할 수 있는 능력이 있다고 인식되는 정도(McCracken, 1989)로 정의되고 있다. 이는 전문성

은 올바른 정보를 전달하는 것이 아니라 올바른 정보를 전달해 준다고 믿는 정도를 의미하기 때문에 정보 자체에 대한 정확성보다는 정보를 전달하는 사람(사물)에 대한 믿음 정도로 이해할 수 있다. 전문성은 얼마나 올바른 정보를 전달해 주었는지 혹은 올바른 정보 교환의 경험이 축적되면서 높아질 수 있을 것이다. 예를 들면, 전 세계적으로 정보 검색 사이트로 가장 많이 사용되는 구글이 한국 사회에서 네이버에 밀리는 이유는 여러 가지가 있겠지만, 네이버와 정보 교환의 경험이 축적되면서 검색 정보에 대한 전문성을 인정하게 된 이유도 있을 것이다.

이처럼 특정 정보원의 정보가 올바르다고 믿게 되면 그 정보원에 대한 전문성이 높아질 것이다. 이렇게 높아진 전문성은 정보원에 대한 신뢰성도 높아지게 되어서 부가적인 효과를 불러일으킬 수 있기 때문에 AI 정보원의 전문성을 고려해야 할 것이다.

이러한 AI의 전문성을 높이기 위해서는 1차적으로는 올바른 정보를 전달하는 것이 중요할 것이고, 2차적으로는 그러한 올바른 정보를 교환하는 경험을 쌓아가야 할 것이다. 예를 들면, AI chatbot 서비스 중에서 젊은 세대에게 많은 관심을 받고 있는 것으로 심리상담가(Psychologist) 서비스(기능)이 있다. 이 AI 서비스는 100만명 이상이 활용한 정도로 인기가 많은데, 인기가 많은 여러 가지 이유가 있겠지만 공감 가는(올바른) 정보의 교환이 축적되면서 이 서비스에 대한 신뢰가 높아지고 있다. 마찬가지로 AI 정보원에서도 단기적인 전문성 확보를 추구하기보다는 장기적인 노력이 필요할 것이다. 물론, 장기적인 노력에는 많은 시간적, 재정적 지원이 필요하기에 말처럼 쉬운 것은 아니다. AI 정보원의 전문성을 생각하면서 추가적으로 고려할 것이 전문성의 범주이다. 예를 들면, 전통적인 광고에서 전문성은 광고 모델의 전문이지만, AI의 전문성은 AI 자체의 전문성뿐만 아니라 AI를 운영하는 조직(회사, 정부조직 등)의 전문성도 고려될 수 있다(박진우, 2022). 따라서, 전문성을 높이는 방안에 대해서 고려해야 할 범주가 넓어질 수도 있다.

이러한 어려움 때문에 전문성을 포기하는 것도 쉽지는 않을 것이다. AI 기술이 발전되면서 소비자들의 기대도 높아지고 있으며, 또한 기술의 발전과 같이 오는 AI의 어두운 그림자(예, 가짜뉴스 등)로 인해서 소비자들이 AI가 올바른 정보를 전달하지 않을 수도 있다는 믿음도 증가하고 있다. 따라서, AI가 전달하는 정보에 대한 진위 여부에 대한 의심도 증가하여 사람들은 AI에게 '왜' 그러한 판단 또는 제안을 하게 되었는지에 대한 근거를 확인하기를 원하게 되었다(최다은, 2023). 이러한 환경적 변화는 AI를 이용한 광고PR 메시지의 정보원에게 믿을 만한 정보를 전달해 줄 수 있는 능력으로서 전문성을 더욱 요구하고 있다.

이와 같은 내용들을 정리하면, AI를 이용하여 광고PR을 제작하는 데 있어서 전문성을 극대화하기 위해서는 [표 5-3]과 같은 요소들을 확인해 볼 필요가 있다.

[표 5-3] 전문성을 극대화한 AI 광고PR 제작을 위한 가이드라인

전문성 "AI는 광고PR에서 전문적이고 정확한 정보를 제공하며, 소비자가 신뢰할 수 있는 전문가처럼 행동하는가?"
AI가 **제공하는 제품 설명**이나 서비스 안내가 신뢰할 수 있는 전문가 수준으로 정확한가?
소비자가 AI의 **제품 또는 서비스 추천**을 신뢰할 수 있는지, 충분한 정보와 논리적 근거를 제시하고 있는가?
AI가 제품 또는 서비스에 대해 즉각적이고 구체적인 정보를 제공할 수 있는가?
AI가 **트렌드와 시장 동향**에 맞는 최신 정보를 제공하고 있는가?

4) 개인화: 소비자가 원하는 것을 아는 맞춤형 메시지

디지털화가 진행됨에 따라, AI는 광고PR 콘텐츠 개인화의 핵심 도구로 자리잡았다. AI는 소비자의 행동 패턴, 취향, 관심사 등을 실시간으

로 분석하고, 맞춤형 광고 콘텐츠를 생성하는 데 필수적이며, 나아가 대규모 데이터를 실시간으로 분석하여 특정 타깃 및 개인의 선호도를 예측하고, 이에 적합한 콘텐츠 또는 메시지를 제시할 수 있다(Bashynska, 2024; 진홍근 · 김민정, 2021).

[그림 5-10] 미국 공화당 전국위원회의 AI 캠페인: 바이든 대통령의 2024년 재선 공식 발표 직후, 100% AI로 생성된 광고 캠페인

예를 들어, 2016년 미국 대선에서 힐러리 클린턴과 도널드 트럼프 모두 AI를 활용해 유권자 데이터(예: 인구통계, 소셜 미디어 활동, 검색엔진 기록 등)을 분석하고, 유권자 그룹을 겨냥한 맞춤형 광고를 제공함으로써 유권자 참여를 극대화하고, 각 캠페인이 주요 쟁점에 대한 메시지를 분명하게 전달하는 데 활용했다. 또한, 2024년 대선을 준비하는 과정에서 공화당 전국위원회(RNC)는 조 바이든 대통령의 재선 발표에 대응하여 AI가 생성한 비디오를 즉시 공개했다(그림 5-10). 이 광고는 바이든이 재선될 경우 벌어질 수 있는 가상의 디스토피아적 시나리오를 묘사하며, 유권자들의 두려움을 자극하기 위해 설계되었다. 이 비디오는 100% AI를 활용해 생성되었으며, 전통적인 광고 제작 과정보다 훨씬 더

효율적으로 반응할 수 있게 했다. AI는 다양한 정치 캠페인에서 마이크로 타깃팅을 통해 유권자 데이터를 실시간으로 분석하고, 그 결과를 기반으로 특정 정책이나 후보에 대한 유권자의 입장을 설득하는데, 이러한 기술은 특히 격차가 적은 선거에서 결정적인 역할을 할 수 있다.

또 다른 예로, 스포티파이의 "Discover Weekly" 캠페인은 AI를 활용한 개인화된 광고 콘텐츠 제작의 대표적인 사례로 꼽힌다(그림 5-11). 이 캠페인은 사용자의 청취 습관을 분석하여 맞춤형 플레이리스트를 제공하며, AI가 사용자의 음악 취향을 예측해 그에 맞는 곡들을 자동으로 추천한다. 이를 통해 스포티파이는 높은 사용자 참여율과 만족도를 이끌어내며, AI 알고리즘을 통해 개인화된 음악 경험을 제공함으로써, 전통적인 광고 방식보다 소비자와의 정서적 유대감을 더욱 효과적으로 형성하고 있다.

이처럼 AI는 대규모 타깃을 개인화된 방식으로 지속적이고 정서적으로 설득할 수 있는 능력을 가지고 있다. AI 기반 설득은 매우 정교하게 작동하여 사용자가 자신이 설득되고 있다는 사실을 인식하지 못하게 만들 수 있기 때문이다. 이를테면, AI 인플루언서가 소비자와의 대화 과정에서 자연스럽게 제품을 추천하는 방식은 기존의 명시적인 제품 광고보다 더 높은 신뢰도와 수용성을 불러일으킬 가능성이 크다. 따라서, AI가 주도하는 광고PR 콘텐츠의 개인화는 방대한 데이터 분석을 통해 전통적인 광고PR 전략의 상호작용성에서 벗어나, 새로운 차원의 설득 방식을 제공한다. 이러한 변화는 소비자와 브랜드 간의 정서적 유대감을 강화하고, 고객 충성도를 높이는 결과를 가져온다.

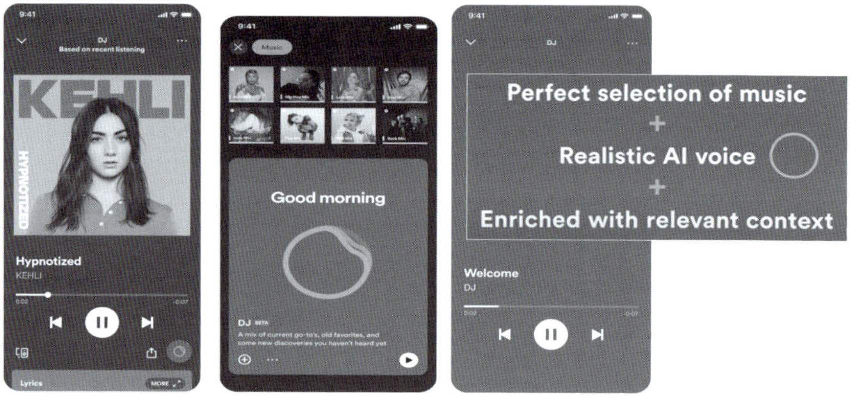

[그림 5-11] 음악 스트리밍 서비스, 스포티파이의 NEW AI DJ 앱 광고

[표 5-4] 개인화를 극대화한 AI 광고PR 제작을 위한 가이드라인

개인화 "AI는 소비자의 행동 데이터를 기반으로 개인 맞춤형 광고PR을 제공하며, 소비자마다 다르게 반응하는가?"
소비자의 이전 구매 이력, 관심사, 행동 패턴을 분석하여 AI가 맞춤형 콘텐츠를 제공하는가?
소비자의 **실시간 반응**에 따라 AI가 제안하는 광고PR 메시지를 적절히 조정할 수 있는가?
개인화된 **추천 제품**이나 서비스가 소비자의 현재 상황, 필요, 관심사에 부합하는가?
AI와의 상호작용 경험이 소비자마다 다르게 맞춤화되어 있는가?

5) AI 모델-제품 일치성: 제품을 연상하게 하는 AI

광고PR 제작에서 AI의 도입은 광고 콘텐츠 전략의 새로운 방향을 제시하고 있다. 과거에는 주로 유명인이나 인플루언서가 브랜드를 대표하는 역할을 맡았으나, AI 모델의 등장으로 광고의 주체가 변화하고 있다. 이 과정에서 '일치성(Congruence)'이라는 개념이 중요한 역할을 하게 되었으며, 이는 AI 모델과 제품 간의 적합성을 평가하는 핵심 요소로 자리잡았다(Dhanesh & Duthler, 2019). AI 모델과 제품 간의 일치성은 AI

모델이 전달하는 메시지나 브랜드 이미지가 제품과 얼마나 잘 맞아떨어지는지를 의미한다(Till & Busler, 2000). 이러한 일치성은 소비자가 AI 모델과 제품 간의 연결고리를 얼마나 자연스럽게 받아들이는지에 따라 극대화될 수 있다. 예를 들어, 건강 보조제를 홍보하는 AI 모델이 건강과 관련된 데이터를 기반으로 메시지를 전달할 때, 이 일치성은 소비자에게 더 강하게 전달될 수 있다. 전통적인 인터랙티브 광고에서는 주로 실제 광고 모델과 제품 간의 일치성에 주목했다면, AI 기반 광고에서는 AI 모델과 제품 사이의 일치성 인식을 강조한다는 점이 가장 쉽게 드러나는 차이점이다. 특히, AI 모델은 기계 학습과 빅데이터 분석을 통해 소비자와의 상호작용을 지속적으로, 실시간으로 개선함으로써, 제품과의 일치성을 꾸준히 강화할 수 있다는 점에서 연예인 모델이나 유명인 인플루언서와 차별화된다.

이 일치성은 소비자가 AI 모델과 제품 간의 관계를 인식하는 방식과 이로 인해 형성되는 태도와 행동을 설명하는 이론적 틀에 근거하여 더 자세히 논의될 수 있다. 이러한 과정은 주로 인지부조화 이론(Cognitive Dissonance Theory), 일관성 이론(Consistency Theory), 일치성 이론(Congruity Theory)과 같은 심리학적 이론을 기반으로 설명될 수 있다. 인지부조화 이론은 개인이 두 가지 상충되는 인지(생각, 태도, 신념)를 경험할 때 불편함을 느끼고, 이를 줄이기 위해 인지나 행동을 변화시키려는 경향이 있다는 것을 설명한다(Festinger, 1957). AI 기반 광고에서 AI 모델과 제품 간의 일치성이 높을 때, 소비자는 이러한 일치성에 따라 긍정적인 인식을 형성할 가능성이 크다. 반대로, 일치성이 낮을 경우 소비자는 인지부조화를 경험할 수 있으며, 이는 제품에 대한 부정적인 태도를 유발할 수 있다. 이와 같은 일치성은 소비자 인식의 조화를 이루고, 긍정적인 브랜드 태도를 형성하는 데 중요한 역할을 한다.

일관성 이론은 사람들이 자신의 신념, 태도, 행동 간에 일관성을 유지하려는 경향이 있다는 이론이다(Heider, 1946). 이 이론에 따르면, AI 모델과 제품 간의 일치성이 높을 때, 소비자는 해당 광고 메시지를 더 일관되게 받아들이며, 이에 따라 긍정적인 브랜드 태도, 광고의 설득력, 메시지 전달 효과를 높이는 데 긍정적으로 작용한다. 일치성 이론은 사람들의 인지적 경험에서 서로 일치하는 정보가 부합하지 않는 정보보다 더 쉽게 기억되고, 긍정적으로 평가된다는 것을 설명한다(Osgood & Tannenbaum, 1955). AI 모델과 제품 간의 일치성은 광고 메시지의 설득력을 높이는 데 중요한 요소로 작용한다. 이 이론에 따르면, 소비자는 일치성이 높은 광고를 더 긍정적으로 평가하고, 해당 제품에 대한 태도 역시 긍정적으로 변화할 가능성이 크다. 예를 들어, AI 모델이 패션 분야에 정통하다는 사실이 잠재 고객들에게 충분히 인식되고, 패션 제품과의 일치성이 소비자로부터 확인된다면, 긍정적인 제품 태도와 행동을 예측할 수 있을 것이다. 대표적인 가상 인플루언서 사례로 미국 LA에 본사를 둔 엔터테인먼트 회사 Brud에서 개발하고 관리하는 릴 미켈라(Lil Miquela)를 들 수 있다. 공식적으로 브라질계 미국인 모델이자 가수, 그리고 소셜 미디어 인플루언서로 활동하는 가상의 캐릭터로, 그녀는 소셜 미디어와 패션 분야에서 주로 활동하며, 2023년 추정 연간 수익이 최대 1,200만 달러로 추산된다(SM Solution, n.d.). 또한, 패션 브랜드와 협력한 스폰서 게시물 한 건당 6,000에서 9,000달러의 수익을 올리고 있는 것으로 알려져 있다. [그림 5-12]는 릴 미켈라의 인스타그램에서 글로벌 패션 브랜드와의 협업을 보여주는 스폰서 게시물들을 나타낸다.

[그림 5-12] AI 모델과 제품 간 일치성의 성공 사례, 릴 미켈라

이와 같은 내용들을 정리하면, AI를 이용하여 광고PR을 제작하는 데 있어서 AI 모델-제품 일치성을 극대화하기 위해서는 [표 5-5]와 같은 요소들을 확인해 볼 필요가 있다.

[표 5-5] AI 모델-제품 일치성을 극대화한 AI 광고PR 제작을 위한 가이드라인

AI 모델-제품 일치성 "광고PR에서 사용된 AI 모델은 광고PR하는 제품 또는 서비스의 특성과 일관되게 설계되어 있으며, AI의 특성이 제품의 메시지를 강화하는가?"
AI 모델이 광고PR하는 **제품의 특성**과 일치하도록 설계되었는가? (예: 테크놀로지 제품 광고에 사용된 AI가 해당 제품의 혁신적 이미지를 강화하는가?)
AI가 **광고PR 메시지**와 제품의 **핵심 기능**을 자연스럽게 연결하여 전달하고 있는가?
AI 모델의 **외형, 목소리, 행동**이 광고하는 제품 또는 서비스의 타깃 고객층에 부합하는가?
AI가 광고PR하는 제품의 **브랜드 이미지**를 강화하는 방향으로 활용되고 있는가?

3. Challenges: AI를 이용한 광고PR 제작에서 생각할 거리들

앞에서 언급한 정보원과 메시지적 특성들을 잘 활용한다면, AI를 이용한 광고PR 메시지를 기획, 제작하는데 많은 도움을 얻을 수 있을 것이다. 하지만, 이러한 특성들을 활용하는 데 있어서 좀 더 고민해야 하는 고민거리들이 있어서 정리해 보고자 한다.

첫 번째로, 불쾌한 골짜기 이론에서 사람들은 AI 정보원이 자신들과 유사하지 않거나 얼핏 유사하면 불쾌한 감정이 드는 것으로 나타났다. 그래서 AI를 이용한 광고PR 메시지에서 불쾌한 골짜기를 피하기 위해서 AI 정보원과 사람의 유사성을 높이기 위해서 노력하고 있다. 하지만, 때로는 이러한 노력이 과유불급이 되는 경우도 있다. 예를 들면, 영화 슈퍼소닉2의 개봉을 앞두고 주인공 소닉의 모습이 공개되었다. 기술의 발달로 인해 소닉은 이전의 모습과 달리 인간과 매우 유사한 외모를 보였다. 하지만 사람들은 인간과 매우 유사한 소닉의 외모에 불쾌한 감정이 생겨서 소닉의 외모를 수정할 것을 요구하였고, 최종적으로 소닉의 외모는 수정되었다. 또한, 한국관광공사에서 제작한 홍보 모델 여리지의 경우에 특정 연예인과 외모가 비슷하다는 이슈가 초상권 문제가 발생하여 논란이 되었다. 이러한 사례들은 기술의 발달로 인한 AI 정보원

[그림 5-13] 수퍼 소닉2의 외모 변화 전, 후(왼쪽), 한국관광공사 여리지(오른쪽)

의 인간 따라하기는 오히려 기술적인 발전에 대한 찬사를 받기보다는 불쾌함의 역효과가 발생할 수 있음을 고려해야 할 것이다.

두 번째로, 소비자들 전반적인 감정이나 신념 등과 같은 맥락적 의미(contextual meaning)에 대한 충분한 이해가 없는 광고PR 메시지는 소비자들의 외면이나 저항을 받을 수 있다. 예를 들어, 애플은 아이패드 신제품을 출시하면서 새로운 광고를 선보였다. 이 광고에서 애플은 새롭게 출시하는 아이패드가 소비자들에게 가져다줄 변화로 소비자들이 가지고 있는 아날로그 감성을 파괴하고 새롭게 등장하는 디지털 감성으로 아이패드를 표현하였다. 애플은 이전의 광고들과 마찬가지로 애플 제품이 가져다주는 혁신에 초점을 두었고, 팀 쿡(애플 CEO)도 자신의 X 계정에서 얇은 아이패드의 혁신성을 강조하였다. 하지만, 소비자들은 애플 제품의 혁신성보다는 광고에서 표현하는 기존의 아닐로그 감성의 파괴에 집중하여 광고에 대한 불쾌감이 발생하였다. 이처럼, AI 기술을 표현하는 데 있어서 기존의 소비자들이 지니고 있는 제품이나 상황에 대한 맥락적 의미에 대한 충분한 이해 없이 제품에 또는 AI에 집중하는 광고PR 메시지는 소비자들의 저항에 부딪힐 수 있다.

[그림 5-14] 논란거리가 된 애플 광고(왼쪽), 제품 출시에 대한 애플 CEO의 X 계정 메시지(오른쪽)

마지막으로, 소비자 정보에 기반해서 소비자들에게 맞춤형 메시지를 제공하는 것에 대해서 개인 정보 활용의 프라이버시 이슈가 발생할 가능성이 있다. 빅데이터 분석을 이용한 맞춤형 메시지는 소비자들이 제품에 대한 많은 정보를 분석해야 하는 물리적 노력을 줄이고 편리한 선택을 할 수 있게 도움을 준다는 측면이 강조되어 왔다. 하지만, 이러한 편리성 뒤편에는 무분별하게 소비자들의 개인 정보를 활용하고 있다는 것에 대한 문제 제기가 등장하고 있다. 또한, 소비자들에게 맞춤형 정보를 제공하는 것이 오히려 소비자들의 선택권을 제한한다는 측면에 대한 문제 제기도 등장하고 있다. 즉, 맞춤형 메시지는 소비자들에게 선택의 편리성을 보장해 주지만, 맞춤형 메시지에 포함되지 않는 정보에 대한 접근권을 제약하고 있다는 것이다. 더불어 기업에서 선정한 타깃 소비자에 포함되지 않을 경우에는 아예 관계없는 정보에 노출되는 또는 정보에 접근할 수 없는 차별이 발생할 수 있다는 것이다. 이러한 문제들에 대한 문제제기에 대해서 충분한 고려 없이 광고PR 메시지를 제작하게 된다면 생각하지 못한 소비자들의 저항에 부딪히게 될 것이기에 광고PR 메시지를 제작하는 데 있어서 충분한 고려가 필요하다.

참고문헌

김소영, 조창환 (2016). 광고 정보원의 진정성의 효과 연구: 유명인의 인스타그램 광고 메시지를 중심으로. **광고연구, 110**, 84-119.

박진우 (2022). 가상 인플루언서의 속성과 모방의도, 이용의도의 관계에 관한 연구. *The Journal of the Convergence on Culture Technology(JCCT), 8*(3), 245-251.

위키피디아 (2017). By FriedC - File:Mori_Uncanny_Valley.svg by Smurrayinchester, CC BY-SA 3.0, https://commons.wikimedia.org/w/index.php?curid=18302857

진홍금, 김민정 (2021). AI기반 디지털 광고효과 연구: 맞춤화광고와 개인화광고를 중심으로. **한국융합학회논문지, 12**(8), 115-122.

최다은 (2023.02.17). "왜 이런 결과가 나온 거야?"…'설명 가능한 AI' 뜬다. 한국경제. https://www.hankyung.com/article/202302132164i

Bashynska, I. (2023). AI-driven personalization in advertising: Transforming consumer engagement through sustainability and circular economy. *Scientific Journal of Bielsko-Biala School of Finance and Law, 27*(4), 106-112.

Dhanesh, G. S., & Duthler, G. (2019). Relationship management through social media influencers: Effects of followers' awareness of paid endorsement. *Public Relations Review, 45*(3), 101765.

Epley, N. (2018). A mind like mine: The exceptionally ordinary underpinnings of anthropomorphism. *Journal of the Association for Consumer Research, 3*(4), 591-598.

Epley, N., Waytz, A., & Cacioppo, J. T. (2007). On seeing human: A three-factor theory of anthropomorphism. *Psychological Review, 114*(4), 864-886.

Festinger, L. (1957). Social comparison theory. *Selective Exposure Theory, 16*, 401.

Gao, B., Wang, Y., Xie, H., Hu, Y., & Hu, Y. (2023). Artificial intelligence in advertising: Advancements, challenges, and ethical considerations in targeting, personalization, content creation, and ad optimization. *Sage Open, 13*(4), 1-20.

Gursoy, D., Chi, O. H., Lu, L., & Nunkoo, R. (2019). Consumers acceptance of artificially intelligent (AI) device use in service delivery. *International Journal of Information Management, 49*, 157-169.

Häglund, E., & & Björklund, J. (2024). AI-driven contextual advertising: Toward relevant messaging without personal data. *Journal of Current Issues & Research in Advertising*, 1-19.

Heider, F. (1946). Attitudes and cognitive organization. *The Journal of Psychology, 21*(1), 107-112.

Klaus-peter, W., & Walter von M. (2021). Attractiveness, trustworthiness and expertise-social influencers' winning formula? *Journal of Product & Brand Management, 35*(5), 707-725.

Lil Miquela does not exist. She just made $12 million. (n.d.). SM Solution. *Retrived August, 15*, 2024, from https://businessesgrow.com/2020/11/25/lil-miquela/

McCracken, G. (1989). Who Is the celebrity endorser? Cultural roundations of the endorsement process. *Journal of Consumer Research, 16*(3), 310-321.

Mori, M. (1970). *The uncanny valley: The original essay by Masahiro Mori*. IEEE Spectrum.

Novak, T. P., & Hoffman, D. L. (2019). Relationship journeys in the internet of things: A new framework for understanding interactions between consumers and smart objects. *Journal of the Academy of Marketing Science, 47*(2), 216–237.

Ohanian, R. (1991). The impact of celebrity spokespersons' perceived image on consumers' intention to purchase. *Journal of Advertising Research, 31*(1), 46–54.

Osgood, C. E., & Tannenbaum, P. H. (1955). The principle of congruity in the prediction of attitude change. *Psychological Review, 62*(1), 42.

Rodgers, S. (2021). Themed issue introduction: Promises and perils of artificial intelligence and advertsing. *Journal of Advertising, 50*(1), 1–10.

Rosenthal-von der Putten, A. M., Kramer, N. C., Maderwald, S., Brand, M., Grabenhorst, F. (2019). Neural mechanisms for accepting and rejecting artificial social partners in the uncanny valley. *The Journal of Neuroscience, 39*(33), 6555–6570.

Schweitzer, F., Belk, R., Jordan, W., & Ortner, M. (2019). Servant, friend or master? The relationships users build with voice-controlled smart devices. *Journal of Marketing Management, 35*(7–8), 693–715.

Till, B. D., & Busler, M. (2000). The match-up hypothesis: Physical attractiveness, expertise, and the role of fit on brand attitude, purchase intent and brand beliefs. *Journal of Advertising, 29*(3), 1–13.

chapter

06

AI가 바꾸는 광고PR 미디어 전략

▸▸▸ 김나경
(SM C&C 광고사업부 국장)

디지털 트랜스포메이션(Digital Transformation)의 시대에 인공지능(AI)은 광고 산업 전반에 막대한 영향을 미치고 있다. AI는 광고 미디어 분야에서 데이터 분석, 예측 모델링, 개인화 타깃팅, 실시간 최적화 등 다양한 혁신을 주도하며, 전통적인 미디어 전략에 근본적인 변화를 가져오고 있다. 특히, 최근 AI 기술의 급격한 발전은 광고주와 미디어 플래너에게 더욱 정교하고 효율적인 미디어 전략 수립의 기회를 제공하며, 데이터 기반 의사결정을 새로운 차원으로 끌어올렸다. AI 기반 미디어 전략은 개인화 타깃팅, 소비자 행동의 실시간 예측, 광고 효과의 자동화된 최적화 및 예측을 통해 전통적인 미디어 전략 접근 방식을 혁신하고 있다. 이러한 변화는 광고주의 ROI를 극대화하고, 미디어 전략의 패러다임을 근본적으로 변화시키고 있다. 이 장에서는 AI 기반 최신 미디어 전략의 트렌드와 주요 이슈를 조명하며, AI가 광고 미디어 산업에 미치는 영향을 깊이 있게 살펴보고자 한다.

1. AI와 미디어 전략의 혁신

1) 미디어 전략의 진화와 AI의 역할

미디어 전략(Media Planning)은 광고 메시지를 전달하기 위한 최적의 미디어 채널과 타이밍을 결정하는 과정으로, 이는 광고주가 예산과 효과를 최적화하고, 타깃 청중에게 가장 효과적으로 도달할 수 있는 전략을 수립하는 데 중요한 역할을 한다(Kotler & Keller, 2016). 전통적인 미디어 전략은 과거의 경험과 직관, 그리고 제한된 데이터 분석에 의존해 왔다. 그러나 AI는 미디어 전략에 혁신을 가져오며 데이터를 활용한 예측과 실시간 분석을 가능하게 하고 있다.

미디어 전략은 기업의 마케팅 전략에서 매우 중요한 위치를 차지하며, AI의 도입으로 그 중요성이 더욱 부각되고 있다. AI는 광고주의 목표와 소비자 행동 패턴을 일치시키기 위해 대량의 데이터를 실시간으로 분석하고, 그 결과를 바탕으로 최적의 미디어 전략을 제시한다. 이 과정에서 AI는 과거의 데이터를 학습하고, 이를 바탕으로 미래의 소비자 행동과 최적의 미디어 믹스를 도출하는 역할을 한다. AI의 도입으로 미디어 전략은 단순히 미디어 채널과 타이밍을 선택하는 것을 넘어, 소비자 행동의 세부적인 패턴을 예측하고, 이 예측을 바탕으로 최적의 광고 전략을 수립하는 복잡한 과정으로 진화했다. 이러한 변화는 AI가 제공하는 강력한 데이터 처리 능력과 예측 모델링 덕분에 가능해졌으며, AI는 대량의 데이터를 실시간으로 분석하여 광고 캠페인의 성공 가능성을 예측하고, 필요한 경우 즉각적으로 전략을 조정할 수 있는 능력을 제공한다.

AI 기반 미디어 전략의 성공적인 실행은 다양한 요소에 의해 결정된다. 그 중에서도 가장 중요한 요소는 데이터의 정확성과 그 분석 방법이다. AI는 다양한 출처에서 수집된 데이터를 통합하고, 이를 분석하여 소비자의 행동 패턴과 시장 동향을 파악한다. 이 과정에서 사용되는 주요 기술로는 머신 러닝, 자연어 처리(NLP), 딥러닝 등이 있다. 이러한 기술들은 각각의 데이터 분석 과정을 최적화하며, 광고주의 목표에 부합하는 전략을 도출하는 데 중요한 역할을 하고 있다. 미디어 전략 과정에서 AI는 다양한 데이터를 수집하고 분석함으로써 광고 캠페인의 성과를 극대화하는 데 기여한다. AI는 예측 모델을 사용하여 광고 캠페인의 성공 가능성을 평가하고, 이 모델은 과거의 데이터를 기반으로 현재와 미래의 소비자 행동을 예측하며, 이를 통해 광고 전략을 최적화할 수 있다 (Chowdhury, Basu, Ashoka & Singh, 2024; Kumar, Ashraf, & Nadeem,

2024). AI의 미디어 전략의 도입으로 인한 변화는 광고주의 광고의 효과와 효율을 크게 향상시키고 있으며, 광고업계에서는 AI 기반의 플랫폼 솔루션을 도입하여 미디어 전략에 대한 경쟁력을 높이고 있다.

[표 6-1] AI 기반 미디어 전략과 전통적 미디어 전략 비교

구분	전통적 미디어 전략	AI 기반 미디어 전략
데이터 분석	과거 데이터 및 전문가의 경험에 의존	실시간 데이터 분석, 예측 분석
타깃팅	대규모 타깃팅	정교한 개인화된 타깃팅
캠페인 최적화	수동적 조정	자동화된 실시간 최적화
광고 모니터링	사후 분석(Post-buy)	실시간 모니터링 및 즉각 조정
예산 효율성	예산 배분의 정확성에 한계	AI 활용한 최적화된 예산 관리

2) AI 기반 미디어 전략의 주요 요소

AI는 광고 미디어 전략의 다양한 요소에서 혁신을 이끌고 있다. 여기에는 데이터 분석, 예측 모델링, 개인화 타깃팅, 실시간 최적화, 광고 콘텐츠 자동 생성 및 보고서 작성 등이 포함된다. AI 기반 미디어 전략의 주요 요소는 다음과 같다.

(1) 데이터 분석

AI 기술은 소비자의 행동 데이터, 소셜 미디어 활동, 검색 기록, 구매 이력 등을 실시간으로 분석하여 광고주가 시장 변화를 신속하게 파악할 수 있도록 돕는다(Gentsch, 2018). 이를 통해 광고주는 시장 변화에 민첩하게 대응하고, 미디어 전략을 지속적으로 최적화할 수 있는 기초를 마련하게 된다. 데이터 분석은 AI의 핵심 기능 중 하나로, 다양한 출처에서 수집된 데이터를 통합하여 유의미한 인사이트를 도출하고, 이전

캠페인의 성과를 분석하여 성공적인 패턴을 파악하는 데 유용하다. 이러한 분석은 미디어 전략의 정교화를 가능하게 하며, 소비자의 실제 행동에 기반한 전략 수립을 도와준다.

(2) 예측 모델링

과거 데이터를 바탕으로 한 AI의 예측 모델링은 미래의 소비자 행동을 예측하는 데 중요한 역할을 한다. 이러한 모델링은 광고주가 향후 소비자 행동을 미리 파악하고, 그에 맞춘 타깃팅 전략을 사전에 준비할 수 있도록 지원한다(Kumar et al., 2024). 예측 모델링은 특히 변화가 빠른 시장 환경에서 광고주의 경쟁력을 유지하는 데 필수적이다. 머신 러닝(Machine Learning) 기술을 기반으로 한 이 모델링은 데이터 패턴을 인식하고, 이를 바탕으로 미래의 트렌드를 예측하는 능력을 제공한다.

(3) 개인화 타깃팅

소비자의 세부적인 행동 데이터를 분석하여 각 개인에게 맞춤형 광고를 제공하는 능력도 AI의 중요한 기능 중 하나이다. 개인화된 타깃팅은 광고 효과를 극대화하고, ROI를 향상시키는 데 중요한 역할을 한다. 이 과정에서 AI는 소비자의 관심사, 선호도, 검색 패턴 등을 분석하여 그에 맞는 광고를 제공함으로써 광고주의 예산을 보다 효율적으로 사용하게 하고, 소비자의 광고 수용성을 높이는 데 기여한다(Kotler & Keller, 2016). 개인화된 타깃팅은 소비자에게 맞춤형 경험을 제공하는 데 필수적이다.

(4) 실시간 최적화

미디어 전략에서는 AI가 광고 캠페인의 성과를 실시간으로 모니터링하고, 필요시 즉각적으로 전략을 조정할 수 있는 능력을 제공한다. 이러한 실시간 최적화는 광고 캠페인의 효율성을 크게 향상시키며, 예산을 보다 효과적으로 활용할 수 있게 한다(Chaffey & Ellis, 2020; Jorge & Sandrina, 2023). 광고주가 설정한 목표에 따라 AI는 광고의 노출 빈도, 타이밍, 타깃팅 전략 등을 자동으로 조정하며, 시장의 변화에 신속히 대응하고, 예기치 않은 상황에서도 광고 성과를 극대화할 수 있도록 지원한다.

(5) 광고 콘텐츠 자동 생성 및 보고서 작성

AI는 광고 콘텐츠 제작 과정에서도 혁신을 주도하고 있다. 자동화된 이미지 생성, 동영상 편집, 카피라이팅 등의 기능을 통해 디지털 미디어에서 중요한 역할을 수행한다. AI 도구는 데이터 분석을 통해 특정 타깃 그룹에 효과적인 콘텐츠를 예측하고, 이를 바탕으로 크리에이티브 전략을 조정할 수 있다. 개인 맞춤형 콘텐츠 추천 및 디지털 퍼포먼스 마케팅에서 실시간으로 소비자의 반응을 극대화할 수 있으며, AI 기반 솔루션을 통해 데이터 시각화, 미디어별 광고 집행 모니터링, 사후 분석 보고서, 경쟁사 분석 등을 자동화하여 기존의 보고서 작성 프로세스와 작업 시간을 크게 개선함으로써 효율성을 높여준다.

AI 기술은 미디어 전략의 발전을 가속화하고 있다. AI는 실시간 데이터를 활용하여 소비자 행동을 예측하고, 최적의 광고 전략을 수립하는 데 필수적인 도구로 자리 잡고 있다. AI 기반 시스템은 미디어 전략을 정교하게 만들어 광고 캠페인의 성공 가능성을 높이는 데 중요한 역할을 한다. 또한, AI는 빠르게 변화하는 시장에 대응할 수 있도록 지원하며, 멀티채널 통합 분석 플랫폼을 통해 각 채널에서의 광고 성과를 종합적으로 평가하고 최적의 전략을 수립할 수 있게 한다. 이러한 접근은 광고 캠페인의 일관성을 유지하면서도, 각 채널에 맞춤화된 전략을 제공할 수 있는 장점을 제공한다. AI를 활용한 미디어 전략의 주요 기능과 역할을 [표 6-2]에 정리하였다.

[표 6-2] AI를 활용한 미디어 전략의 주요 기능과 역할

AI 기능	주요 기능 및 역할	Reference
데이터 분석	• 소비자 행동, 소셜 미디어, 구매 이력 등을 실시간 분석 • 시장 변화 빠른 대응 및 미디어 전략 최적화	Gentsch (2018)
예측 모델링	• 과거 데이터 기반, 미래 소비자 행동 및 광고 효과 예측 • 타깃팅 전략 및 예상 효과 사전 지원	Kumar et al. (2024)
개인화 타깃팅	• 소비자의 관심사와 선호도 분석을 통해, 개인 맞춤형 광고 지원 • 광고주의 광고 효과 및 ROI 극대화	Kotler & Keller (2016)
실시간 최적화	• 광고 캠페인 성과의 실시간 모니터링 및 관리 • 매체 운영 효율성 극대화 및 시장 변화에 신속 대응	Chaffey & Ellis (2020)
콘텐츠/보고서 자동생성	• AI를 활용해 광고 콘텐츠 제작과 데이터 시각화 및 미디어 보고서 자동화로 업무 효율성 증대	Jorge & Sandrina (2023)

2. 데이터 기반의 의사결정과 타깃팅 정교화

1) 데이터 기반 미디어 전략 의사결정

미디어 전략에서 중요한 역할을 하는 AI는 방대한 데이터를 실시간으로 분석해 광고주가 보다 나은 의사결정을 내릴 수 있도록 돕는다(Gentsch, 2018). 소비자의 검색 기록, 소셜 미디어 활동, 온라인 쇼핑 패턴, 구매 이력 등을 분석함으로써 AI는 소비자의 관심사와 구매 의도를 정확하게 파악하고, 이를 통해 타깃팅을 더욱 정교하게 수행할 수 있게 한다.

AI를 활용한 데이터 기반 의사결정은 미디어 전략의 정밀도를 높이는 데 크게 기여한다. 다양한 데이터 소스를 결합하여 심도 있는 인사이트를 도출하고, 소비자 행동을 예측하며, 전략을 최적화하는 데 중요한 역할을 한다. 예를 들어, 소셜 미디어에서의 소비자 의견과 웹사이트 방문 기록을 결합해 특정 소비자가 관심을 가질 가능성이 높은 제품을 예측하거나, 주요 동선에서 광고 주시율과 주목도를 분석해 최적의 지역과 매체, 노출 시간대를 추천하는 것이 가능하다. 이러한 접근 방식은 미디어 전략의 효과성을 극대화하여 광고주에게 더 나은 성과를 제공한다.

2) 미디어 전략에서 AI 기반 타깃팅의 역할

광고 캠페인의 성공 여부를 결정짓는 핵심 요소 중 하나인 타깃팅은 광고 메시지를 전달할 특정 소비자 그룹을 선택하는 과정이다. 전통적으로는 인구 통계학적 데이터나 소비자의 과거 행동 데이터를 기반으로 타깃팅이 이루어졌지만, AI의 도입으로 이 과정의 정밀도가 비약적으로 향상되었다.

현대의 AI 알고리즘은 각 소비자의 행동 패턴을 분석하여, 그들의 관심사와 선호도에 맞춘 맞춤형 광고를 생성하며, 이를 통해 대중을 대상으로 한 일반적인 광고에서 벗어나 각 소비자에게 적합한 광고를 제공하는 방식으로 진화하고 있다. Kotler & Keller(2016)는 타깃팅을 소비자의 행동을 예측하고 그들의 요구에 맞춘 마케팅 활동을 계획하는 과정으로 정의하고 있으며, AI는 이러한 타깃팅 과정에서 더욱 정교한 분석과 예측을 가능하게 한다. 예를 들어, AI는 소비자의 검색 패턴, 소셜 미디어 활동, 클릭 데이터 등을 분석해 특정 소비자 그룹에 개인 맞춤형 광고를 제공함으로써 광고 효과를 극대화하고, 소비자와의 연결을 강화한다.

3) AI 기반 개인화 타깃팅의 정교화

실시간 데이터 분석을 통해 타깃팅의 정확성을 높이는 역할도 AI가 담당하고 있다. 소비자의 행동 패턴, 관심사, 검색 기록 등을 종합적으로 분석하여 각 소비자에게 가장 관련성 높은 광고를 제공함으로써 광고주의 예산을 효율적으로 활용하게 하고, 광고 효과를 극대화하는 데 기여한다.

또한, 리타깃팅 기능을 통해 특정 광고에 이미 노출된 소비자를 대상으로 맞춤형 광고를 반복적으로 제공하여 구매 가능성을 높인다. 예를 들어, 네이버의 AI 시스템은 사용자의 검색 기록을 분석해 특정 키워드에 대한 검색 트래픽이 증가하면 해당 키워드에 대한 광고 노출을 자동으로 조정한다. 이를 통해 광고의 적절한 타이밍과 위치를 결정하고, 광고 캠페인의 전환율을 크게 향상시킬 수 있다. 이러한 AI 기반 타깃팅 기술은 광고주에게 높은 ROI를 제공하며, 네이버의 검색 광고에서도 우수한 성과를 보인다.

한편, 최근의 AI 기술 발전은 초개인화 마케팅의 확산을 이끌고 있다. 초개인화 마케팅은 사용자 개개인의 상황, 취향, 맥락, 관심사 등을 실시간으로 파악해 맞춤형 콘텐츠를 제공하는 것을 의미하며, 이를 통해 소비자는 편의성을, 기업은 새로운 비즈니스 기회를 확대할 수 있다. 특히 주요 이커머스 사업자들이 AI를 활용해 개인화 마케팅을 적극 도입한 결과, 성과를 확인하고 있다. AI 기술이 상용화되면서 소비자의 잠재적 니즈까지 파악하는 초개인화 마케팅으로 진화하고 있다.

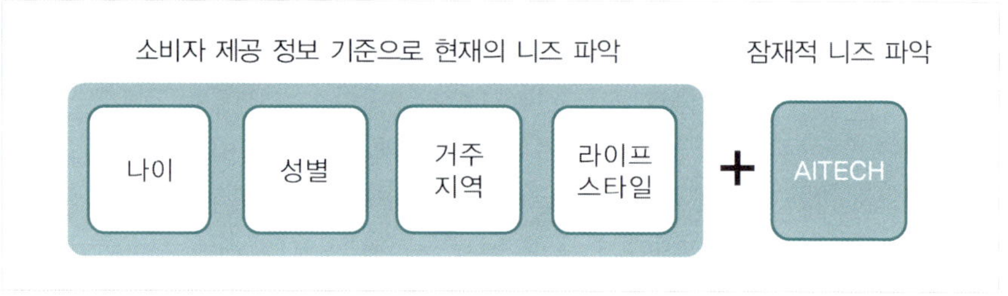

[그림 6-1] 주요 이커머스 사업자의 초개인화 마케팅 전략

주요 광고 플랫폼 기업들도 AI를 활용해 타깃 맞춤형 광고 노출을 위한 AI 기반 제작 도구를 출시하고 있다. 예를 들어, 메타(Meta)는 광고 제작 과정에서 카피 자동 생성, 이미지 재가공, 광고 배경 생성 등이 가능한 'AI Sandbox'를 출시해 소셜 미디어 플랫폼인 페이스북과 인스타그램에서 쉽게 재가공된 맞춤형 광고를 노출할 수 있도록 지원한다. 구글(Google)은 'Product Studio' 서비스를 통해 광고주의 제품 이미지를 다양한 마케팅 목적에 맞게 새롭게 생성할 수 있도록 하고, 타깃에 따른 개인 맞춤형 광고를 통해 효과적인 미디어 전략 수립을 가능하게 한다.

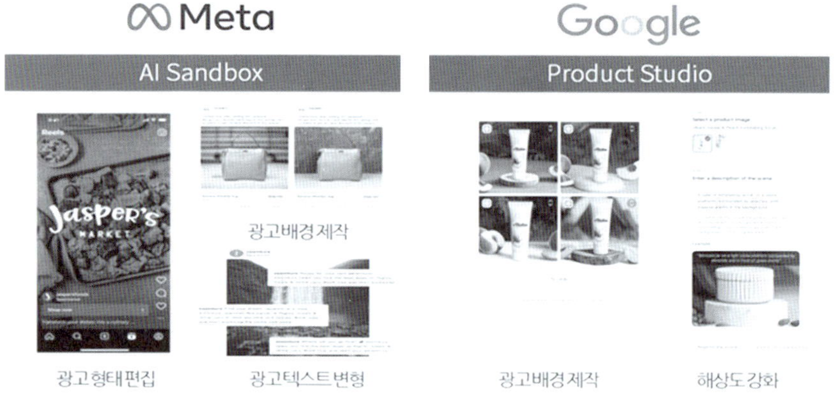

[그림 6-2] AI기반 타깃 맞춤형 소재 제작 도구

4) AI 기반 초개인화 검색 광고

검색 광고(Search Ad)의 패러다임은 AI의 도입으로 근본적인 변화를 맞이하고 있다. 기존의 검색 광고는 주로 특정 키워드에 대한 입찰 경쟁에 의존했지만, 이제는 고도화된 AI 기술을 통해 사용자의 검색 의도와 행동 패턴을 분석하여 최적의 광고를 노출시키는 초개인화 맞춤형 광고가 가능해졌다. 이러한 변화는 광고주들에게 큰 호응을 얻고 있다. 특히, AI는 실시간으로 사용자가 입력한 키워드를 분석하고, 이를 바탕으로 가장 적합한 광고를 제공함으로써 광고 성과를 최적화한다. 구글, 마이크로소프트, 네이버 등 국내외 빅테크 기업들은 이러한 기술을 활용하여 생성형 검색 환경을 구축하고 있으며, 이를 통해 사용자의 검색 경험과 광고를 접목한 초개인화 광고를 제공하고 있다.

예를 들어, 구글의 AI 기반 검색 광고 'SGE(Search Generative Experience)'는 사용자가 검색하는 키워드와 관련된 패턴을 실시간으로 분석하여, 광고주의 목표에 맞는 최적의 광고를 자동으로 생성하고 노출한다. 이 시스템은 광고 예산을 효율적으로 사용하며, 광고 전환율을 높이는 데 기여한다. 또한, 구글의 AI는 광고 캠페인의 성공 가능성을 실시간으로 예측하고, 필요에 따라 즉각적으로 전략을 조정할 수 있는 기능을 제공하여 미디어 전략 실행의 효율성을 크게 강화한다. AI 기반 검색 광고와 기존 검색엔진의 차이는 [표 6-3]에서 확인할 수 있다.

[표 6-3] AI 기반 검색과 기존 검색엔진 비교

구분	기존 검색엔진	Gen. AI 검색
AI 기술	키워드 검색을 통한 단순 정보제공	AI 기술인 언어 모델링 사용하여 사용자 질문에 답변 생성
생성성	새로운 정보 생성 불가	사용자 질문에 새로운 정보 생성 기존대비 더 생성적 답변 제공
상호작용	사용자와 상호작용 불가	사용자 친화적인 상호작용 질문 이해하고 답하는 방식
문맥 이해도	질문을 이해하고 답변하는 방식이 아닌 키워드 검색으로 정보 제공	자연어 처리 기술을 통해 질문 의도에 맞는 결과 도출
연관성	각 검색마다 독립적 정보 제공	사용자의 이전 질문을 기억 연관성 고려한 유연적 답변

3. AI를 활용한 실시간 최적화 및 자동화된 광고 미디어 구매

1) AI를 활용한 실시간 광고 최적화

AI의 혁신적 기능 중 하나인 실시간 최적화는 현대 미디어 전략에서 필수적인 요소로 자리 잡고 있다. 이를 통해 광고 캠페인의 성과를 실시간으로 모니터링하고, 필요에 따라 즉각적으로 전략을 조정할 수 있다. 예를 들어, 특정 시간대에 높은 클릭률을 보이는 광고는 AI가 자동으로 노출 빈도를 증가시키고, 반대로 성과가 저조한 경우에는 광고 노출을 줄이거나 타깃층을 변경하는 방식으로 전략을 수정할 수 있다. 이러한 기능은 광고 예산의 효율적 관리와 ROI 극대화에 중요한 역할을 한다(Gentsch, 2018).

또한, AI는 광고 메시지, 형식, 시간대, 타깃층을 실시간으로 조정할 수 있는 능력을 가지고 있어, 특정 이벤트 중에 광고 메시지를 즉시 변경하거나 경쟁사의 광고 활동에 맞춰 신속하게 대응할 수 있다. 이러한 실시간 최적화는 급변하는 미디어 환경에 빠르게 적응하여 광고 효과를 극대화하는 데 중요한 역할을 한다. 특히, AI 기반 실시간 최적화는 자동화된 미디어 구매, 즉 프로그래매틱 바잉(Programmatic Buying)과 밀접하게 연계되어 있어, 방대한 데이터를 분석해 최적의 매체를 선택하고 실시간 입찰을 통해 광고를 배치함으로써 성과를 극대화할 수 있다. 이러한 기술은 디지털 광고에서 중요한 역할을 하며, 고객에게 맞춤형 경험을 제공하는 핵심 도구로 활용된다.

2) AI 기반 미디어 믹스 및 운영 최적화

미디어 전략에서 ROI(Return on Investment)는 광고주의 예산을 효율적으로 사용하여 최대한의 성과를 달성하기 위한 필수적인 지표로 간주된다. AI는 다양한 데이터 소스를 분석하여 각 미디어 채널의 효과를 평가하고, 예산을 최적의 방식으로 분배하며, 실시간으로 광고 성과를 분석하여 필요에 따라 전략을 즉시 조정함으로써 ROI를 극대화할 수 있는 잠재력을 지닌다. 이러한 과정에서 AI는 미디어 믹스 모델링(Media Mix Modeling: MMM)을 통해 각 미디어 채널의 기여도를 분석하고, 예산을 효율적으로 운영하며, 실시간으로 ROI를 측정하여 전략을 최적화한다(Chaffey & Ellis, 2020).

미디어 최적화는 오랜 기간 동안 광고 업계의 중요한 도전 과제였다. 마케팅의 선구자 존 워너메이커(John Wanamaker)는 "광고에 쓰는 돈의 절반은 낭비이다. 문제는 어느 절반인지를 모른다는 것이다"라고 언급한 바 있다. 이 문제를 해결하기 위해 통계적 접근 방식인 미디어 믹스 모델링(Media Mix Modeling: MMM) 또는 마케팅 믹스 모델링

(Marketing Mix Modeling)이 도입되었다. MMM은 어떤 미디어가 타깃에게 적합한지, 각 미디어가 판매에 얼마나 기여하는지, 그리고 예산을 어떻게 최적화할 것인지에 대한 통계적 모델로 정의된다(Kotler & Keller, 2016). 이 모델은 ROI를 이해하고 측정하는 것, 시뮬레이션(Simulation), 미디어 예산의 최적화를 목표로 한다. 구글, 메타, 닐슨 등 주요 기업들은 AI를 통해 더욱 정교화된 MMM을 개발하여 과학적이고 체계적인 미디어 전략 수립이 가능하도록 한다.

초기의 미디어 믹스 모델링은 TV와 인쇄 미디어 같은 전통적인 채널에 초점을 맞추었으나, 현재는 온라인 광고, 소셜 미디어, 웹 분석, OOH 미디어, IPTV 등 다양한 미디어 채널의 데이터를 통합하여 최적화를 도모할 수 있다. 최근에는 판매, 할인, 기타 비즈니스 결과와 같은 핵심 성과 지표(KPI)에 가장 크게 기여하는 채널을 식별할 수 있으며, 인구 통계 데이터 외에도 소비자의 행동, 심리적 세분화, 그리고 휴일, 날씨, 경제 상황 등 외부 요인도 함께 고려하는 등 더욱 정교해지고 있다.

AI는 또한 크로스미디어 전략 모델링을 통해 각 채널 간의 시너지를 극대화하는 전략을 수립할 수 있다. 예를 들어, TV 광고를 본 후 온라인에서 동일한 광고를 본 타깃이 더 높은 구매 전환율을 보인다면, 이를 바탕으로 온라인 광고 예산을 증대시켜 전체 성과를 개선할 수 있다. 이러한 접근은 AI 기반 미디어 믹스 모델링이 다양한 미디어가 연계된 광고 캠페인에서 얼마나 효과적인지를 입증하는 결과로 이어진다.

3) AI 기반 프로그래매틱 바잉

프로그래매틱 바잉(Programmatic Buying)은 프로그램(Program)과 자동화(Automatic)의 결합으로, 소프트웨어를 활용하여 광고의 관리, 구매, 측정 과정을 자동화하는 방식을 의미한다. AI 알고리즘은 광고 인벤토리 판매와 같은 과거에 인간의 판단이 요구되던 작업을 자동화할 수 있으며, 이를 통해 실시간으로 광고를 구매하고, 타깃 맞춤형으로 광고를 노출시키는 자동화된 광고 거래 방식이 가능해진다(Chaffey & Ellis, 2020).

프로그래매틱 바잉의 주요 특징은 다음과 같다. 첫째, 자동화된 시스템으로서, 광고의 배치와 노출이 자동으로 이루어지기 때문에 광고주는 최적화된 맞춤형 광고를 쉽게 구현할 수 있다(Gertz & McGlashan, 2016). 둘째, 실시간 입찰(Real-Time Bidding, RTB) 방식으로, 광고가 실시간 경매 형태로 거래되며, 광고주는 소비자 데이터를 기반으로 최적의 광고 노출을 보장받을 수 있다(Wang, Zhang, & Yuan, 2016). 셋째, 맞춤형 광고 제공으로, 빅데이터 분석을 통해 소비자의 행동 패턴을 파악하여 개인화된 광고를 제공하며, 특히 리타깃팅(Re-targeting) 광고는 특정 제품에 관심이 높은 소비자에게 다시 광고를 노출시켜 구매를 유도하는 데 효과적이다(김나경 · 고한준, 2022).

과거에는 프로그래매틱 바잉이 디지털 매체를 중심으로 이루어졌으나, 현재는 IPTV, 디지털 사이니지, Connected TV(CTV) 등 다양한 매체로 그 범위가 확대되고 있다. 웹사이트는 프로그래매틱 광고의 주요 플랫폼으로, 구글 디스플레이 네트워크(GDN)와 같은 시스템을 통해 데이터 분석에 기반한 맞춤형 광고를 실시간으로 제공하고 있다. 모바일 애플리케이션에서는 위치 기반 광고가 주로 활용되며, 소셜 미디어는 사용자의 행동 데이터를 기반으로 실시간 개인화된 광고를 노출한다. 스마트 TV는 시청자의 프로그램 시청 기록과 실시간 데이터를 분석하여 맞춤형 광고를 제공하며, IPTV, CTV, Addressable TV 등에서도 프로그래매틱 구매가 해외를 중심으로 활발히 이루어지고 있다. 또한, 디지털 사이니지는 안면 인식 기술과 위치 정보를 활용하여 특정 소비자에게 맞춤형 광고를 실시간으로 노출하며, 온라인 동영상 광고는 시청 이력과 검색 기록을 바탕으로 프로그래매틱 구매를 통해 광고 효율성을 극대화한다.

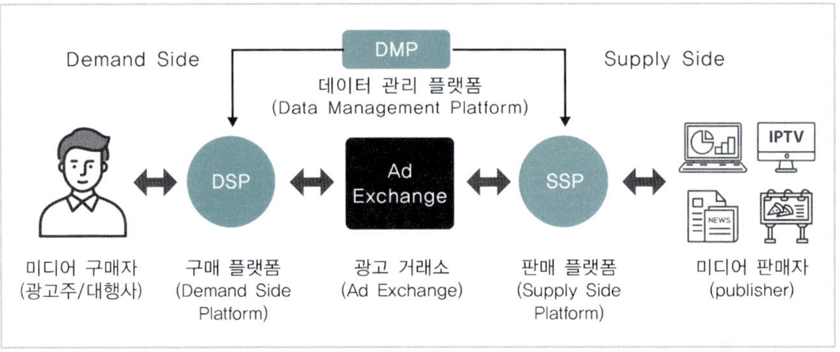

[그림 6-3] 프로그래매틱 바잉

[그림 6-3]은 프로그래매틱 바잉이 이루어지는 과정을 보여주고 있다. 프로그래매틱 바잉은 광고주나 대행사가 구매 플랫폼(Demand Side Platform: DSP)을 통해 데이터를 수집하고, 이를 데이터 관리 플랫폼(Data Management Platform: DMP)에 저장한 후, 이로부터 도출된 인사이트를 통해 소비자를 정밀하게 분석하는 과정으로 이루어진다. 그 후 DSP와 판매 플랫폼(Supply Side Platform: SSP)을 통해 광고 거래소(Ad Exchange)에서 실시간 경쟁 입찰을 통해 광고 지면을 확정하고, 할당된 지면에 광고를 노출하는 순서로 진행된다. 이와 같은 프로그래매틱 바잉의 주요 용어는 [표 6-4]에 정리되어 있으며, 이는 향후 광고 미디어 시장에 큰 영향을 미칠 Ad-tech 기술의 이해에 도움을 줄 것이다.

AI 기반 프로그래매틱 바잉 시스템은 광고주와 매체사를 연결하고, 실시간 데이터를 분석하여 최적의 매체, 노출 타이밍, 위치, 입찰 가격 등을 결정한다. 광고를 자동으로 노출시키는 이 시스템은 광고주의 시간과 비용을 절감하고, 구매 효율성을 극대화한다. AI 기반의 프로그래매틱 바잉은 광고주와 미디어 플래너에게 실시간으로 시장 변화를 반영할 수 있는 도구를 제공하여, 광고 미디어 전략을 더욱 신속하고 효과적으로 운영할 수 있도록 지원한다.

[표 6-4] AI 기반 프로그래매틱 바잉 주요 용어

용어	설명
DSP(Demand Side Platform)	광고주가 광고 인벤토리를 구매하고 타깃팅을 최적화하는 플랫폼 AI가 적합한 오디언스를 자동으로 선정
SSP(Supply Side Platform)	퍼블리셔가 광고 인벤토리를 실시간으로 판매하는 플랫폼 AI는 광고 공간의 최적 가격을 예측하여 수익 극대화
RTB(Real-Time Bidding)	실시간 경매로 광고 인벤토리가 거래되는 방식 AI가 최적의 입찰 가격과 오디언스를 실시간으로 결정
DMP(Data Management Platform)	데이터 소스를 통합 관리, 타깃팅 및 성과 최적화 플랫폼 AI는 데이터 분석을 통해 오디언스 세그먼트를 생성
Ad Exchange	광고주와 퍼블리셔가 실시간으로 광고 인벤토리를 거래하는 디지털 마켓플레이스. AI가 실시간 거래를 지원
Audience Targeting	특정 오디언스를 대상으로 광고를 노출하는 전략 AI가 사용자 데이터를 분석해 최적의 타깃을 자동으로 설정
Lookalike Modeling	기존 고객 데이터를 바탕으로 유사한 잠재 고객을 찾아내는 기술 AI가 패턴을 분석해 유사한 오디언스를 타깃팅
Creative Optimization	광고 크리에이티브의 성과를 AI가 분석하고 최적의 크리에이티브를 자동으로 선택하거나 생성
Attribution Modeling	광고 채널별 기여도를 분석하는 방식 AI가 데이터를 통해 전환 경로를 파악하고 최적화
Cross-Device Targeting	여러 기기에서 일관된 타깃팅을 제공하는 기술 AI가 사용자의 기기 활동을 분석해 일관된 광고 노출 보장
Viewability	광고가 실제로 사용자에게 보이는 정도를 측정하는 지표 AI는 이 데이터를 분석해 광고의 실질적 효과를 최적화
Brand Safety	광고가 부적절한 콘텐츠와 연관되지 않도록 보호하는 조치 AI가 콘텐츠를 분석해 안전한 광고 환경을 제공
ATD(Agency Trading Desk)	광고대행사의 특별 유닛 형태, DSP 또는 AI 기술을 통해 프로그래매틱 형태로 미디어를 구매하고 최적화

현재 프로그래매틱 광고에서 AI의 응용은 보다 효율적인 광고 배치 및 타깃팅을 가능하게 하며, 정확하고 치밀한 데이터 기반 분석과 캠페인 최적화를 통해 최상의 성과를 달성할 수 있게 한다. 예를 들어, 프로그래매틱 바잉의 머신 러닝 알고리즘은 광고 형식, 광고 환경, 브라우저, 지리적 위치, 운영체제 등 다양한 요소를 최적화하여 미디어 믹스를 조정한다. 이러한 최적화를 통해 광고 효율성은 극대화되며, 광고주의 KPI 달성에 기여할 수 있다. 더불어, 미디어 바잉부터 리포트 생성까지의 모든 과정에서 투명성이 보장되며, 이를 통해 브랜드 확장 및 성과 향상이 가능해진다. AI를 통해 생성된 캠페인 목표에 맞는 타깃 세그먼트는 전환 가능성이 높은 타깃에게 광고를 노출하며, 타깃의 시그널, 의도, 맥락에 따라 관련 광고를 맞춤형으로 노출하기 위해 광고 크리에이티브를 동적으로 변경할 수 있다.

4) AI기반 최적화 및 프로그래매틱 솔루션

미디어 믹스 모델링과 프로그래매틱 바잉은 AI 기술의 발전과 함께 점차 정교해지고 있으며, 국내 시장에도 글로벌 애드테크(Ad-tech) 기업들이 활발히 진입하면서 시장 성장에 기여하고 있다. AI 기반의 최적화 및 프로그래매틱 솔루션은 다양한 채널에서 수집된 데이터를 실시간으로 분석하여, 광고 캠페인의 각 요소를 정밀하게 최적화함으로써 광고 효과를 극대화할 수 있는 도구로 자리매김하고 있다. 이러한 솔루션은 미디어 전략의 수립과 실행에 있어 필수적이며, 앞으로 그 중요성은 더욱 증가할 것으로 전망된다. 이와 관련된 주요 솔루션 기업은 [표 6-5]에 정리되어 있다.

[표 6-5] AI 기반 최적화 및 프로그래매틱 솔루션 기업

구분	기업명	AI 솔루션 주요 기능
크로스 미디어 최적화	Nielsen	크로스미디어 미디어 믹스 및 광고 효과 최적화
	Comscore	크로스미디어 성과 측정, 광고 및 콘텐츠 분석
	Google(DV360)	디지털 및 크로스 미디어 캠페인 관리, 광고 구매, 성과분석
	Adobe	통합 미디어 전략 및 구매, 크로스미디어 성과 분석
	Xandr	크로스미디어 광고 최적화 데이터 분석
	나스미디어	디지털, DOOH, IPTV, CTV 등 믹스 및 효과 최적화
	메조미디어	디지털 및 크로스미디어 광고 관리 및 성과 분석
모바일 최적화	AppsFlyer	모바일 광고 성과 측정, 어트리뷰션, 광고 사기 방지
	Adjust	모바일 광고 성과 측정, 어트리뷰션, 광고 사기 방지
	Criteo	리타깃팅 광고 및 AI기반 맞춤형 광고
디지털 프로그래매틱	Moloco	프로그래매틱 바잉 타깃팅 최적화
	The Trade Desk	프로그래매틱 바잉, 데이터 분석
	IAS	프로그래매틱 바잉, 광고 품질 측정, 광고 사기 방지
DOOH 프로그래매틱	Hivestack	DOOH 광고 프로그래매틱 바잉, 위치 기반 타깃팅
	Vistar Media	DOOH 광고 프로그래매틱 바잉, 위치 기반 타깃팅

4. AI가 주도하는 OOH 광고의 혁신과 발전

1) AI를 활용한 OOH 광고의 혁신

OOH(Out of Home) 광고는 실외에서 대중에게 직접 도달할 수 있는 강력한 광고 매체로, 전통적으로 특정 지역에 고정된 형태로 노출되었다. 그러나 AI의 도입은 OOH 광고의 방식을 혁신적으로 변화시켰고, 디지털 사이니지(Digital Signage)와 같은 형태로 발전하고 있다. 과거에는 OOH 광고의 효과를 측정하는 것이 어려웠지만, AI 기반 실시간 데이터 분석을 통해 최적의 시간대와 위치에서 광고를 노출하는 것이 가

능해졌다. 또한, 소비자 행동 및 위치 데이터를 활용해 개인 맞춤형 타깃팅이 정교하게 수행되고 있으며, AI 카메라를 통해 자세 추정, 타깃 감지, 패턴 분석 등을 통해 데이터 기반 미디어 전략이 구현되고 있다(김나경 · 고한준, 2024).

AI의 도입은 OOH 광고를 미디어 전략에서 더욱 중요한 위치로 자리잡게 하고 있다. 전통적인 OOH 광고가 정적인 매체로 인식되었다면, AI는 이를 동적인 매체로 변모시켜, 광고주의 전략적 의사결정에서 OOH 광고가 보다 큰 비중을 차지하도록 하고 있다. AI는 실시간으로 데이터를 분석하고, 이 데이터를 바탕으로 최적의 광고 노출 전략을 자동으로 조정한다. 이러한 기능은 미디어 전략의 효율성을 높이며, 빠르게 변화하는 시장 상황에서도 유연하게 대응할 수 있게 한다. 또한, AI 기반의 OOH 광고는 캠페인 성과에 대한 통찰력을 제공함으로써, 미디어 전략의 전반적인 효과성을 높이는 데 기여한다. AI는 광고 노출의 결과를 실시간으로 분석하고, 이를 기반으로 캠페인의 방향성을 즉각적으로 수정할 수 있는 능력을 제공한다. 이러한 접근 방식은 광고주가 보다 전략적으로 예산을 배분하고, 목표를 달성하는 데 중요한 역할을 한다.

2) AI 기반의 OOH 광고 사례 분석

Addd(애드)는 AI 기반의 광고 효과 솔루션 '애드아이(addd-i)'를 통해 기존에 파악하기 어려웠던 OOH 광고의 효과를 기술적으로 측정하고 있다. 이 솔루션은 비전 센서를 통해 보행자를 인식하고, 엣지 디바이스에 내장된 인공지능(AI) 기술로 실시간 분석을 수행하여 광고 앞을 지나가는 보행자에 대한 데이터를 정량화한다. 예를 들어, 보행자의 성별, 연령 등의 특성을 파악하고 자세를 추정하여 시청률, 주목률 등의 광고 효과 데이터를 제공한다. 이를 통해 애드아이는 OOH 광고의 효과를 심층적으로 분석하여, 광고주에게 실시간으로 정확한 미디어 집행 효과를 전달함으로써 효과적이고 효율적인 오프라인 마케팅을 가능하게 한다.

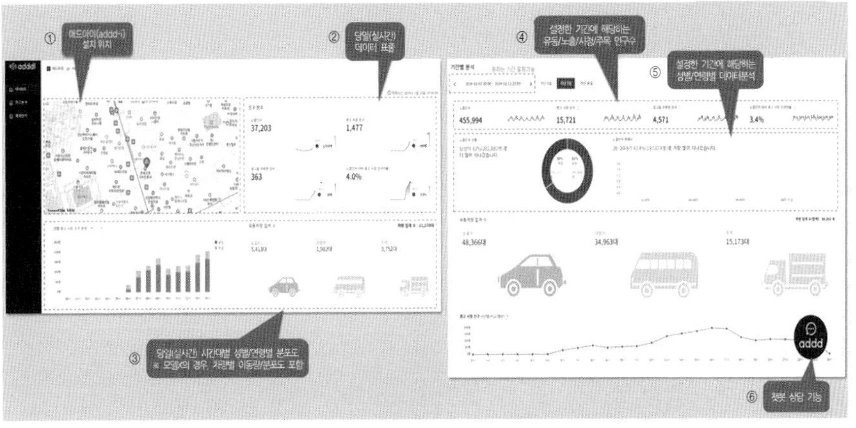

[그림 6-4] addd-i 효과 측정 실시간 대시보드

애드아이의 수익 모델은 지속적인 매출 창출을 목표로 하는 SaaS(Software as a Service) 형태로, 클라우드 기반 AI 소프트웨어를 제공하며 월 구독료를 받는다. 이와 함께 실시간 광고 효과 측정 데이터를 웹 대시보드를 통해 제공한다. 또한, 애드아이는 기존의 OOH 매체에도 손쉽게 설치가 가능하며, 고해상도 카메라와 고성능 엣지 디바이스를 활용하여 원거리의 보행자도 자세 추정 및 객체 추적 등을 통해 분석할 수 있다. 빠르게 움직이는 보행자도 잔상 없이 촬영이 가능하다. 현재 애드는 강남대로, 명동 등 유동인구가 많은 위치의 건물 전광판에 애드아이를 설치하여 운영하고 있으며, 지하철 1~8호선 주요 역사별로 메트로 광고 효과를 분석하고 있다.

또 다른 사례로, [그림 6-5]에서 보여지는 Addd의 '달고T'는 AI 기술을 결합한 새로운 스마트 OOH 광고 매체이다. 이 스마트 트럭은 AI 카메라를 통해 OOH 광고 효과를 측정하고, 타깃에 맞는 콘텐츠를 노출한다. 타깃의 시청, 주목 인구, 성별, 연령 등을 측정하여 OOH 매체의 빅데이터를 구축할 수 있다. 특히, 이 트럭은 보행자 중심의 광고 송출로 운전자의 시야를 방해하지 않도록 설계되었으며, 과학기술통신부의 규제 샌드박스를 통과하여 안전성을 인정받았다. 이 외에도 Addd는 주요 빌딩, 병의원, 오피스 등에 노출되는 '달고D' 등 스마트 매체를 보유하고 있으며, AI 혁신 기술과 창의적인 아이디어를 통해 OOH 광고 시장을 주도할 계획이다.

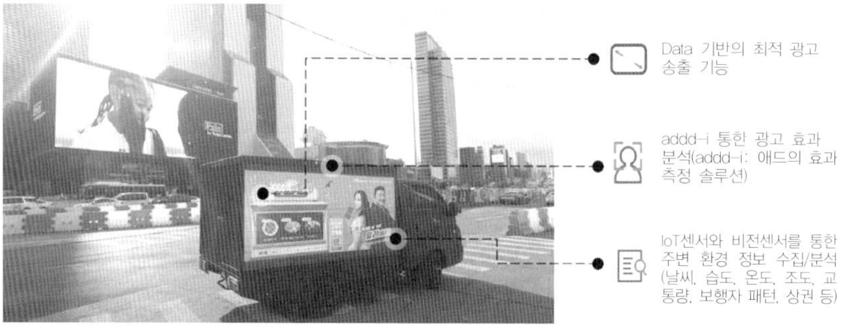

[그림 6-5] AI 기반 맞춤형 OOH 매체(Addd)

Motov는 세계 최초로 택시 상단 표시등에 기기를 설치하여 도시 공간 데이터를 수집하고 빅데이터를 구축하여 상황 인지형 광고를 운영하고 있다. 이 기기는 도심 내 사물과 대상 감지, 추적, 도시의 소리를 감지할 수 있으며, 엣지(Edge) AI 모델, 디지털 신호 처리 기술(DSP), 그래픽 처리 장치(GPU)를 활용한 AI 모델 운영 최적화 기술과 습도, 미세먼지, 조도 등을 분석하는 사물인터넷(IoT) 센서를 탑재하고 있다.

엣지 AI는 스마트시티에 필요한 센서를 차량에 부착하여 4D 카메라, 마이크로폰, 사물인터넷 센서를 통해 150개 이상의 실시간 데이터를 수집할 수 있도록 한다. 이러한 기술은 인구가 밀집된 지역과 시간대를 중심으로 맞춤형 타깃팅을 가능하게 하며, 광고 CMS 시스템을 통해 디바이스에서 송출되는 광고 소재를 등록하고, 타깃에 따른 맞춤형 노출 및 집행 모니터링을 관리하는 통합 솔루션을 제공하고 있다. Motov의 MOA(Motov OOH Analytics)는 모든 OOH 광고의 위치 정보와 주변 유동인구를 일, 주, 월, 시간 단위로 분석하는 OOH 미디어 전략 도구로, 수도권 내 모든 OOH 매체의 노출 빈도와 유동인구 기반의 노출 효과를 분석할 수 있다. 또한, OOH 집행 내역 관리, 미도달/중복 도달 지역 분석, Pre-buy 시뮬레이션 및 Post-buy Report, 지역별 유동인구 분석 등이 가능하여 OOH 광고 효과 및 광고량 측정 시스템으로 발전하고 있다.

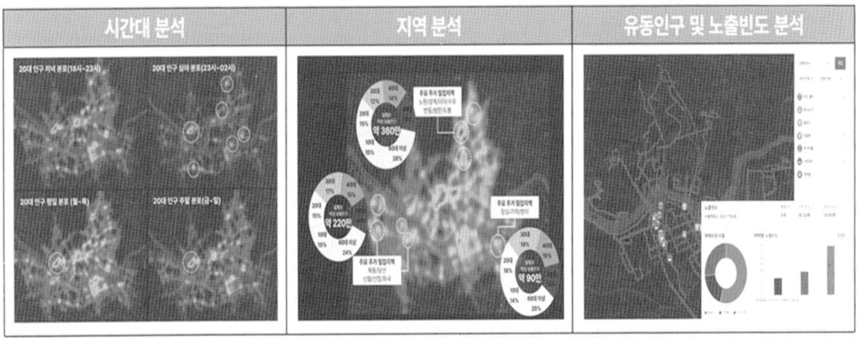

[그림 6-6] AI 기반 맞춤형 OOH 매체 효과 측정(Motov)

3) AI가 주도하는 OOH 광고의 미래

AI는 OOH 광고의 미래를 혁신적으로 주도하고 있다. 특히 퍼스트파티 데이터의 중요성이 높아진 현재, 실시간 데이터를 활용한 AI 기반 OOH 광고는 타깃팅을 더욱 정교하게 하여 광고주의 예산을 효과적으로 집행할 수 있도록 지원하고 있다. 과거에는 광고 효과 측정과 예측이 어려웠지만, AI를 통해 자동화된 실시간 분석, 데이터의 연속적 관리 및 구축, 지속적 모니터링, 그리고 필요에 따른 즉각적인 전략 조정이 가능해졌다. 이러한 기능은 OOH 광고의 매력도를 상승시키고, 과학적 미디어 전략과 광고주의 목표를 더욱 효과적으로 달성하는 데 기여하고 있다(김나경 · 고한준, 2022). 최근에는 AI 데이터 기반으로 창의성을 OOH 광고에 도입하는 사례도 늘어나고 있다. AI는 특정 지역의 문화적 특징이나 소비자 취향을 분석하여 창의적인 광고 콘텐츠를 자동으로 생성함으로써 단순한 메시지 전달을 넘어 소비자와의 감성적 연결을 강화하는 데 중요한 역할을 한다. 또한, AI 스마트 시티 프로젝트의 글로벌 트렌드에 따라 OOH 광고는 실시간 맞춤형 광고(Personalized Ad)와 빅데이터, 어반테크(Urban Tech) 등 새로운 시장의 미래를 주도할 것으로 전망된다.

5. 리테일 미디어와 AI의 결합

1) 리테일 미디어와 미디어 전략

디지털 미디어 시장에서 제1의 물결인 검색 광고와 제2의 물결인 SNS 광고를 지나, 최근 제3의 물결로 주목받고 있는 것이 리테일 미디어(Retail Media)이다. 리테일 미디어는 쿠팡, 아마존과 같은 전자상거래 플랫폼이나 월마트, SSG와 같은 리테일러가 자사의 웹사이트 또는 앱을 통해 광고를 판매하는 것을 의미하며, 소비자 데이터를 기반으로 한 정교한 타깃팅 광고 노출이 가능하다(Bartholomew & Williamson, 2022). 리테일 미디어는 광고주와 소비자 간의 직접적인 접점을 제공하는 중요한 미디어 전략의 일환으로, AI와의 결합을 통해 더욱 강력한 도구로 자리 잡고 있다. AI 기반 리테일 미디어는 단순한 광고 노출을 넘어, 소비자 데이터를 실시간으로 분석하여 가장 효과적인 타이밍에 최적화된 광고를 제공함으로써 미디어 전략의 효과성을 극대화한다. 이러한 AI 기술은 광고주에게 퍼스트 파티 데이터(First-party Data)를 활용해 소비자 행동을 예측하고, 맞춤형 메시지를 전달할 수 있는 능력을 부여한다.

AI 기반의 리테일 미디어가 중요한 이유는 다음과 같다. 첫째, AI는 소비자의 구매 패턴, 행동 데이터, 관심사 등을 분석해 타깃팅의 정확성을 높여준다. 이는 소비자에게 보다 개인화된 경험을 제공함으로써 구매 전환율을 높이고, 광고주의 ROI를 극대화하는 데 중요한 역할을 한다. 둘째, 쿠키리스(Cookie-Less) 시대에 접어들면서, 퍼스트 파티 데이터의 활용이 더욱 중요해지고 있다. AI는 이러한 데이터를 실시간으로 분석하여 광고 전략에 반영함으로써, 광고주가 변화하는 환경에 빠르게 적응할 수 있도록 돕는다. 또한, AI 기반 리테일 미디어는 미디어 전략의 전반적인 유연성을 높인다. AI를 활용하면 실시간 데이터 분석을 통해 광고 캠페인을 최적화하고, 캠페인 진행 중에도 전략을 신속하게 조정할 수 있다. 이는 특히 경쟁이 치열한 디지털 환경에서 광고주가 지속적으로 경쟁 우위를 유지하는 데 필수적이다. AI는 소비자의 행동 변화를 즉각적으로 반영할 수 있는 능력을 가지고 있어, 광고주가 가장 효과적인 방식으로 소비자에게 도달할 수 있도록 지원한다.

따라서, AI 기반 리테일 미디어는 단순한 광고 노출 이상의 가치를 제공하며, 광고주가 소비자에게 가장 적절한 시점에 최적의 메시지를 전달할 수 있도록 돕는다. 이는 궁극적으로 미디어 전략의 목표인 구매 전환율을 높이고, ROI를 향상시키는 데 중요한 역할을 한다. AI와 리테일 미디어의 결합은 미래의 광고 전략에서 필수적인 요소로 자리 잡을 것이며, 그 중요성은 시간이 지날수록 더욱 커질 것으로 예상된다.

2) AI 기반 리테일 미디어 사례

(1) 쿠팡 애드

쿠팡 애드(Coupang Ads)는 AI 기반의 리테일 미디어 솔루션으로, 고객의 구매 이력과 검색 데이터를 분석하여 맞춤형 광고를 제공한다. 이를 통해 쿠팡은 특정 카테고리에서 자주 쇼핑하는 고객에게 해당 카테고리의 신제품 광고를 노출시켜 구매 전환율을 높이고 있다. 예를 들어, AI는 고객이 장바구니에 담은 제품과 관련된 광고를 타깃팅하여 제공함으로써 구매를 유도하고 있다.

리타깃팅(Retargeting) 전략도 AI를 통해 강화된다. 고객이 특정 제품을 장바구니에 담았으나 구매를 완료하지 않은 경우, AI는 이를 실시간으로 분석해 관련 제품 광고를 반복적으로 노출시킨다. 이러한 전략은 고객의 구매 결정을 촉진하며 전환율을 극대화하는 데 기여한다. 또한, 신제품 런칭 시 AI는 해당 제품에 관심을 가질 가능성이 높은 고객을 사전에 식별하여, 이들에게 맞춤형 광고 캠페인을 진행함으로써 성공적인 출시를 지원한다.

[그림 6-7] AI 기반 리테일 미디어 '쿠팡 애드(Coupans Ads)'

(2) SSG.COM

신세계의 SSG.COM은 AI를 활용하여 리테일 미디어 전략을 강화하고 있다. SSG.COM은 고객의 쇼핑 패턴을 분석하여 개인화된 상품 추천과 광고를 제공하며, 이를 통해 고객의 구매 의향을 높이고 있다. AI는 실시간으로 데이터를 분석하여 광고주가 가장 효과적인 타깃층에 광고를 노출할 수 있도록 돕고 있으며, 신세계는 이를 통해 리테일 미디어의 효과를 극대화하고 있다. SSG.COM은 예측 분석(Predictive Analytics)을 통해 고객의 미래 행동을 예측하고, 이를 바탕으로 맞춤형 광고를 제공하고 있다. 예를 들어, AI는 고객의 과거 구매 이력과 검색 패턴을 분석하여, 고객이 향후 구매할 가능성이 높은 제품을 예측하고, 해당 제품에 대한 광고를 선제적으로 노출시킨다. 이러한 전략은 고객의 구매 의향을 높이는 동시에, 광고주의 예산을 효율적으로 사용할 수 있도록 돕는다.

(3) 아마존

아마존(Amazon) Advertising은 리테일 미디어 분야에서 AI를 활용하여 선두를 달리고 있다. 아마존은 고객의 구매 이력, 검색 기록, 장바구니 데이터를 기반으로 맞춤형 광고를 제공하며, AI를 통해 광고의 성과를 실시간으로 최적화한다. 아마존의 AI 시스템은 고객의 행동 데이터를 분석하여, 광고주가 가장 효과적인 타깃층에게 도달할 수 있도록 돕고 있으며, 이를 통해 아마존은 리테일 미디어에서의 강력한 경쟁력을 유지하고 있다. 아마존은 Personalization 전략을 통해 고객 경험을 극대화하고 있다. 예를 들어, 아마존의 AI는 고객의 구매 이력과 검색 기록을 분석하여, 각 고객에게 가장 적합한 제품 추천과 광고를 제공한다. 이는 고객의 만족도를 높이고, 재구매를 유도하는 데 중요한 역할을 한다. 또한, AI는 실시간으로 광고 캠페인의 성과를 분석하고, 필요에 따라 광고 내용을 자동으로 조정하여, 캠페인의 효율성을 극대화한다.

3) AI 기반의 리테일 미디어의 전망

리테일 미디어의 미래는 AI가 주도하고 있다. 고객 행동 데이터를 실시간으로 분석하는 능력 덕분에, 맞춤형 광고를 제공하고 지속적으로 광고 성과를 최적화하는 데 중요한 역할을 한다. 이러한 기능을 통해 광고주는 예산을 더욱 효율적으로 활용하며, 구매 전환율을 높일 수 있다. AI의 활용은 리테일 미디어에서 앞으로도 더욱 확대될 것이며, 이는 고객 경험을 강화하고 광고주의 ROI를 극대화하는 미디어 전략에 크게 기여할 것이다.

AI 기반 리테일 미디어와 미디어 전략 간의 시너지는 특히 주목할 만하다. 리테일 미디어는 소비자와의 직접적인 접점을 통해 얻은 데이터를 활용해 정교한 타깃팅을 가능하게 하며, 이를 통해 다른 광고 채널과의 연계를 강화할 수 있다. 예를 들어, 리테일 미디어에서 수집된 소비자 행동 데이터를 바탕으로, AI는 전체 미디어 전략에서 가장 효과적인 채널 믹스를 도출할 수 있도록 돕는다. 이러한 시너지 효과는 광고주가 보다 일관된 메시지를 다양한 플랫폼에서 전달할 수 있게 해주며, 결과적으로 광고 캠페인의 전반적인 성과를 극대화한다. 또한, 리테일 미디어의 데이터는 AI를 통해 분석되어, 미디어 전략 수립 시 중요한 인사이트를 제공한다. 예를 들어, 특정 제품에 대한 소비자의 관심이 높아질 때, 그 정보를 바탕으로 다른 디지털 채널에서의 광고 노출 빈도와 내용을 조정할 수 있다. 이를 통해 소비자 여정 전반에서 통합적인 마케팅 전략을 수립할 수 있으며, 각 채널의 기여도를 평가하여 최적의 마케팅 믹스를 구성하는 데 기여한다.

향후, 음성 쇼핑(Voice Shopping)과 같은 새로운 트렌드를 리테일 미디어에 도입할 수 있는 가능성도 열려 있다. 예를 들어, 스마트 스피커를 통해 특정 제품을 주문할 때, 과거 구매 이력을 기반으로 맞춤형 광고를 제안할 수 있으며, 이러한 음성 기반 광고는 리테일 미디어의 새로운 기회를 창출하고, 소비자와의 상호작용을 강화하는 데 중요한 역할을 할 것으로 기대된다.

6. 미디어 전략에서의 CRM과 AI 융합

1) CRM의 정의와 역할

CRM(Customer Relationship Management)은 고객과의 상호작용을 체계적으로 관리하고 분석하여, 궁극적으로 고객 만족도와 충성도를 높이는 경영 전략으로 널리 알려져 있다(Payne & Frow, 2005). CRM의 핵심 목표는 고객의 생애가치를 극대화하고, 장기적인 관계를 통해 지속 가능한 경쟁 우위를 확보하는 데 있다. 이를 위해 CRM은 고객 데이터를 수집하고 분석하여, 각 고객의 필요와 선호에 맞춘 개인화된 마케팅 전략을 개발하는 과정을 포함한다.

이는 단순한 데이터 관리 도구를 넘어, 기업의 전략적 방향성을 결정짓는 중요한 요소로 자리 잡고 있다. 특히, 고객 행동을 예측하고 세분화된 고객 집단에게 맞춤형 서비스를 제공함으로써, 고객 충성도를 강화하고 기업의 장기적 성장을 도모한다는 점에서 그 역할이 중요하다.

최근 AI 기술의 도입으로 CRM 시스템은 전례 없는 변화를 맞이하고 있다. AI는 고객 데이터를 실시간으로 분석하여, 보다 정교한 맞춤형 마케팅 전략을 수립하는 데 기여한다. 이러한 AI 기반 CRM은 고객의 요구를 빠르게 파악하고, 변화하는 소비자 행동에 신속하게 대응할 수 있는 능력을 기업에 제공한다. 결과적으로 CRM은 고객 경험을 최적화하고, 이를 통해 기업의 장기적인 성장을 촉진하는 전략적 도구로서 중요한 역할을 수행한다.

2) AI와 CRM의 융합

기술 발전과 함께 CRM(Customer Relationship Management)의 기능과 효과는 혁신적으로 강화되고 있다. 고객 데이터를 실시간으로 분석하여 맞춤형 마케팅 메시지를 제공하는 과정에서, AI는 고객과의 관계를 심화시키는 중요한 도구로 자리매김하고 있다. 이러한 변화는 CRM 시스템의 운영 효율성을 크게 향상시키며, 결과적으로 고객 만족도를 증대시키는 데 기여한다. 앞으로 AI 기반 CRM의 활용은 더욱 확대될 것으로 예상되며, 고객 중심의 마케팅 전략을 실현하는 데 필수적인 요소로 자리할 것으로 전망된다.

현재의 CRM 기능을 넘어서는 새로운 가능성도 AI와의 융합을 통해 열리고 있다. 예를 들어, 고객의 제품 사용 패턴을 분석하여 고장 가능성을 사전에 예측하고 이를 고객에게 미리 알려줌으로써 고객 경험을 한층 더 향상시킬 수 있다. 이와 함께 퍼포먼스 마케팅에서는 크리에이티브 최적화를 통해 미디어 전략의 정교화와 소비자의 구매 결정 과정을 의미하는 마케팅 퍼널(marketing funnel) 관리의 효율성을 크게 높일 수 있다.

주요 대기업을 비롯해 자동차, 가전, APP/Web 커머스 기반 업종에서도 AI 기반 CRM 솔루션이 적극적으로 도입되고 있다. 삼성전자, LG전자 등 글로벌 대기업은 고객 데이터를 실시간으로 분석하여 개인화된 마케팅 전략을 수립함으로써 고객과의 관계를 강화하고 있다. 특히, 초개인화 타깃팅을 통해 맞춤형 광고를 노출시키고, 이로 인해 광고 효과가 크게 증대되었다. APP/Web 커머스 기반 업종에서도 이러한 CRM 시스템은 소셜 미디어와의 통합을 통해 광고 캠페인을 더욱 효과적으로 운영하고 있다. 고객의 소셜 미디어 활동을 분석하여, 그들이 관심을 가질 만한 브랜드나 제품에 대한 실시간 피드백을 제공하고, 이를 바탕으로 광고 메시지를 최적화함으로써 타깃의 니즈에 정확하게 대응할 수 있다.

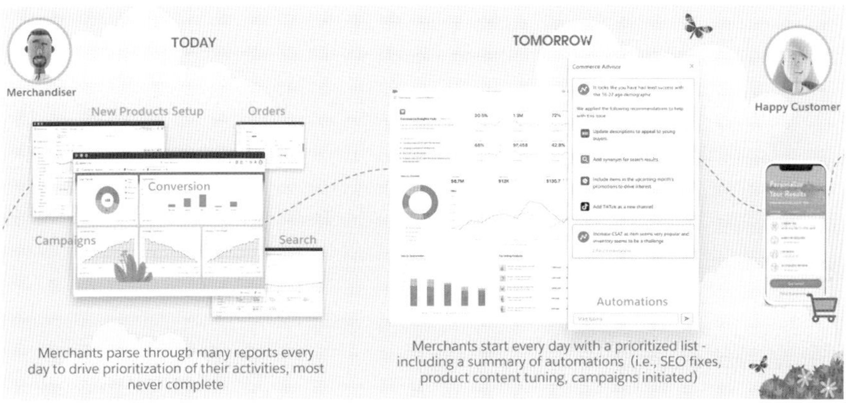

[그림 6-8] AI-driven CRM Solution Salesforce

CRM 솔루션의 선두주자인 Salesforce는 AI 기술인 Einstein을 통해 CRM과 AI를 융합한 혁신적인 솔루션을 제공하고 있다. Salesforce Einstein은 고객 데이터를 실시간으로 분석하고, 개인화된 마케팅 전략을 자동으로 실행하며, 고객 행동을 예측하여 이에 기반한 마케팅 자동화를 가능하게 한다. 이 시스템은 고객이 특정 제품에 관심을 보이는 패턴을 식별하고, 이에 맞춰 맞춤형 이메일 캠페인을 자동으로 실행할 수 있다. CRM과 AI의 이러한 융합은 미디어 전략에서도 고객 중심의 전략을 더욱 정교하게 만드는 데 기여하고 있다. 예를 들어, 고객 세분화(Customer Segmentation)를 통해 CRM의 효율성을 극대화하며, 고객의 구매 이력과 행동 데이터를 분석하여 유사한 행동 패턴을 보이는 고객 그룹을 식별하고, 각 그룹에 맞춤형 마케팅 메시지를 제공한다. 이러한 접근은 고객의 요구에 더욱 부합하는 마케팅 전략을 수립하게 하며, 고객과의 관계를 지속적으로 강화하는 데 중요한 역할을 한다.

3) AI기반의 CRM과 미디어 전략

미디어 전략은 광고주가 목표를 달성하기 위해 최적의 매체를 선정하고, 특정 타깃 그룹에게 효과적으로 도달하기 위한 의사결정 과정이다(Sissors & Baron, 2010). CRM은 이와는 별도로 고객 데이터를 관리하고, 고객과의 관계를 강화하기 위한 전략과 도구로 정의된다. CRM은 고객의 구매 이력, 행동 데이터, 선호도 등을 체계적으로 관리하며, 이를 통해 개인화된 마케팅, 고객 서비스, 판매 전략을 개발하는 데 중점을 둔다. 미디어 전략과 CRM은 각기 다른 목적을 지니고 있으나, 통합적 마케팅 전략의 일환으로 상호 보완적인 역할을 할 수 있다.

AI 기반 CRM은 빅데이터를 활용해 미디어 전략 내에서 타깃팅의 정교성을 한층 더 강화하는 데 유용하다. 예를 들어, 특정 고객 그룹의 구매 패턴을 분석하여, 그들에게 적합한 광고 채널과 메시지를 선택적으로 노출함으로써 맞춤형 광고 캠페인의 효과를 극대화할 수 있다. 이와 같은 인사이트는 맞춤형 광고 캠페인의 설계에 중요한 역할을 하며, 고객의 선호도와 행동 데이터를 기반으로 한 개인화된 메시지와 미디어 선택을 통해 광고 집행의 효율성을 크게 높일 수 있다.

또한, CRM 데이터는 광고 캠페인 성과를 분석하는 데 중요한 역할을 한다. 광고 캠페인 후 고객의 행동을 분석하고, 이를 바탕으로 향후 미디어 전략에 반영함으로써, 더 많은 전환을 유도하는 광고의 특성을 파악할 수 있다. AI 기반 CRM 데이터는 이 분석 과정에서 중요한 역할을 하며, 이를 통해 더욱 정교하고 효율적인 미디어 전략을 수립할 수 있다.

통합된 마케팅 전략에서 AI로 강화된 CRM은 미디어 전략의 중요한 데이터 소스이자 전략적 도구로 작용한다. 퍼스트 파티 데이터의 중요성이 점차 커지는 시장 상황에서, CRM에서 도출된 인사이트는 광고 미디어 전략을 강화하고, 타깃팅과 성과 분석을 정교화하며, 고객 중심의 통합 마케팅 전략을 구현하는 데 필수적인 요소로 자리매김할 것이다.

7. 글로벌 대행사의 AI 도입: 미디어 전략의 패러다임 전환

AI는 미디어 전략에서 혁신을 주도하고 있으며, 이는 광고대행사의 비즈니스 모델뿐만 아니라 운영 방식 자체를 근본적으로 변화시키고 있다. 현재 광고대행사들은 단순히 서비스를 제공하는 것을 넘어, AI 기반의 종합 마케팅 플랫폼(Total Marketing Platform) 기업으로의 전환을 추진하고 있다. 이러한 종합 마케팅 플랫폼은 AI 기술을 통해 마케팅 및 광고 업무의 전 과정을 자동화하고, 분석에서부터 효과 측정까지를 포괄하는 통합적 접근을 가능하게 한다. 주요 글로벌 광고 대행사들은 AI를 활용하여 미디어 플래닝과 바잉 프로세스를 자동화하고, 데이터 분석의 정밀도를 높이며, 실시간 옴니채널 최적화를 통해 광고 효과를 극대화하고 있다. 이러한 트렌드의 선두에 서 있는 하쿠호도(Hakuhodo), 퍼블리시스 그룹(Publicis Groupe), WPP(Group M)의 AI 혁신 전략을 통해 광고 산업과 미디어 전략의 방향성을 이해할 수 있다.

1) 하쿠호도(Hakuhodo)

일본을 대표하는 광고대행사 하쿠호도(Hakuhodo)는 AI를 활용한 '크리에이티비티 플랫폼(Creativity Platform)'으로의 전환을 목표로 하는 중장기적 경영 전략을 발표했다. 하쿠호도는 단순히 광고 제작을 넘어, 미디어 전략을 포함한 마케팅의 모든 영역에서 창의적이고 혁신적인 접근을 가능하게 하는 'AI 기반 플랫폼'을 구축하겠다는 비전을 제시했다.

하쿠호도의 AI 트랜스포메이션의 핵심인 '크리에이티비티 엔진 블룸(Creativity Engine BLOOM)'은 마케팅의 핵심 요소들을 통합 관리하는 플랫폼으로, 미디어 전략, 크리에이티브, 유통, 소비자 참여 등의 기능을 포함하고 있다. 특히, BLOOM은 7,000여 개의 가상 페르소나를 생성하여 타깃 고객의 행동 패턴과 선호도를 분석하고, 이를 바탕으로 개인 맞춤형 광고 캠페인을 실행한다. 이 분석을 통해 하쿠호도는 타깃팅의 정확성을 높이고, 광고 소재 개발과 효과 측정에 이르기까지 캠페인의 모든 단계를 자동화하며 최적화할 수 있다.

특히 MEDIA BLOOM 모듈은 디지털 및 전통 미디어를 통합하여 광고 캠페인의 효과를 최대화하는 데 기여한다. 실시간으로 미디어 지출을 조정하여 최적의 결과를 도출할 수 있도록 하며, CREATIVE BLOOM 모듈은 AI를 활용해 크리에이티브 콘텐츠를 자동으로 생성하고 평가함으로써, 다양한 광고 소재를 신속하게 테스트하고 최적화할 수 있도록 지원한다.

이와 함께 COMMERCE BLOOM은 전자상거래와 리테일 미디어의 연계를 통해 혁신적인 쇼핑 경험을 창출하며, ENGAGEMENT BLOOM은 고객과의 관계를 강화하여 장기적인 브랜드 충성도를 구축하는 데 중요한 역할을 한다. 이러한 기능들을 통해 하쿠호도는 실시간 데이터 분석을 기반으로 변화하는 소비자 트렌드에 빠르게 대응할 수 있으며, 광고주와 소비자 간의 긴밀한 관계를 지속적으로 유지하고 강화할 수 있다.

하쿠호도는 이러한 AI 기반 플랫폼을 통해 하쿠호도는 이 AI 기반 플랫폼을 통해 광고 마케팅 효율성을 극대화하고, 경쟁력을 지속적으로 강화하며, 시장에서의 입지를 더욱 확고히 다져가고 있다

2) 퍼블리시스(Publicis)

프랑스의 글로벌 광고 대행사인 퍼블리시스 그룹(Publicis Groupe)은 업계 최초로 AI 기반의 조직 및 광고 플랫폼을 통합하여 'AI 지능형 시스템 회사'로의 전환을 추진하고 있다. 이를 위해 대규모 예산을 인력 개발과 기술 혁신에 투자하고, AI 기술을 전사적으로 도입하고 있다. 퍼블리시스의 핵심 전략은 지능형 AI 플랫폼인 'Core AI'로, 이 플랫폼은 고객 인사이트, 미디어 전략, 크리에이티브, 소프트웨어, AI 운영의 다섯 가지 핵심 분야로 구성되어 있으며, 이들이 퍼블리시스 그룹의 비즈니스 프로세스 혁신에 중추적인 역할을 하고 있다.

특히, Core AI 플랫폼의 미디어 전략 모듈은 미디어 플래닝과 바잉을 최적화하여, 광고주가 실시간으로 원하는 목표를 달성할 수 있도록 지원한다. 데이터 분석과 인사이트를 바탕으로 캠페인 전 과정을 정교하게 조정하며, 성과를 지속적으로 모니터링하고 최적화할 수 있는 Post-buy 분석 기능도 포함되어 있다. 이를 통해 광고주의 요구에 맞춘 실시간 타깃팅과 예산 배분을 자동으로 최적화하여, 광고 캠페인의 성과를 극대화하는 데 중요한 역할을 한다.

Core AI 외에도 퍼블리시스 그룹은 자회사들을 통해 다양한 AI 기반 미디어 전략 시스템을 개발하고 있다. 디지털 컨설팅과 기술 부문을 담당하는 Sapient는 AI와 데이터 분석을 활용하여 기업들의 디지털 전환

을 가속화하고, 고객 여정 분석과 맞춤형 디지털 경험 제공에 중점을 둔다. 이를 통해 고객의 요구에 맞춘 최적의 콘텐츠와 메시지를 실시간으로 제공하여 광고 효과를 극대화하고 있다. 또한, 글로벌 미디어 에이전시인 Zenith는 AI 기반의 미디어 플래닝 및 바잉 서비스를 통해 광고주에게 최적의 미디어 믹스를 제공하여, 최대의 ROI를 달성할 수 있도록 돕는다. Zenith의 AI 시스템은 미디어 지출을 실시간으로 최적화하고, 타깃팅의 정확도를 높여 광고 효과를 강화하는 데 기여한다. 데이터 마케팅 자회사인 Epsilon은 'Epsilon PeopleCloud'를 통해 실시간으로 고객 데이터를 통합하고 분석하여, 개별 소비자에게 맞춤형 광고 메시지를 전달한다. 이로써 광고주가 소비자의 전체 여정을 이해하고, 각 접점에서 가장 효과적인 광고를 제공할 수 있도록 지원한다. Epsilon의 AI 기술은 퍼블리시스 그룹의 미디어 전략을 더욱 정밀하고 효과적으로 만드는 데 중요한 역할을 한다.

퍼블리시스 그룹은 이와 같은 자회사들의 AI 기반 플랫폼과 솔루션을 통해 전사적인 디지털 혁신을 추진하고 있으며, 이를 통해 광고와 마케팅 산업에서의 경쟁력을 강화하고 있다.

3) WPP

글로벌 최대 광고 그룹 중 하나인 WPP는 모든 비즈니스 영역에 AI를 통합하는 'AI Business Embedded' 전략을 추진하고 있다. 이는 AI를 단순한 도구로 사용하는 것을 넘어, AI 기반의 종합 마케팅 플랫폼으로 전환하여 생산성 향상과 비용 절감뿐만 아니라, AI 솔루션, 컨설팅, 서비스 등 새로운 비즈니스 모델을 구축하려는 시도를 의미한다.

WPP는 자사의 데이터와 AI 기술 역량을 바탕으로 'WPP Open' 플랫폼을 구축하였다. 이 플랫폼은 데이터 관리, AI 모듈, 다양한 앱 서비스를 WPP 직원과 광고주에게 제공하며, 이를 통해 미디어 전략, 광고 효과 측정 분석, 크리에이티브 제작 등 광고 업무 전반에 AI를 적용하고 있다.

또한, WPP는 자사 플랫폼인 Xaxis를 통해 데이터 기반의 타깃팅과 광고 성과 최적화를 강화하고 있다. Xaxis는 AI와 머신 러닝 기술을 활용해 프로그래매틱 광고 구매를 자동화하고, 최적의 광고 효과를 달성할 수 있도록 지원한다. MediaCom은 'The System'이라는 통합 데이터 플랫폼을 운영하여 AI를 활용한 미디어 전략 최적화에 중점을 두고 있다. Essence는 디지털 광고에 특화된 자회사로, AI 기반의 예측 분석과 타깃팅 기술을 통해 광고 캠페인의 효율성을 극대화하고 있다.

뿐만 아니라, WPP의 데이터 및 인사이트 자회사인 Kantar는 AI 기반의 데이터 분석 플랫폼을 운영하며, 고객 행동 및 시장 동향을 정밀하게 분석해 마케팅 전략 수립에 기여하고 있다. WPP Open은 이러한 다양한 자회사들의 기술과 데이터를 통합하여, 미디어 전략을 포함한 광고 마케팅 업무의 전 과정을 AI 기반으로 실시간 자동화하고 운영을 최적화하는 종합 마케팅 플랫폼으로, 광고 집행의 효율성을 높이고 더 나은 성과를 도출하는 데 기여하고 있다.

2021년 WPP는 AI 기술 회사인 Satalia를 인수하여 AI 역량을 대폭 강화했으며, 데이터 플랫폼 회사를 설립하고 AI 기술을 통한 다양한 프로젝트를 추진하고 있다. WPP는 엔비디아(NVIDIA)와의 협업을 통해 AI 기반의 혁신적 프로젝트를 진행하여, 광고 타깃팅의 정확도를 높이고 다양한 소비자 그룹에게 맞춤형 광고 메시지를 제공할 수 있는 역량을 강화하였다. 이 프로젝트는 2023년 칸 광고제에서 소개되었으며, WPP의 AI 기반 광고 전략이 주목받는 계기가 되었다.

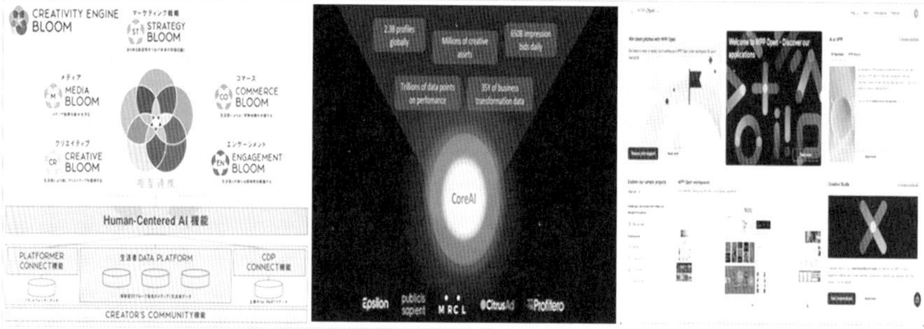

[그림 6-9] 주요 글로벌 대행사 AI 기반 마케팅 플랫폼

글로벌 광고 대행사들의 AI Transformation 전략의 공통점은 AI 기반의 통합 마케팅 플랫폼 기업으로의 전환을 목표하고 있다는 것이다. 이들은 통합 AI 플랫폼을 구축하고 데이터 중심의 접근을 강화하고 있으며, 특히 실시간 최적화, 미디어 믹스 최적화, 예상 효과 산출 및 크리에이티브 효율 극대화 등 미디어 전략에 직결되는 솔루션을 갖추고 있어 더욱 과학적인 미디어 전략을 지원한다. 특히, AI 기반의 마케팅 플랫폼은 방대한 데이터를 빠르고 정확하게 분석하여 미디어 전략과 바잉 과정을 혁신하고 있으며, 정교한 타깃팅을 통해 광고 메시지가 가장 적합한 타깃에게 노출되도록 하는 한편 소비자와 브랜드의 관계를 강화시키고 있다. 이러한 변화는 광고 전반적인 업무 방식 자체를 혁신하고 있으며, AI 기술의 지속적인 발전은 특히 미디어 전략에 있어 더욱 핵심적인 역할을 할 것으로 예상된다.

8. 맺음말

AI는 광고 미디어 전략의 판도를 바꾸는 혁신적인 기술로 자리 잡았다. 실시간 데이터 분석, 개인화된 타깃팅, 예측 분석, 프로그래매틱 바잉 등을 통한 AI 기반 미디어 전략은 점점 더 정교하고 과학적인 방향으로 발전하고 있으며, 이러한 변화는 앞으로도 지속될 전망이다. 주요 광고 대행사들은 AI 통합 마케팅 플랫폼을 통해 비즈니스를 확장하고 경쟁력을 강화하고 있다.

미디어 전략에서 AI의 역할은 광고주와 미디어 플래너가 더욱 효과적인 캠페인을 기획하고 실행할 수 있도록 지원하는 것이다. 실시간 데이터에 기반한 크리에이티브 관리와 성과 극대화가 가능해짐에 따라, 복잡한 타깃팅 작업이 자동화되어 확장성이 더욱 커졌다. 이처럼 AI 기반 미디어 전략은 이제 선택이 아닌 필수적인 요소로 자리하고 있다.

그러나 AI의 급속한 도입은 혜택과 함께 여러 윤리적 문제와 도전 과제를 수반한다. AI가 소비자의 행동을 예측하고 맞춤형 광고를 제공하는 과정에서 개인정보 보호와 편향성 문제는 중요한 과제로 떠오르고 있다. AI 시스템이 과거 데이터를 학습할 때, 그 데이터에 내재된 편견이 반영될 수 있으며, 이는 공정성과 관련된 문제를 야기할 수 있다. 이러한 문제를 해결하기 위해서는 AI 시스템의 투명성을 확보하고 윤리적인 설계를 강화하는 것이 필수적이다.

결론적으로, AI를 활용한 미디어 전략은 광고주의 ROI를 극대화하는 동시에, 소비자에게 더 나은 경험을 제공하고, 개인정보 보호와 공정한 광고 환경 유지를 위한 노력이 필요하다. AI가 변화시키는 미디어 전략은 맞춤형 타깃팅과 실시간 최적화, AI 기반 OOH(Out-of-Home) 광고, 리테일 미디어와 CRM의 융합을 넘어, 글로벌 대행사들의 비즈니스 모델에 이르기까지 폭넓게 영향을 미치고 있다. 이러한 변화는 미디어 전략의 패러다임을 전환시키며, 광고와 마케팅의 미래를 재정의하는 데 중요한 역할을 할 것이다.

참고문헌

김나경, 고한준 (2024). 쿠키리스시대의 대안, AI 기반 맞춤형 DOOH 의 광고효과 척도 개발 연구: 상황 인식형 광고를 중심으로. **OOH 광고학연구, 21**(2), 111-144.

Bartholomew, D. E., & Williamson, M. (2022). Retail media networks. *Journal of Retailing and Consumer Services, 69*, 103119.

Chaffey, D., & Ellis C. F. (2019). *Digital Marketing: Strategy, Implementation & Practice* (7th ed.). Pearson.

Jorge, R., & Sandrina, T. (2023). *The Use of Artificial Intelligence in Digital Marketing: Competitive Strategies and Tactics*. IGI Global.

Chowdhury, S., Basu, S., Ashoka, N., & Singh, P. K. (2024). Influence of AI driven Digital Marketing on Consumer Purchase Intention: An Empirical Study. *Journal of Informatics Education and Research, 4*(2).

Gentsch, P. (2018). AI in marketing, sales and service: How marketers without a data science degree can use AI, big data and bots. springer.

Gertz, O., & McGlashan, D. (2016). Consumer-centric programmatic advertising. Programmatic Advertising: The Successful Transformation to Automated, *Data-Driven Marketing in Real-Time*, 55-73.

Kotler, P., & Keller, K. L. (2016). *Marketing Management* (15th ed.). Pearson.

Kumar, V., Ashraf, A. R., & Nadeem, W. (2024). AI-powered marketing: What, where, and how?. *International Journal of Information Management, 77*, 102783.

Payne, A., & Frow, P. (2005). A strategic framework for customer relationship management. *Journal of marketing, 69*(4), 167-176.

Roetzer, P., & Kaput, M. (2022). *Marketing artificial intelligence: AI, marketing, and the future of business*. BenBella Books.

Russell, S., & Norvig, P. (2021). *Artificial Intelligence: A Modern Approach* (4th ed.). Pearson.

Sissors, J. Z., & Baron, R. B. (2010). *Advertising media planning*. McGraw-Hill.

chapter

07

AI가 바꾸는 광고PR 캠페인 효과 측정과 관리

▸▸▸ 최미연

(서울대학교 언론정보연구소 연구원)

최근 AI 기술을 기반한 광고PR 전략이 인간 작업에 대한 효율성을 증가시키고, 창의적 결과물을 생성할 수 있다는 점에서 널리 활용되고 있다. 이러한 상황에서 광고 · PR 실무자들은 클라이언트와 이용자를 대상으로 한 효과적인 커뮤니케이션을 수행하고, 조직의 생존과 발전에 기여하기 위해 전문적이고 체계적인 프로세스 관리 능력이 필수적이다. 그러나 문제는 이전의 광고PR 효과 측정 방식의 변화가 AI 광고PR 효과 측정 방식이 달라짐에도 불구하고, 이를 적용할 수 있는 방식이 학계와 실무에서 체계적으로 논의되지 않았다는 것이다. 또한 광고PR 실무 분야에서 적용되었던 이전의 효과 측정도 단순 수(數)적인 측정 방식을 넘어, 과학적인 방법이 활용되어야 한다. AI 광고PR 효과 측정은 이용자와의 지속적이고 효과적인 설득 커뮤니케이션의 맥락에서 객관적 평가를 통해 더욱 정교해져야할 필요성이 제기되고 있다. 이에 따라 이번 챕터에서는 AI 광고PR의 효과적 측정 방법을 검토해 보고, 향후 AI 광고PR의 효과적 측정 지표 기준을 마련할 수 있는 발전적 논의의 토대를 제안하고자 한다.

1. AI 광고PR 효과 측정이란 무엇인가?

1) AI 광고PR 효과 측정의 개념적 접근

AI 광고PR 효과 측정이란 인공지능 기술을 활용한 광고와 홍보 활동의 성과를 실시간으로 분석, 평가, 그리고 최적화하는 과정을 의미한다(Ezzat, 2024). AI 기술 기반의 광고PR 제작 사례가 증가, 확산되면서 그에 따른 AI 광고PR 효과 측정 분야도 확장되고 있다. 현재 온라인 광고를 비롯해 옥외광고(Out of home, OOH), 모바일 광고 등에도 이용자의 쿠키, 방문 웹페이지, 클릭률, 전환률, 오프라인에서 이동하는 객체 감지 기술, GPS 기반 신호 등의 데이터를 수집하여 측정되고 있다. 이러한 AI 광고PR 효과 측정은 데이터 수집과 통합, 정교한 타깃팅, 성과 측정 및 분석, 그리고 실시간 모니터링 및 조정으로 구성되며, 궁극적으로는 소비자에게 적절한 정보를 효과적으로 전달하고 마케팅 효율성을 극대화하는 것을 목표로 한다(Ezzat, 2024).

AI 광고PR 효과 측정이 중요한 이유는 첫째, AI 마케팅 산업의 성장과 직결되기 때문이다. 이를 통해 AI 기반 마케팅 전략의 효율성을 정확하게 평가하고 최적화할 수 있다. AI 광고PR의 성과를 측정하면 마케팅 캠페인의 효과를 명확히 평가할 수 있으며, 어떤 전략이 효과적인지, 어떤 요소를 수정해야 하는지를 파악할 수 있다. 데이터 기반 의사결정은 마케팅 예산을 효율적으로 사용하고 ROI(Return on Investment)를 극대화하는 데 필수적이다. ROI는 마케팅 캠페인 및 제품 개발, 신규 사업 등 다양한 분야의 성과를 측정하고 향후 전략 수립의 기반이 되기 때문에 광고PR 분야에서는 투자, 수익성 평가에 중요한 지표다.

둘째, AI를 활용한 광고와 PR 효과 측정은 실시간 데이터를 제공한다. 이는 캠페인이 진행되는 동안 소비자 반응에 따라 즉각적인 전략 조정을 가능하게 한다. 실시간 피드백을 통해 광고의 효율성을 높이고, 변화하는 시장 상황에 빠르게 대응할 수 있다. AI는 방대한 데이터를 분석하여 소비자 행동 패턴을 파악하고, 이를 기반으로 맞춤형 광고를 제공한다. 개인화된 마케팅은 소비자의 관심을 더 효과적으로 끌어들여 클릭률(CTR)과 전환율을 높일 수 있다. AI 광고 효과 측정은 이러한 개인화 전략의 성공 여부를 평가하는 데 중요하다.

셋째, AI 기반 광고와 PR 효과 측정은 시장 트렌드를 예측하고 이에 따른 전략을 수립하는 데 도움을 준다. 경쟁사보다 빠르게 변화에 대응하고, 더 나은 마케팅 전략을 실행함으로써 시장에서 경쟁 우위를 확보할 수 있다. 또한, AI 광고PR 효과 측정은 장기적인 데이터 축적과 분석을 통해 지속적인 개선과 학습을 가능하게 한다. 이를 통해 기업은 장기적인 마케팅 전략을 수립하고, 지속 가능한 성장을 이끌어낼 수 있다.

이와 같이 AI 광고PR 효과 측정은 AI 마케팅 산업의 성장과 직접적으로 연결되어 있으며, 마케팅 캠페인의 효율성을 평가하고 최적화하는데 중요한 역할을 한다. 이를 통해 기업은 더 나은 의사결정을 내리고, 실시간으로 전략을 조정하며, 개인화된 마케팅을 통해 소비자 참여를 극대화할 수 있다. 궁극적으로 이러한 과정은 시장에서의 경쟁력을 강화하고, 장기적인 성장을 촉진하는 데 기여할 수 있다.

2) 전통적 광고PR 효과 측정 방식

AI 광고PR 효과 측정 방식이 구축되기 전, 기존의 광고PR 효과 측정 방식은 온라인 및 오프라인 설문조사, 인터뷰, 미디어 모니터링 등의 방법이 주로 사용되었다([표 7-1] 참조).

전통적인 효과 측정 방식은 온오프라인 설문조사와 소비자 인터뷰의 방식, 미디어 모니터링, 판매 데이터 분석, 브랜드 리프트 등의 방식이 사용되어왔다. 설문조사와 인터뷰는 광고PR 캠페인 후 소비자에게 직접적인 반응을 수집하는 방식이다. 미디어 모니터링은 다양한 매체(신문, 잡지, TV 등)에서 노출된 캠페인을 모니터링하고 도달 범위에 따른 소비자 반응을 측정하는 방식이다. 판매 데이터 분석은 광고PR 캠페인이 실행된 후 특정 기간 동안 온오프라인에서 실제 판매된 상품에 대한 판매량을 기준으로 측정하는 것으로, 소비자의 제품 구매에 광고PR이 어떤 효과나 영향을 미치는지를 파악하는 방식이다. 이밖에도 전통적 광고PR 효과 측정 방식은 명시적 기억(Explicit memory) 및 암묵적 기억(Implicit memory) 효과 측정 방식과 주로 옥외광고에서 적용되는 아이트래커(Eye-Tracker) 방식이 있다. 명시적 기억 측정 방식은 학습 일화를 의식적이고 의도적으로 인출해 낼 것을 요구하여 파지하는 측정 방식이며(김재휘, 안정태, 2004; Shanker & Shapiro, 1996), 암묵적 기억 측정은 소비자가 노출되었던 특정 상황이나 과제 수행 시에 의식하지 못했던 정보가 기억 속에 남아 있는 것을 측정하는 방식이다(김재휘 · 안정태, 2004; Shanker & Shapiro, 1996). 또한 아이트래커 측정 방식은 소비자의 시선 이동을 추적해 무엇을 보고 있는지를 측정하는 것으로, 콘텐츠 인지와 상호작용 분석에 대한 중요한 정보를 제공한다(Tulving & Schacter, 1990).

이러한 전통적 효과 측정 방식은 심층적으로 소비자 반응을 파악할 수 있다는 점에서 광고PR 캠페인의 메시지 인식 효과를 파악할 수 있으며(김재휘 · 안정태, 2004), 다양한 미디어 모니터링을 통해 노출도와 소비자 반응, 광고 도달 범위와 주목도를 측정하는 데에 유용하다. 판매 데이터 분석 방법의 경우 광고 집행 이후 실제 판매 데이터 분석을 통해 광고PR 캠페인의 직접적인 경제적 효과를 평가하는 데에 중요한 역할을 하기 때문에 꾸준히 적용되어 왔다(김은희, 2010; 김정숙 · 한상필, 2009; Tulving & Schacter, 1990). 그러나 이러한 효과 측정 방식은 개개인마다의 광고PR 캠페인 도달 정도가 다르고, 소비자의 주의를 기울이는 정도, 인지 정도 등에 따라 주관적 편향의 가능성이 있고(김재휘 · 안정태, 2004), 정확한 계량적 측정이 어렵기 때문에 객관적 지표로서의 한계로 지적되어 왔다(Roediger, 1990). 특히 암묵적 기억 효과 측정 방식과 판매량 기준의 효과 측정 방식의 경우 소비자가 의식적으로 주의를 기울이더라도 소비자의 물리적 기억력의 제한이나 환경적 맥락에 따라 영향을 많이 받기 때문에 정확한 측정이 불가능하다. 또한 설문조사나 인터뷰, 미디어 모니터링 등은 많은 비용과 시간이 소요되기 때문에 자원 투자가 필요하다(김정숙 · 한상필, 2009). 이러한 전통적 측정 방식의 한계를 보완하기 위해 객관적 지표를 기반한 측정 방식이 요구되고 있다.

3) AI 광고PR 효과 측정의 필요성

AI 광고PR 효과 측정은 기업이 마케팅 캠페인의 효율성을 극대화하고, 투자 대비 수익을 높이기 위해 필수적이다. 그 필요성은 여러 측면에서 강조될 수 있다.

먼저, AI를 활용한 효과 측정은 마케팅 활동의 성과를 정확하게 평가할 수 있게 한다. 이는 데이터 기반의 의사결정을 가능하게 하여, 감에 의존하는 전통적인 접근법보다 훨씬 신뢰할 수 있는 결과를 제공한다(Jarek & Mazurek, 2019). 데이터 기반 의사결정은 마케팅 예산을 효율적으로 사용하고 ROI를 극대화하는 데 필수적이다. 정확한 데이터 분석을 통해 마케팅 전략을 세밀하게 조정할 수 있으며, 이는 궁극적으로 더 높은 성과로 이어진다. 또한, AI는 실시간으로 데이터를 분석하여 광고 캠페인의 성과를 평가하고 즉각적인 피드백을 제공한다. 이는 캠페인의 효율성을 높이고, 빠르게 변화하는 시장 상황에 대응하는 데 도움을 준다(Chaffey & Smith, 2022). 실시간 피드백과 최적화는 마케팅 전략의 유연성을 높이며, 소비자의 반응에 즉각적으로 대응할 수 있게 한다. 이는 마케팅 캠페인의 성공 확률을 크게 높인다.

AI는 개별 소비자의 행동 패턴을 분석하여 개인화된 광고와 PR 메시지를 제공할 수 있다. 이는 소비자의 참여도를 높이고, 전환율을 향상시키는 데 중요한 역할을 한다(Davenport & Ronanki, 2018). 개인화된 마케팅은 소비자 경험을 개선하고, 브랜드에 대한 충성도를 높이는 데 기여한다. 소비자는 자신에게 맞춘 메시지를 더 잘 수용하며, 이는 마케팅 성과를 극대화하는 데 중요한 역할을 한다. AI는 캠페인의 성과를 분석하여 가장 효과적인 채널과 전략에 자원을 배분할 수 있게 한다. 이는 광고 예산을 효율적으로 사용하여 ROI를 극대화할 수 있다(Agrawal, Gans, & Goldfarb, 2018). 효율적인 자원 배분은 광고비용을 절감하고, 더 높은 성과를 도출하는 데 도움을 준다. 예산을 최적화하여 가장 효율적인 광고 전략을 채택함으로써, 기업은 비용 대비 최대의 효과를 얻을 수 있다. 나아가, AI는 과거 데이터를 분석하여 미래의 시장 트렌드를 예측하고, 이에 맞춰 전략을 조정할 수 있다. 이는 경쟁사보다 앞서 나가고, 시장에서 경쟁 우위를 확보하는 데 도움을 준다(Wilson, 2023). 시장 트렌드 예측은 기업이 변화에 신속하게 대응하고, 지속 가능한 성장을 이끌어낼 수 있게 한다. AI의 예측 능력은 기업이 전략적 결정을 내리는 데 중요한 역할을 하며, 이는 장기적인 성공을 보장할 수 있다는 관련 산업계의 전망이다.

결론적으로, AI 광고PR 효과 측정은 데이터 기반의 정확한 성과 평가, 실시간 피드백 및 최적화, 개인화된 마케팅, 효율적인 자원 배분, 경쟁 우위 확보 등 다양한 측면에서 중요한 역할을 한다. 이를 통해 기업은 마케팅 캠페인의 효율성을 높이고, 더 나은 의사결정을 내릴 수 있다. AI의 도입은 마케팅 전략을 혁신적으로 변화시키며, 기업이 디지털 시대에서 성공할 수 있는 토대를 마련해 준다.

AI 광고PR 효과 측정은 단순히 마케팅의 효율성을 높이는 데 그치지 않는다. 이는 기업의 전체적인 성과와 성장에 직접적인 영향을 미치며, 장기적인 경쟁력을 확보하는 데 중요한 역할을 한다. AI를 통해 얻은 데이터 인사이트는 더 나은 제품 개발, 고객 서비스 개선, 그리고 새로운 시장 기회 탐색 등 다양한 분야에서 활용될 수 있다. 따라서 AI 광고

PR 효과 측정의 필요성은 기업의 지속 가능성과 직결되며, 이를 통해 기업은 더 혁신적이고 경쟁력 있는 시장 전략을 구사할 수 있다.

2. AI 광고PR 효과 측정 현황

1) AI 광고PR 효과 측정 프로세스

AI 기술을 기반한 광고PR은 소비자에게 충분한 정보를 제공하기 위해 메시지 도달 범위를 확보하여 정교한 타깃팅 및 측정을 가능하게 한다. AI 광고PR 효과 측정은 일반적으로 [그림 7-1]과 같은 다섯 단계로 구성된다.

1단계 데이터 수집 및 통합 단계에서는 분석이 가능한 데이터를 수집하는 소스 다각화와 데이터 정제 단계가 수행된다. 소스 다각화 단계에서는 웹사이트, 소셜 미디어, 광고 플랫폼 등에서 다양한 소스에서 데이터를 수집한다. 광고PR 캠페인의 성과 평가를 위해서는 웹사이트 트래픽, 소셜 미디어 내에서의 상호작용, 광고 클릭 데이터, 판매 데이터, 서드파티 데이터 제공자 등의 다양한 데이터 소스를 수집할 수 있다. 수집된 데이터는 구조화된 데이터와 비구조화된 데이터의 형태로 구분되는데, 구조화된 데이터는 양적 및 정형화된 데이터베이스, 스프레드시트와 같은 형식으로 저장된 데이터를 의미하며, 비구조화된 데이터는 텍스트, 이미지, 비디오 등과 같은 형식의 질적 데이터를 의미한다. 구조화 및 비구조화된 데이터의 경우 일부 기업에서는 자세추정 기술 적용(Pose Estimation)을 통해 실시간으로 보행자(객체)에 대한 자세추정 분석을 통해 성별, 나이 등에 대한 데이터와 광고PR 캠페인의 노출, 시청,

주목률 등 데이터를 도출한다. 데이터셋(Dataset)을 구축하여 객체 감지 기술(Object Detection)을 통해 데이터를 분석하고, 객체 정보를 수집하기도 한다.

단계	구성 요소	내용
1단계: 데이터 수집 및 통합	소스 다각화	웹사이트, 소셜 미디어, 광고 플랫폼 등 다양한 소스에서 데이터 수집
	데이터 정제	수집된 데이터 정제 후 분석 가능한 형태로 통합
2단계: 데이터 분석 및 인사이트 도출	알고리즘 식별	AI 알고리즘 활용한 대량의 데이터 분석 후 패턴 식별
	예측분석	소비자 행동과 시장 트렌드 예측하여 미래 성과 예측
3단계: 타깃팅 세분화	개인화 마케팅	소비자 개개인의 취향 및 행동 분석 기반 맞춤형 메시지 제공
	실시간 타깃팅	실시간 데이터 기반의 타깃팅 전략 조정
4단계: 성과 측정	KPI 설정	클릭률(CTR), 전환율, ROI 등 주요 성과 지표 설정, 측정
	실시간 모니터링	실시간으로 성과 모니터링, 즉각적인 피드백 반영
5단계: 데이터 시각화 및 보고서 생성	데이터 시각화 툴	분석 결과의 시각적 표현 제공
	자동화된 보고서	AI 기반 자동 성과 보고서 생성

[그림 7-1] AI 광고PR 효과 측정 구성 단계

다양한 소스에서 대량의 데이터가 수집되면 데이터 정제 및 품질 관리를 통해 분석이 가능한 데이터 형태로 가공하는 과정을 거친다. 데이터 정제 및 품질 관리 단계에서는 AI 시스템을 통해 중복되거나 분석이 불가능한 데이터, 또는 불완전한 데이터 등을 정제하여 데이터의 정확성을 높인다. 정제된 데이터는 일관된 형식으로 변환하고 통합하여 데이터 세트로 구성하며, 동일한 지표와 기준을 적용해 분석할 수 있도록 한다.

2단계 데이터 분석 및 인사이트 도출 단계에서는 알고리즘 식별과 예측 분석의 세부 단계가 수행된다. 먼저 알고리즘 식별 단계는 수집된 데이터를 분석하기 위해 어떤 기계 학습 모델이나 알고리즘이 가장 적합한지 결정하는 과정이다. 클릭률(CTR)을 예측하는지, 전환율을 높이는지에 따라 사용 가능한 알고리즘이 달라질 수 있기 때문에 문제에 대한 정의와 목표를 정확하게 설정해야 한다. 분석 목표에 따라 알고리즘 구성에 큰 영향을 미치고 데이터 특성(예: 연속형, 이산형, 비선형)에 따라 적합한 데이터 구조와 알고리즘이 달라지기 때문에 예측의 정확성이나 처리 속도, 실시간 분석 여부 등의 목표 설정 과정이 중요하다. 여기서 데이터 분석에 사용되는 알고리즘은 선형 회귀, 로지스틱 회귀, 의사결정 나무, 신경망 등의 형태로 데이터 테스트와 정확성, 속도, 확장성 등 다양한 지표를 기준으로 평가하여 구조화된다. 예측 분석 과정은 알고리즘을 사용해 미래의 성과를 예측하고, 이를 기반으로 인사이트를 도출하는 과정이다. 예측 분석 과정에서는 선택된 알고리즘을 사용해 모델을 학습하는데, 이때 수집된 데이터를 사용해 모델이 패턴과 관계를 학습하도록 한다. 또한 정제된 데이터는 구축한 모델을 새로운 데이터에 적용했을 때 어떻게 성과를 내는지 평가하는 일반적인 수행 능력을 예측할 수 있도록 한다. 이러한 과정을 거친 예측 분석 수행 단계에서는 특정 광고PR 캠페인 클릭률이나 전환율 등의 변화를 예측하여 결과를 생성할 수 있도록 하며, AI 기술을 통해 실시간 예측을 수행하여 캠페인 도중에도 예측 분석을 기반으로 지속적으로 전략을 조정할 수 있다. 예측 분석 수행 단계에서는 전략에 대한 조정이 가능하도록 예측 결과의 정확성을 평가하기 위해 정확도(Accuracy), 정밀도(Precision), 재현율(Recall) 지수 등을 활용할 수 있다. 예측 분석의 결과는 소비자 그룹을 세분화하거나, 전환율이 높은 소비자 그룹 분류, 광고PR 캠페인의 효과성이 높은 시간대 등을 분석하여 특정 소비자 세그먼트를 타깃팅할 수 있는 전략을 수립 및 조정할 수 있는 자료로 활용될 수 있다.

3단계 타깃팅 세분화 단계에서는 개인화 마케팅과 실시간 타깃팅 단계로 세분화된다. 개인화 마케팅은 AI 기술을 활용해 소비자의 개별적 특성과 행동 패턴을 분석하고, 이를 기반으로 맞춤형 메시지를 제공한다. 이를 위해 소비자 데이터를 수집하게 되는데, 이때 수집되는 데이터는 웹사이트 방문 기록, 소비자의 구매 이력, 소셜 미디어 상호작용, 검색 기록 등으로 다양한 소비자 행동 데이터가 포함된다. 이를 기반으로 소비자의 공통된 특성을 가진 소비자 그룹을 세분화하여 그룹화한다. 예를 들어, 특정 제품을 자주 구매하는 소비자 그룹이나 특정 시간대에 활동하는 소비자 그룹, 성별, 연령, 직업군 등 인구사회학적 요인에 대한 세그먼트로 구분될 수 있다. 소비자 세그먼트를 기반으로 맞춤형 메시지를 생성하며, 특정 세그먼트로 분류된 소비자들에게 선호하는 제품과 연관된 광고 · PR 캠페인을 제공한다. 또한, 이전 구매 기록과 소셜 미디어 활동을 바탕으로 마케팅 전략에 부합하는 맞춤형 메시지를 전달할 수 있다. 또한 이메일이나 소셜 미디어, 포털 등을 통해 개인화된 메시지와 광고PR 영상을 노출시킬 수 있으며 이는 AI 기술이 소비자의 행동 중 빈도가 높고, 반복적인 행동을 통해 얻게 되는 데이터를 기반으로 한다.

3단계의 또 다른 실시간 타깃팅 단계는 실시간으로 수집되는 데이터를 분석하여 타깃팅 전략을 수시로 조정할 수 있는 단계이다. 실시간 데이터는 행동 데이터 모니터링과 소셜 미디어 및 트렌드 데이터 분석으로 구분된다. AI는 소비자가 웹 사이트를 방문하거나 광고 클릭, 광고 스킵 등의 실시간 행동을 데이터로 축적하여 모니터링하기 때문에 소비자의 현재 관심사와 행동 패턴을 즉각적으로 파악할 수 있다. 예를 들어 실시간 분석을 통해 성과가 높은 채널이나 타깃 그룹에 광고 예산을 동적으로 재할당하여, 특정 제품에 대한 관심이 급증한 경우, 관련 광고의 노출 빈도를 높이거나 프로모션 진행 등 광고 효율성을 극대화할 수 있다.

4단계 성과 측정 단계는 광고PR 캠페인의 성공 여부를 평가하고 향후 전략을 조정하는 과정이다. 성과 측정에 필요한 분석 툴은 자연어 처리(NLP) 방식을 사용하여 소셜 미디어 활동, 리뷰, 댓글 등에서 소비자 감정을 분석하는 데 적용된다. 또한 사용자가 온라인 게시한 사진을 분석하여 선호 브랜드와 관심사를 파악하는 사진(이미지) 식별 방법으로 성과 분석을 수행한다. 음성 데이터를 분석하여 소비자 요구와 피드백을 수집하는 방식도 있다. 이 단계에서 주로 적용되는 방식은 KPI(Key Performance Indicators) 설정과 실시간 모니터링의 단계로 구성된다. KPI는 특정 목표를 달성하기 위해 성과를 측정하는 지표로 광고PR 캠페인의 효과를 평가하고 전략적 결정을 내리는 데 중요하다(Farris et al., 2010; Marr, 2015). KPI 선정에도 다양한 기준이 있는데, 예를 들어 SMART(Specific, Measurable, Achievable, Relevant, Time-bound)의 기준에 따라 설정할지 여부를 결정해야 한다. 즉, 명확하고 측정 가능하며, 달성 가능하고, 캠페인 목표와 연관성이 있으며, 특정 시간 내에 달성할 수 있는 지표를 선택하는 것이 중요하다.

단계	내용
목표 설정	명확한 캠페인의 목표 정의 (브랜드 인지도 향상, 판매 증대, 웹사이트 트래픽 증가 등)
지표 선택	목표에 부합하는 측정 가능한 지표 선택 (CTR, CPC, ROI, 전환율 등).
기준선 설정	현재 성과와 비교할 수 있는 기준선 설정
기간 설정	KPI 평가 기간 설정

[그림 7-2] KPI 설정 절차

4단계에서의 실시간 모니터링은 캠페인이 진행되는 동안 지속적으로 KPI를 추적하고, 실시간 데이터를 기반으로 즉각적인 피드백을 제공하는 과정이다. 이 단계는 광고 클릭 데이터 및 소셜 미디어 상호작용과 같은 행동 데이터 등 광고PR 캠페인 성과와 관련된 데이터를 실시간으로 수집한다. 이렇게 수집된 데이터를 통합하여 분석이 가능한 형태로 재구성하고, 구글 애널리틱스 4(Google Analytics 4), IBM 왓슨(IBM Watson) 등의 실시간 분석 도구를 사용해 실시간으로 데이터를 분석한다. 이러한 분석 도구는 대시보드를 통해 데이터를 시각화하여, 쉽게 이해할 수 있는 형식으로 구조화하여 분석 정보를 제공한다. 어도비 애널리틱스(Adobe Analytics)와 구글 애널리틱스(Google Analytics)의 경우 기계학습을 기반한 분석으로 주제와 목표에 따른 분석 내용의 인사이트를 도출하게 되고 실시간 데이터 분석 결과에 대한 시각화가 용이하다는 특징이 있다. 또한 IBM 왓슨 애널리틱스(IBM Watson Analytics)의 경우 자연어 처리 기반의 데이터 분석과 시각화를 특징으로 한 도구로써 사용되고 있다. 실시간으로 수집된 데이터는 캠페인 목표에 부합한지 파악할 수 있도록 당초 설정한 벤치마크와 비교 분석하여 조정이 필요한 부분 및 적절하게 수행되고 있는 부분 등을 파악할 수 있도록 정보를 제공해 준다. 이러한 평가 역시 KPI를 기준으로 하는데, KPI가 목표치에서 벗어나는 경우 경고 시스템을 통해 즉각적인 알림을 설정할 수 있다. 예를 들어, 클릭률이 예상보다 낮아질 경우, 이를 즉시 알림으로 받아볼 수 있다. 실시간 모니터링 결과를 바탕으로 캠페인 전략을 즉각적으로 조정하는 과정을 거친다. 이는 광고 배치, 예산 재배분, 메시지 조정 등을 포함할 수 있으며, 실시간 전략 조정 시 캠페인 중간에 발생할 수 있는 문제를 신속하게 해결하고, 성과를 최적화할 수 있다.

5단계인 데이터 시각화 및 보고서 생성 단계는 분석 평가의 최종 단계로서, 분석 결과를 바탕으로 데이터를 시각적으로 표현하고, 이를 이해하기 쉬운 보고서로 작성하는 과정이다. 데이터 시각화는 복잡한 데이터 집합을 그래프, 차트, 인포그래픽 등으로 변환하여 데이터를 한눈에 이해할 수 있도록 재구성하는 단계이다. AI를 통해 수집되고 분석된 대량의 데이터를 시각적으로 표현함으로써, 중요한 인사이트를 쉽게 파악할 수 있다는 장점이 있다. 시각화 방법으로는 막대그래프, 원형 차트, 히트맵, 시간 시계열 차트 등 다양한 방식이 사용된다. 예를 들어, 시간에 따른 광고 클릭률 변화를 시계열 차트로 표현하거나, 고객 세그먼트별 전환율을 비교하는 막대그래프로 시각화할 수 있다. 이러한 시각화는 데이터에서 패턴과 트렌드를 빠르게 식별하는 데 유용하다.

보고서는 분석된 데이터를 기반으로 핵심 내용을 명확하게 전달하기 위해 작성된다. 복잡한 분석 결과를 단순화하여 의사결정자들이 실질적인 결정을 내리는 데 도움을 준다. 일반적으로 보고서는 요약(Summary), 분석 결과(Analysis Results), 추천 사항(Recommendations), 미래 전망(Future Outlook) 등으로 구성된다. 요약 부분에서는 주요 성과 지표와 전체적인 결과를 간략하게 설명하고, 분석 결과 부분에서는 시각화된 데이터를 포함하여 심층적인 분석을 제공한다. 추천 사항에는 분석 결과를 기반으로 한 전략적 제안을 포함하고, 미래 전망에서는 향후 예측과 가능한 시나리오를 제시한다.

보고서는 각 이해관계자의 요구에 맞게 커스터마이징될 수 있다. 예를 들어, 마케팅 팀에는 캠페인 성과 지표에 대한 상세한 분석을 제공하고, 경영진에게는 ROI와 전략적 인사이트에 집중한 요약 보고서를 제공할 수 있다. 시각화된 데이터와 체계적으로 구성된 보고서는 의사결정자들이 보다 신속하고 정확하게 결정을 내릴 수 있도록 지원한다. 예를 들어, 어떤 광고 캠페인이 가장 효과적이었는지, 어느 소비자 그룹이 가장 높은 전환율을 보였는지 등을 명확하게 보여줄 수 있다. 보고서를 통해 얻은 피드백을 다음 분석에 반영하여 지속적으로 캠페인 전략을 개선할 수 있으며, 이는 광고PR 캠페인 성과를 극대화하고, 장기적인 마케팅 목표를 달성하는 데 필수적인 요소이다.

2) AI 효과 측정 방식

AI 효과 측정 방식은 일반적으로 클릭률 및 전환율 분석, ROI 분석, 소비자 감정 및 행동 분석, 세분화 및 타깃팅, 실시간 데이터 분석 등의 방식으로 수행된다(Agrawal et al., 2018; Chaffey & Smith, 2022). 클릭률 및 전환율 분석은 광고PR에 노출된 소비자가 해당 제품이나 브랜드를 얼마나 많이 클릭했는지를 측정하는 것이며, 이는 AI가 수집한 대량의 데이터를 분석하여 어떤 요인들이 클릭률과 전환율에 영향을 미치는지 파악하는 방식으로 수행된다. ROI 분석 방식은 투자 대비 수익률에 대한 효율성을 분석하는 것으로, AI는 광고 캠페인의 모든 비용과 수익 데이터를 실시간으로 분석하여 ROI를 계산하고, 광고 예산을 최적화할 수 있도록 한다. 소비자 감정 및 행동 분석은 온라인 공간에 게시된 소비자의 리뷰, 댓글 등의 텍스트를 비롯한 광고 클릭 행동, 구매 데이터 등을 기반으로 긍정 및 부정, 중립적 감정을 분류하고, 알고리즘을 적용해 행동 패턴을 분석하여 개인화된 맞춤형 광고를 제공하는 데에 사용된다(Jarek & Mazurek, 2019; Davenport & Ronanki, 2018).

이밖에도 실시간 데이터 분석, 다채널 성과 분석, A/B 테스트 자동화 등의 측정 방식이 적용되고 있다. 이러한 측정 방식들은 실시간 데이터 분석을 통해 광고PR 캠페인을 조정하여 최적의 성과를 달성하는 데에 중요한 역할을 한다. AI 광고PR 효과 측정은 가장 효과적인 미디어 채널과 가장 효과적인 타깃팅 전략을 수립하여 소비자와의 상호작용을 극대화하고 캠페인 효과성을 증대할 수 있다.

[표 7-1] 전통적 효과 측정 방식과 AI 효과 측정 방식 비교

구분	방법	내용
전통적 효과 측정 방식	설문 조사와 인터뷰	설문조사를 통해 캠페인에 대한 인식, 태도 변화, 브랜드 인지도 등 평가
	미디어 모니터링	신문, TV, 라디오 등 캠페인 노출 모니터링 광고 도달 범위와 빈도 측정하여 효과 분석
	판매 데이터 분석	광고PR 캠페인이 실행 후 특정 기간 동안의 판매 데이터 변화 분석
	브랜드 리프트	광고PR 캠페인이 브랜드 인지도, 선호도, 구매 의도 등의 사전 조사와 사후 조사 비교
	명시적 기억 및 암묵적 기억	자유회상, 단서가 있는 회상, 사건에 대한 재인 (특정 브랜드 기억, 광고 기억 여부) 단어 완성, 프라이밍(Priming), 광고PR 캠페인 시청 후 과제 수행에 소요되는 시간과 정확성 측정
	아이트래커	눈동자 움직임을 감지해 적외선(IR) 카메라와 고해상도 카메라 사용 분석 동공의 중심과 각막 반사점을 기반으로 눈의 움직임 계산

구분	방법	내용
AI 효과 측정 방식	미디어 가치 평가 (AVE)	PR 활동이 미디어에 노출된 가치를 광고 비용으로 환산하여 평가(예: 특정 PR 활동 노출이 광고로 환산할 때의 가치 계산)
	클릭률(CTR) 및 전환율 분석	클릭률(Click-Through Rate): 광고 시청 소비자의 클릭 수 측정 전환율(Conversion Rate): 광고 클릭 후 실제 구매나 회원가입 등 목표 행동 수행 비율 측정
	ROI 분석	광고 캠페인 투자 대비 수익 측정
	소비자 감정 분석	자연어 처리(NLP) 방식을 사용해 소셜 미디어, 리뷰, 댓글 등의 텍스트 데이터 분석 후 소비자 감정 파악
	소비자 행동 분석	웹사이트 방문, 광고 클릭, 장바구니 추가, 구매 등의 데이터 분석
	실시간 데이터 분석 및 피드백	실시간 광고 성과 모니터링하여 즉각적인 피드백 제공
	다채널 성과 분석	광고 채널(소셜 미디어, 검색 광고, 디스플레이 광고 등)에서의 성과를 종합적으로 분석
	고객 세분화 및 타깃팅	소비자를 다양한 세그먼트로 분류하여 각 세그먼트에 맞는 맞춤형 광고 제공
	A/B 테스트 자동화	두 가지 이상의 광고 동시 실행하여 성과 비교

출처: 김은희 (2010), 김재휘, 안정태 (2004), Agrawal et al. (2018), Chaffey & Smith (2022), Shanker & Shapiro (1996), Tulving & Schacter (1992), Roediger (1990), Jarek & Mazurek (2019), Davenport & Ronanki (2018)의 문헌에서 저자 재정리.

3) 기업의 AI 광고PR 효과 측정 사례

AI 광고PR 효과 측정은 대표적으로 구글 애널리틱스, IBM 왓슨의 기술을 적용하여 렉서스(Lexus), 코카콜라(Coca-Cola), 나이키(Nike), 인스타그램(Instagram) 등의 다양한 국내외 기업과 디지털 옥외광고 분야 등에서 적용되고 있다. 구글 애널리틱스는 머신러닝 기술을 활용하여 광고 성과를 분석하고 예측한다. 이를 통해 실시간 데이터 분석, 고객 행동 예측, 마케팅 전략을 수립할 수 있도록 지원한다. IBM 왓슨의 경우 자연어 처리(NLP), 머신러닝, 데이터 마이닝 등 AI 기술을 통합하여 방대한 양의 데이터를 분석하고, 의미 있는 인사이트를 도출할 수 있도록 지원한다. 이밖에도 퍼포먼스 맥스(Performance Max)는 AI 기반 도구로, 다양한 캠페인 유형과 다채널 광고 전략을 자동화하여 캠페인의 효율성을 높이는 데에 주로 적용되는 것으로, AI 기계학습을 활용해 여러 광고 캠페인 네트워크를 하나로 통합하여 관리하고, 소비자 행동 데이터를 조합하여 성과를 향상할 수 있도록 지원한다.

AI는 사람들이 설정한 특정 목표를 향해 캠페인을 최적화한다. 그러나 지속적인 학습과 개선을 통해 해당 목표를 달성하기 위한 새롭고 더 나은 방법을 찾을 수 있다. 이와 같은 인사이트는 의사 결정에 매우 중요한 영향을 미칠 수 있기 때문에 이러한 인사이트를 어디서 찾을 수 있을지를 고려해야 하는 것도 중요하다.

(1) IBM 왓슨을 활용한 렉서스 광고 사례

IBM 왓슨을 활용한 렉서스 광고는 지난 15년간의 수상 광고 데이터를 분석하여 효과적인 광고 요소를 도출하여 AI가 스크립트를 작성하여 광고를 제작했다. 이 프로젝트는 AI가 창의적인 광고 콘텐츠를 생성할 수 있는 가능성을 탐구하는 데 중점을 두었다. IBM 왓슨은 AI와 데이터 분석 플랫폼으로, 자연어처리(NLP)와 머신러닝, 데이터 마이닝 등을 포함한 다양한 AI 기술을 통합하여 복잡한 데이터 분석을 수행할 수 있도록 한다. 주요 기능은 다음과 같다.

- 자연어 처리(Natural Language Processing, NLP): 텍스트와 음성 데이터를 이해하고 분석할 수 있는 능력을 통해 비정형 데이터를 구조화된 형태로 변환하고, 의미 추출.
- 기계 학습(Machine Learning): 데이터 패턴 학습 후 예측 모델 생

성, 데이터 기반의 의사 결정 지원.

- 데이터 분석(Data Analysis): 다양한 데이터 소스 통합 및 분석하여 인사이트 도출.
- 대화형 AI(Conversational AI): 인간과 자연스러운 대화를 나눌 수 있는 능력 보유.
- 컴퓨터 비전(Computer Vision): 이미지와 비디오 데이터 분석하여 물체 인식, 텍스트 추출, 얼굴 인식 등 작업 수행.

렉서스 광고는 자연어 처리(NLP)와 머신러닝 알고리즘을 사용하여 과거 수행된 광고의 텍스트와 시각적 요소를 분석하여 어떤 요소가 높은 광고 효과를 나타냈는지 파악하였다. 분석 결과 감정적으로 강한 메시지, 특정 색상 사용, 특정 텍스트 구조 등이 포함되었고, 이러한 분석 결과를 바탕으로 광고 효과 증대에 영향을 미치는 요인들을 선정하여 광고 스크립트를 작성하였다. 렉서스가 추구하는 이미지와 이전의 광고 및 미래에 담고 싶은 모습을 표현하기 위해 일반적인 대중성은 피하고, 영화적이면서도 매력적인 느낌을 담고자 했다. 이 광고 스크립트는 렉서스의 브랜드 이미지와 일치하면서도 감성적인 요소를 강조하는 내용을 담고 있다. 또한 AI가 작성한 스크립트를 바탕으로 광고 영상을 제작하였으며, 이 광고는 소비자들로부터 긍정적인 반응을 얻어 광고 캠페인의 성공적인 사례로 볼 수 있다. 이 프로젝트는 AI가 창의적인 작업에서 유용성이 있다는 것과 동시에 스크립트 완성 제작 과정에서 메시지 톤 분석기, 텍스트 음성 변환, 성격적 특성 데이터를 조합하였으며 영화 감독에 의해 완성되었다. 이로써 렉서스 광고는 인간 제작자가 영상 제작을 관리, 감독함으로써 인간과 AI 기술의 통합으로 시너지 효과를 창출할 수 있다는 가능성을 보여주었다.

[그림 7-3] IBM 왓슨을 활용한 렉서스 광고 사례

출처: https://youtu.be/-iaBJ5rqOdg

[그림 7-4] IBM 왓슨을 활용한 렉서스 광고 제작 과정

출처: https://youtu.be/RP7KPx2sd3s

(2) 코카콜라의 AI 기반 광고 성과 평가

코카콜라는 다국적 글로벌 기업으로써, 제품의 통합된 광고 캠페인의 다양한 데이터를 효율적으로 분석하고 성과를 평가하는 데에 있어 한계가 있었다. 코카콜라는 여러 광고 플랫폼에서 각기 다른 형식으로 제공되는 광고에 대해 통합적인 분석을 위해 IBM 왓슨을 활용하여 다양한 광고 플랫폼에서 데이터를 수집하여 소비자 행동을 분석했다. 이를 위해 광고 플랫폼(예: 소셜 미디어, 검색 광고, 디스플레이 광고 등)에서 수집된 데이터를 통합하여 실시간 분석 기술을 통해 광고 캠페인의 성과를 모니터링하고, 데이터 기반 인사이트를 도출하였다. 이는 광고가 진행되는 동안 소비자의 반응을 즉각적으로 파악하고, 필요시 전략을 조정할 수 있다. 또한 실시간으로 수집할 수 있는 소비자 행동 반응 데이터를 기반으로 광고 캠페인의 전략을 조정하여 광고 효율성과 ROI를 증가시키는 데에 활용하였다. 코카콜라가 IBM 왓슨을 적용한 효과 측정 과정은 다음과 같다.

- 데이터 수집: 소셜 미디어, 웹사이트 트래픽, 광고 클릭 데이터, 판매 데이터 등 다양한 소스로부터 데이터 수집
- 데이터 정제 및 통합: 정확성과 일관성을 위한 수집 데이터 정제 및 통합하여 일관된 데이터 세트 제작
- 자연어 처리(Natural Language Processing: NLP): 소셜 미디어에서 소비자들의 의견과 피드백을 분석하여 감정 분석 수행. 이를 기반으로 광고에 대한 소비자 반응 파악
- 패턴 인식: 머신러닝 알고리즘 활용하여 데이터 패턴 인식, 캠페인의 성공 요인과 개선점 파악
- KPI 설정: 캠페인의 주요 성과 지표(KPI)를 설정. 성과 지표에는 클릭률(CTR), 전환율, 참여도, 브랜드 인지도 등이 포함됨

- 실시간 모니터링 대시보드: 실시간 데이터 시각화 대시보드를 참조하여, 지속적인 캠페인의 성과 모니터링
- 실시간 경고 및 조정: KPI가 목표치를 벗어날 경우, 실시간 경고를 제공하여 즉각적인 전략 조정 가능
- 자동화 보고서 생성: 정기적으로 성과 보고서를 자동 생성하여, 캠페인 진행 상황과 성과 정리
- 인사이트 도출: 분석 결과를 바탕으로 향후 캠페인 전략에 필요한 인사이트 도출. 이를 다음 캠페인에 반영하여 더욱 효과적인 광고 기획

코카콜라는 IBM 왓슨을 활용한 후, 광고 캠페인의 효율성이 크게 향상되었다는 반응이다. 실시간 데이터 분석과 즉각적인 전략 조정을 통해 소비자 참여도를 높이고, 브랜드 인지도를 강화할 수 있었다. AI 알고리즘을 사용해 소비자 데이터(구매 이력, 온라인 행동, 소셜 미디어 상호작용)를 분석하고, 소비자 개인의 선호도에 맞춘 맞춤형 광고를 제공했다. 소비자 개개인에 맞춘 광고는 소비자와의 상호작용성을 높이고, 연결감을 증가시켜 참여도를 높이는 데에 중요한 역할을 한다. 또한 실시간 소셜 미디어 데이터를 분석해 브랜드 언급, 트렌드 식별, 소비자 감정을 파악하여 광고와 마케팅 콘텐츠를 자동으로 생성하고 최적화 과정을 통해 더욱 효과적인 소셜 미디어 캠페인을 개발하고 실행해 소비자 관심을 유도하고, 브랜드 인지도를 높였다. 이밖에도 AI 분석을 통해 판매 데이터, 소비자 행동 패턴, 시장 트렌드 등의 방대한 데이터를 분석하여 더 나은 마케팅 결정을 내릴 수 있었다. 이를 통해 새로운 제품 출시, 시장 진입 전략, 마케팅 예산 최적화 등에서 높은 ROI를 달성했다.

(3) 나이키의 개인화 마케팅 및 성과 평가 사례

글로벌 기업 중 하나인 나이키(Nike)는 소비자 맞춤형 광고 성과의 정확한 측정을 위해 AI 기술을 활용한 마케팅 성과 평가가 이루어졌다. 나이키는 구글 애널리틱스와 머신러닝 알고리즘을 통해 소비자 행동을 분석하고, 개인화된 광고를 제공하고 있다.

AI 기술 적용은 나이키 핏(Nike Fit) 앱을 통해 상용화되었는데, 3D 스캐닝 기능을 적용해 소비자의 발을 스캔하여 정확한 신발 피팅 추천을 제공한다. 이 앱은 증강현실 기술을 사용하여 모바일 폰 카메라를 통해 발을 분석하고 세분화된 측정 시스템을 통해 발의 치수를 측정한다. 소비자의 발 사이즈 예측은 AI에 의해 구동되므로 앱을 사용하는 사람이 많을수록 다양한 데이터가 축적되기 때문에 높은 정확도를 구현할 수 있다. 이 앱을 이용해 소비자의 반품률을 줄여 그와 관련된 경제적 비용 등을 감소시키고, 소비자에게 보다 정확한 제품을 추천하여 구매율을 높이는 데에 그 목적이 있다. 나이키가 구글 애널리틱스와 머신러닝 알고리즘을 활용하여 소비자 행동을 분석하고, 개인화된 광고를 제공하는 전략을 채택했다. 이 전략의 주요 요소는 다음과 같다.

- 데이터 수집: 웹사이트 방문, 구매 이력, 검색 기록 등 소비자 행동 데이터 수집
- 데이터 분석: 수집된 데이터 분석하여 소비자 행동 패턴과 선호도 파악
- 소비자 세분화: 머신러닝 알고리즘 사용하여 소비자 세그먼트 분류 (운동 종류별 소비자 분류, 구매 빈도에 따른 분류)
- 개인화된 추천: 세그먼트에 맞춘 개인화된 광고와 제품 추천 생성
- 실시간 타깃팅: 실시간 소비자 행동 데이터 기반의 맞춤형 광고 제공(특정 제품의 반복적 검색 기록, 특정 제품 광고PR 캠페인 시청

기록 등)

- 다양한 채널 활용: 이메일, 소셜 미디어, 웹사이트 배너 등 다양한 채널을 통해 개인화된 광고 전달

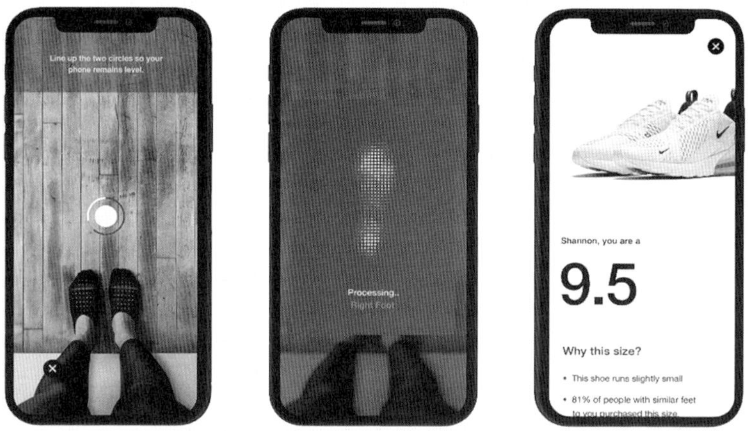

〈나이키 핏 앱 구동 화면〉

〈AI 기술을 적용한 나이키 앱〉

[그림 7-5] AI 기술을 적용한 나이키 앱 화면

나이키는 구글 애널리틱스와 머신러닝 알고리즘을 활용하여 다양한 소비자 행동 데이터를 수집했다. 소비자가 나이키 앱을 통해 검색한 제품, 구매 이력, 운동 패턴 등을 분석하여 개인화된 경험을 제공하는 과

정을 수행했다. 분석된 데이터를 바탕으로, 나이키는 각 소비자에게 가장 적합한 광고를 노출했다. 예를 들어, 런닝화에 관심이 많은 소비자에게는 최신 런닝화 광고를, 피트니스에 관심이 있는 소비자에게는 관련 제품 광고를 제공했다. 이러한 개인화된 접근 방식은 소비자의 관심을 끌고, 광고 클릭률과 전환율을 향상시키는 데 기여했다. 또한, 나이키는 AI를 활용하여 광고의 성과를 실시간으로 측정하고, 지속적으로 최적화했다. 성과 지표로는 클릭률, 전환율, 참여도 등이 사용되며, 이러한 데이터를 바탕으로 캠페인의 효율성을 높이기 위한 개선이 이루어졌다. 실시간 분석과 피드백은 나이키가 소비자 맞춤형 경험을 제공하면서도, 높은 ROI를 유지할 수 있게 했다. 개인화된 광고는 소비자의 관심과 행동을 반영하여 더 높은 클릭률과 전환율을 달성했으며, 이는 나이키의 마케팅 전략이 더욱 정교해지고 효율적으로 발전하는 데 기여했다.

이밖에도 새로운 자동 조절 운동화인 하이퍼 어댑트(Hyper Adapt)의 출시를 위해 AI 기반 광고 캠페인을 진행했다. 이 캠페인에서 나이키는 소셜 미디어 데이터를 분석하여 타깃 소비자 그룹을 식별하고, 맞춤형 메시지를 전달했다. AI 분석 결과, 캠페인은 높은 수준의 참여를 유도하며 성공을 거두었고, 브랜드 인지도를 크게 향상시킨 바 있다. 나이키 트레이닝 클럽(Nike Training Club) 앱에서는 사용자 운동 데이터를 분석하여 관련 제품을 추천하거나, 특정 운동 스타일에 맞춘 광고를 노출한다. 이러한 맞춤형 접근은 소비자 만족도를 높이고, 광고 효과를 극대화하는 데 기여할 수 있다는 장점이 있다.

이와 같은 사례들은 나이키가 AI와 머신러닝 기술을 통해 어떻게 광고 효과를 측정하고 최적화하며, 개인화된 경험을 통해 소비자와의 연결을 강화하는지 보여주는 사례이다. AI 활용 전략은 광고의 효율성을 높이고, 브랜드 가치를 증대시키는 중요한 요소로 자리 잡고 있다.

(4) 인스타그램 이용자 행동 분석 사례

인스타그램(Instagram)은 AI를 활용하여 사용자 행동 데이터를 분석하고 맞춤형 광고를 제공하고 있다. 최근에는 인스타그램을 비롯한 소셜 미디어 플랫폼을 매개로 많은 브랜드가 광고PR 캠페인을 진행하고 있으며, 이는 소비자 타깃팅 정확도를 높이고, 소비자 경험을 증가시켜 소비자와의 상호작용을 개선하고 있다. 이전의 인스타그램 내에서 집행된 광고의 효과를 측정하는 방식은 주로 전통적인 소셜 미디어 분석 도구와 간단한 성과 지표를 중심으로 이루어졌다. 이러한 방식은 사용자 상호작용(예: 좋아요, 댓글, 공유)과 같은 기본적인 참여 지표를 통해 광고의 성과를 평가했지만 수동적인 소비자 행동 데이터 수집은 많은 시간 소요와 정확성이 떨어진다는 한계로 인해 오류의 발생 가능성이 높다고 지적되었다. 또한 소셜 미디어의 특성상 실시간 데이터가 수집됨에도 불구하고, 초기 효과 측정 방식은 이용자의 실시간 행동 변화를 파악할 수 없었으며, 광고PR 캠페인 진행 중에 발생하는 문제점이나 오류에 적극적이고, 적절한 대응을 하기에 불가능했다. 이러한 한계에 따라 AI 기술 도입의 필요성이 강조되었고, 이는 소셜 미디어에서 집행되는 광고PR 캠페인의 효율적이고 객관적인 효과를 측정하는 데 중요한 역할을 하게 되었다. 인스타그램에서 수행되는 AI 효과 측정의 구성 단계는 일반적으로 다음과 같다.

- 데이터 수집: 사용자들의 행동 데이터(예: 좋아요, 댓글, 공유, 검색 기록 등) 수집
- AI 분석: AI 알고리즘은 데이터 분석 후 각 사용자에게 가장 관련성 높은 광고 도출
- 개인화된 광고: 분석 결과를 바탕으로 각 사용자에게 개인화된 광고를 제공

- 실시간 조정: 사용자의 실시간 활동에 따라 광고 조정
- 효과 분석: 광고의 클릭률(CTR), 전환율, 참여도 등의 성과 지표를 AI를 통해 실시간으로 분석
- 개선점 도출: AI는 지속적으로 성과를 모니터링하며, 광고 캠페인의 개선점을 도출하여 최적화
- 결과 성과: 인스타그램의 맞춤형 광고는 사용자 참여도를 높이고, 광고 효과 극대화

인스타그램 내에서 집행되는 광고PR 캠페인 중 스타벅스(Starbucks)는 #RedCupContest 캠페인을 통해 소비자 행동을 분석하였다. 이 캠페인은 소비자가 스타벅스의 빨간 컵을 활용한 창의적인 사진을 인스타그램에 업로드하고, 해시태그 #RedCupContest를 붙여 참여하는 방식으로 이루어졌다. 이 캠페인은 소비자의 직접 참여를 유도하여 콘텐츠를 생성하게 하여, 브랜드와의 상호작용을 촉진하고 커뮤니티 내에서의 참여를 강화하는 데 중점을 두었다.

스타벅스의 #RedCupContest 캠페인은 브랜드 인지도를 향상시켰을 뿐만 아니라, 소비자 참여도를 극대화하는 데 성공했다. 고객들이 자발적으로 생성한 콘텐츠는 브랜드 홍보에 크게 기여했고, 캠페인에 대한 긍정적인 반응이 브랜드 이미지 향상에 긍정적인 효과를 가져왔다. 이 캠페인은 고객과의 상호작용을 기반으로 한 성공적인 사례로 평가받으며, 스타벅스가 디지털 마케팅에서 AI를 효과적으로 활용한 사례로 볼 수 있다.

[그림 7-6] 스타벅스 #RedCupContest 캠페인 사례

3. AI 광고PR 캠페인 효과 측정 전망

1) AI 기술을 활용한 광고 효과 측정의 혁신

AI 기술의 발전은 광고와 PR 분야에서 근본적인 변화를 이끌고 있으며, 특히 광고 효과 측정 방식에 있어서 중요한 역할을 하고 있다. 전통적으로 광고 효과를 측정하는 방법은 소비자 설문조사, 인터뷰, 판매 데이터 분석, 미디어 모니터링 등으로 이루어졌으나, 이러한 방법들은 종종 데이터의 신뢰성과 정확성에서 한계를 지닌다. 이러한 상황에서 AI와 머신러닝 기술은 광고 효과를 더 정밀하게 측정하고, 실시간으로 데이터를 분석하여 광고 캠페인의 성과를 극대화하는 데 중추적인 역할을 한다. 나이키는 구글 애널리틱스와 머신러닝 알고리즘을 통해 소비자 행동 데이터를 정밀하게 분석하고, 이를 바탕으로 개인화된 광고를 제공하는 전략을 취했다. 소비자가 나이키 앱을 통해 검색한 제품, 구매 이력, 운동 패턴 등의 데이터를 분석하여, 각 소비자에게 가장 적합한 광고를 노출하는 방식으로 광고 효율성을 극대화했다. 이러한 접근 방식은 광고 클릭률(CTR)과 전환율을 크게 향상시키는 데 기여했으며, 광고주의 ROI(Return on Investment)를 크게 증대시키는 결과를 가져왔다. AI는 또한 광고 성과를 실시간으로 모니터링하고 피드백을 제공함으로써, 광고 캠페인 중 발생할 수 있는 문제를 신속하게 해결하고 최적화할 수 있는 능력을 제공한다(Davenport & Ronanki, 2018).

이와 같은 사례들은 AI가 광고 효과 측정의 정밀도와 신속성을 크게 향상시키는 데 어떻게 기여하고 있는지를 보여준다. 또한, AI 기반의 광고 효과 측정은 단순히 데이터를 분석하는 것에 그치지 않고, 실시간으로 광고 전략을 조정하고 최적화함으로써 더욱 효율적인 마케팅이 가능하다. 이러한 기술적 진보는 앞으로의 광고 산업에서 더욱 큰 역할을 할 것으로 예상되며, 광고주들은 AI 기술을 통해 더욱 정교한 타깃팅과 개인화된 광고를 실현할 수 있을 것으로 예측한다(Agrawal, Gans, & Goldfarb, 2018). 광고PR 캠페인 효과 측정에서 AI 기술의 도입은 광고와 PR 분야에서의 혁신을 가속화하고 있으며, 이는 기업들이 경쟁력을 유지하고 시장에서 성공을 거두는 데 중요한 요소로 자리 잡고 있다.

2) AI 기술의 도전과 윤리적 문제

AI 기술의 발전은 광고와 PR 분야에서 효율성과 정확한 분석을 통한 객관성 등의 이점을 제공하는 동시에 새로운 도전과 윤리적 문제를 야기한다. AI가 광고 효과를 측정하고 최적화하는 데 있어 강력한 도구가 될 수 있는 반면, 데이터 윤리와 개인정보 보호 문제는 해결해야 할 중요한 과제로 논의되고 있다. 즉 AI를 통해 수집된 개인 정보 데이터가 잘못된 방식으로 사용될 경우, 소비자에게 부정적인 영향을 미칠 수 있으며, 이는 광고 효과 측정의 신뢰성을 저하시킬 위험을 유발한다(Wilson, 2023).

특히 GDPR(General Data Protection Regulation)과 같은 개인정보 보호 규제는 AI 기술이 개인정보를 어떻게 수집하고 사용하는지에 대해 엄격한 기준을 적용하고 있다. 이러한 규제는 기업들이 소비자의 개인정보를 보호하면서도 효과적인 타깃팅을 수행할 수 있는 방법을 모색하도록 강요하고 있다(Farris et al., 2010). 기업들은 AI 기술을 활용하여 광고를 최적화할 때, 데이터 수집과 활용 과정에서 소비자의 프라이버시를 존중하고, 투명성을 유지해야 할 필요가 있다. 또한, AI 시스템이 편향된 데이터를 학습할 경우, 광고 효과 측정 결과가 왜곡될 가능성도 존재한다. AI가 특정 인구 집단에 대한 편향된 데이터를 학습하게 되면, 해당 그룹에 대한 광고 타깃팅이 부정확해지고, 이는 결국 광고 캠페인의 전반적인 효율성을 떨어뜨릴 수 있다. 이를 해결하기 위해서는 광고 PR 캠페인 집행 시 AI 알고리즘의 투명성과 공정성을 보장하는 것이 필수적이다. 기업들은 AI 시스템의 작동 방식을 명확하게 이해하고, 데이터 품질을 지속적으로 관리하여 광고 효과 측정의 신뢰성을 높여야 할 필요성이 제기될 수 있다(Marr, 2015).

AI 기술의 도입이 광고와 PR 산업의 구조를 변화시키면서 새로운 기술의 도입과 사회윤리적 논의점을 고려해야 하는 만큼 이에 대한 효과적인 활용법과 법적, 제도적 정책 기준에 따른 전략적 접근이 요구될 수 있다. 이러한 접근은 기업들이 AI 기술을 활용하면서도 소비자의 신뢰를 유지하고, 장기적으로 지속 가능한 광고 전략을 구축하는 데 필수적이다. 따라서 AI 기술은 광고 효과 측정의 혁신을 이끄는 중요한 도구이지만, 동시에 해결해야 할 복잡한 윤리적 문제를 동반하고 있으므로 기업들은 AI의 이점을 최대한 활용하기 위해 지속적인 학습과 최적화, 그리고 윤리적 고려를 병행해야 할 것이다. AI 기술이 광고와 PR 분야에서 점점 더 중요한 역할을 하게 됨에 따라, 이러한 도전과 기회를 어떻게 다루느냐가 기업의 성공 여부를 결정짓는 중요한 요인이 될 것이다.

3) 한계와 향후 전망

최근 AI 기술이 광고PR 캠페인에 도입되면서, 효과 측정과 최적화에 있어 AI 기술을 활용한 다양한 방법이 강력한 도구로 자리 잡고 있다. AI는 방대한 데이터를 실시간으로 분석하고, 광고 캠페인의 성과를 평가하며 즉각적인 피드백을 제공한다. 이를 통해 광고PR 캠페인 전략을 실시간으로 조정하고 효과 증대를 위해 최적화할 수 있으며, 예측 모델을 통해 향후 소비자 행동을 예측하여 더욱 효과적인 광고 전략을 수립하는 데 중요한 역할을 한다(Chaffey & Smith, 2022; Agrawal, Gans, & Goldfarb, 2018). AI 기술 기반 효과 측정 방법의 또 다른 강점은 대량 데이터를 분석하여 개별 소비자의 행동 패턴을 파악하고 이를 기반으로 맞춤형 광고를 제공함으로써, 클릭률과 전환율을 크게 향상시키고 궁극적으로 소비자에게 긍정적인 브랜드 경험을 제공하는 데 기여한다는 점이다(Jarek & Mazurek, 2019; Davenport & Ronanki, 2018).

특히 디지털 옥외광고(Digital Out-of-Home, DOOH) 분야에서는 광고PR 캠페인 효과를 측정하기 위한 다양한 방법들이 사용되어 왔으나, 특정 시간대에 데이터가 집중되거나 계절적 요인에 의해 데이터가 왜곡될 수 있는 한계가 있었다. 이러한 한계를 극복하기 위해 최근에는 AI 기술을 활용한 소비자 맞춤형 디지털 옥외광고와 그 효과 측정에 대한 논의가 활발히 이루어지고 있다. AI와 빅데이터 기술은 소비자의 행동 패턴과 주변 정보를 실시간으로 수집, 분석하여 개인화된 광고를 제공함으로써 기존의 한계를 극복하고 광고 효과를 극대화할 수 있다. 특히, AI 기반의 개인화된 광고는 쿠키리스 디지털 광고 문제에 대한 대안으로도 떠오르고 있으며, 광고주와 마케터들이 더욱 정교한 타깃팅 전략을 구현할 수 있도록 한다(Wilson, 2023).

그러나 AI 기반 광고PR 효과 측정에는 몇 가지 단점도 존재한다. AI의 성능은 데이터의 품질에 크게 의존하며, 잘못된 데이터가 입력될 경우 부정확한 결과를 초래할 위험이 있다(Wilson, 2023). 또한, 개인정보 보호와 관련된 윤리적 문제도 무시할 수 없으며, 효과적인 타깃팅을 위해서는 기술적, 법적 대응이 요구된다(Farris et al., 2010). AI 시스템 구축과 운영에는 높은 기술적 전문성과 인프라가 필요하며, 이러한 요구는 특히 중소기업에게 부담이 될 수 있다(Marr, 2015). 따라서 더 직관적이고 사용하기 쉬운 AI 도구의 개발이 필요하다.

이러한 문제를 해결하기 위한 전략으로는 AI와 전통적인 광고 효과 측정 방법을 결합한 혼합 전략이 있다. AI를 통해 실시간 데이터를 분석하면서도 전통적인 설문조사나 인터뷰를 통해 심층적인 소비자 인사이트를 얻는 방식을 결합하는 것이 효과적일 수 있다(Kim et al., 2009). 또한, AI 모델은 지속적으로 학습하고 최적화되어야 하며, 이를 위해 정기적인 성과 분석과 피드백 체계를 구축하는 것이 중요하다(Brynjolfsson & McAfee, 2014).

AI 기술의 발전 속도는 매우 빠르며, 광고PR 분야에서도 지속적인 변화를 일으키고 있다. 머신러닝 알고리즘과 딥러닝 기술의 발전은 더 정교한 예측 모델과 개인화된 광고 전략을 가능하게 하고 있다. 이러한 기술적 진보는 광고 캠페인의 성과를 극대화하는 데 중요한 역할을 할 것이다. 그러나 AI의 성공적인 활용을 위해서는 인간의 창의성과 AI의 효율성을 결합하는 전략이 필요하다. AI가 제공하는 데이터를 바탕으로 인간 마케터가 창의적인 전략을 수립하고, 브랜드 메시지를 효과적으로 전달할 수 있는 방안을 모색해야 한다. AI와 인간의 협업은 광고PR 캠페인의 성공을 이끄는 핵심 요소가 될 것이다. AI 기술의 적용은 광고PR 캠페인의 효율성을 높이는 것뿐만 아니라, 기업의 전반적인 운영 방식에도 변화를 가져올 수 있다. AI를 활용한 데이터 분석은 마케팅과 광고 전략뿐만 아니라, 제품 개발, 고객 서비스, 공급망 관리 등 다양한 분야에서 활용될 수 있다. AI가 제공하는 인사이트는 기업이 시장 변화에 신속하게 대응하고, 경쟁 우위를 유지하는 데 중요한 역할을 한다.

결국 AI 기반 광고PR 캠페인의 효과 측정은 사회적, 경제적, 산업적 측면은 물론 광고PR 산업 전반에 가져올 변화는 매우 클 것이다. 그러나 이를 효과적으로 구현하기 위해서는 데이터 품질 관리, 윤리적 문제 해결, 기술적 전문성 확보 등 여러 도전 과제를 해결해야 한다. AI 기술이 광고PR 캠페인에서 중요한 역할을 할 것이며, 그 성공 여부는 이러한 문제들을 얼마나 잘 해결하느냐에 달려 있을 것이다. AI 기술은 광고PR 캠페인의 효율성과 효과를 극대화하는 데 중요한 도구가 될 것이며, 사회적 합의와 기술적 진보가 함께 이루어진다면, 앞으로의 광고PR 전략에서 핵심적인 역할을 담당할 것이다. AI의 발전은 광고 산업의 미래를 형성할 것이며, 이를 통해 더 나은 소비자 경험과 기업의 성장을 이끌어낼 수 있다는 전망이다.

참고문헌

김은희 (2010). 뇌파측정(EEG)을 통한 텔레비전 광고모델의 광고효과에 관한 연구. **커뮤니케이션학 연구**, 18(1), 273–299.

김재휘, 안정태 (2004). TV 드라마에서의 제품배치(PPL)의 광고효과 측정: 암묵적 기억 측정을 통한 접근. **광고연구**, 64, 61–83.

김정숙, 한상필 (2009). 공익광고 캠페인에 대한 수용자의 잠재효과 측정 연구: 2006 년과 2008년의 WTP(willingness to pay) Methodology 분석결과를 중심으로. **미디어, 젠더 & 문화**, 12, 79–127.

Agrawal, A., Gans, J., & Goldfarb, A. (2018). "Prediction Machines: The Simple Economics of Artificial Intelligence." *Harvard Business Review Press*.

Chaffey, D., & Smith, P. R. (2022). Digital marketing excellence: planning, optimizing and integrating online marketing. Routledge.

Davenport, T. H., & Ronanki, R. (2018). "Artificial Intelligence for the Real World." *Harvard Business Review, 96*(1), 108–116.

Farris, P. W., Bendle, N. T., Pfeifer, P. E., & Reibstein, D. J. (2010). "Marketing Metrics: *The Definitive Guide to Measuring Marketing Performance*." Pearson Education.

Google analytics. https://cloud.google.com/solutions/data-analytics-and-ai?hl=ko https://cloud.google.com/use-cases/ai-data-analytics?hl=ko

https://stories.starbucks.com/stories/2016/starbucks-invites-customers-to-create-red-cup-art/

https://www.instagram.com/starbucks/p/BM_0-ywBPrC/

IBM WATSON. https://www.ibm.com/watson

Jarek, K., & Mazurek, G. (2019). Marketing and artificial intelligence. *Central European Business Review, 8*(2).

Marr, B. (2015). "Key Performance Indicators (KPI): The 75 measures every manager needs to know." Financial Times/Prentice Hall.

NIKE. https://www.nike.com/nike-app?q=Nike%20Fit%20%20APP&vst=Nike%20Fit%20%20APP&redirect=true

Roediger, H. L. (1990). Implicit memory: Retention without remembering. *American psychologist, 45*(9), 1043.

Russell, S., & Norvig, P. (2021). "Artificial Intelligence: A Modern Approach." Pearson.

Shanker, K., & Shapiro, S. (1996). Comparing implicit and explicit memory for brand names from advertisements. Journal of Experimental Psychology: Applied, 2, 147-163.

Starbucks #RedCupContest 캠페인 게시물

Starbucks #RedCupContest 캠페인 홈페이지 소개

Tulving, E., & Schacter, D. L. (1992). Priming and memory systems. Neuroscience Year: *Supplement, 2*, 130-133.

Wilson, R. T. (2023). Out-of-Home advertising: A systematic review and research agenda. *Journal of Advertising, 52*(2), 279-299.

PART 03

AI가 바꾸는 광고PR 법과 윤리

AI-Driven Transformation of Advertising and PR: From Planning to Ethics

chapter 08 AI가 바꾸는 광고PR 법제도
chapter 09 AI가 바꾸는 PR 실무의 윤리교육

chapter

08

AI가 바꾸는 광고PR 법제도

▸▸▸ 박종구
(한국방송광고진흥공사 미디어광고연구소 수석 연구위원)

광고산업은 광고 타깃팅의 정확도를 높이고, 소비자의 주목을 끌 수 있는 맞춤형 광고를 제공하기 위해 소비자 구매 여정의 각 단계에서 인공지능을 활용하고 있다. 현재 인공지능은 기계 학습을 통해 데이터 패턴을 파악해서 분류하는 '판별적(discriminatory)' 기능을 넘어, 자기-지도 학습방법(self-supervised learning)을 통해 '대량의 데이터'를 학습하여 우리가 요구하는 것을 언어적, 시각적, 음성적 콘텐츠로 만들어 주는 '생성형(generative)' 범용 인공지능으로 진화하면서 쓰임새를 높이고 있다. 그러나 광고PR 산업에서 인공지능이 안정적으로 사용되기 위해서는 학습 과정에 사용되는 데이터의 저작권 침해 가능성이나 딥페이크와 같은 인공지능 기술을 사용하여 맞춤화된 광고를 생성해서 전달하는 과정에서 야기될 수 있는 소비자 기만과 프라이버시 문제를 관리할 수 있는 법제도 환경이 마련되어야 한다. 인공지능이 우리 일상에 미치는 영향 증대와 규율 필요성이 커짐에 따라, 도덕적 가치판단 기준인 '인공지능 윤리기준' 문제가 국가의 구속력을 수반하는 '인공지능법' 마련에 대한 국제적인 논의로 전환되었다. 이 장에서는 광고산업에서 인공지능이 어떻게 사용되고 있는지 간략하게 소개하고, 인공지능 법제도에 대한 국내외 논의를 살펴본 후, 광고산업의 인공지능 활용에 주는 시사점에 대해 알아본다.

1. 인공지능과 광고산업의 진화

1) 인공지능 시대 광고산업 이슈

소비자의 관심이 희소한 자원이 되어버린 주목의 경제(attention economy) 시대다. 소비자는 자신과 관련 없는 광고에는 눈길을 주지 않는다. 자신과 관련 없는 광고는 '쓰레기(spam)'지만, 나의 필요와 관련된 광고는 '정보'가 된다. 소비자가 필요로 하는 맞춤화된 광고가 필요한 이유이다. 자신의 필요에 부합하는 광고 메시지를 요구하는 소비자를 이해하고 고객 전환율을 높이기 위해서는 인지도 제고, 설득, 전환 등 소비자 구매 여정의 모든 단계에서 소비자를 제대로 이해하고 타깃 소비자에게 정확한 시점에 적합한 방법으로 광고메시지를 전달하는 것이 필요하다.

멀티스크린 시대, 파편화된 미디어 소비로 인한 미디어 플래닝의 복잡화, 광고효과 입증에 대한 높아지는 압력, 기업의 사회적 책임에 대한 요구 증가와 같이 광고시장 환경이 크게 변했다. 구체적으로 소비자와의 접점이 파편화된 환경에서 다양한 채널을 통해 캠페인을 집행하는 경우, 수십 개, 아니 수백 개의 소비자 접점으로부터 정보를 수집하고 복잡한 모델을 적용하여 캠페인 전략을 수립하고 광고집행의 효과를 파악해야 한다. 이 과정에서 인공지능은 사람이 하는 분석과는 비교할 수 없을 정도로 탁월하다. 광고산업에서 인공지능의 활용 영역은 소비자 인사이트 발굴, 고객 세분화, 맞춤화된 서비스를 제공하기 위한 예측모델링과 프로세스 자동화에 이르기까지 빠르게 확장되고 있으며, 광고의 지능화를 이끌 수 있는 수단으로 주목받고 있다.

기계가 정보를 인식하고 합성해서 추론하는 인공지능은 대량의 데이터를 신속, 정확하게 처리해서 정보에 입각한 결정을 내릴 수 있도록 도와주고, 반복적이고 시간 소모적인 작업을 자동화해서 인간이 보다 창의적이고 부가가치가 높은 작업에 집중할 수 있는 시간을 확보할 수 있도록 해준다. 특정 문제만 해결하는 인공지능을 '좁은(narrow)' 인공지능이라고 하는 반면, 한정된 영역을 넘어 주어진 모든 상황에서 추론하고 학습하고 창작하는 능력도 갖춘 인공지능을 '범용' 인공지능(General Purpose Artificial Intelligence: GPAI)이라고 부른다. 현재 인공지능은 기계 학습을 통해 데이터를 구분하거나 특정 패턴을 파악해 내는 '판별적(discriminatory)' 기능에 초점을 맞춘 좁은 인공지능에서 인간의 질문에 대한 답을 문자, 음성, 이미지 등의 콘텐츠로 만들어 주는 '생성형(generative)' 인공지능이 주도하는 범용 인공지능으로 빠르게 진화하고 있다.

인공지능은 인지, 추론, 학습, 환경과의 상호작용, 문제 해결, 심지어 창의성 발휘와 같이 인간의 마음과 관련된 인지 기능을 수행한다. 현재 다양한 산업 분야에서 인공지능이 사용되고 있는데, 광고PR 산업은 인공지능 사용으로 수입 증가 효과가 발생하는 대표적인 영역이다. 인간의 질문에 대한 답을 글, 이미지(영상), 음성(음악) 등의 양식으로 제시해 주는 생성형 인공지능은 광고 기획을 포함하는 다양한 마케팅 활동에서 생산적인 도구로 쓸모가 더욱 커질 전망이다. 예술/디자인 분야에서도 예술가와 디자이너가 새로운 아이디어와 개념을 생성하여 새로운 작품을 만들 수 있도록 지원해 준다. 또한 엔터테인먼트 영역에서는 새로운 비디오 게임, 영화 및 TV 프로그램 제작에 활용될 수 있다. 기존 데이터를 기반으로 새로운 콘텐츠를 만들어 내는 생성형 인공지능은 콘텐츠를 생성하고 소비하는 방식을 바꿀 수 있는 잠재력을 가지고 있다(박종구, 2023a; 2023b).

2) '인공지능 광고'의 기회와 위협

광고계는 소비자에 대한 인사이트 발굴, 광고 제작, 미디어 플래닝, 광고효과분석 등에서 인공지능을 활용하는 방안을 모색해왔다. 광고학 분야의 대표적인 국제학술지인 〈광고저널(Journal of Advertising)〉은 2019년 '인공지능과 광고(Artificial Intelligence and Advertising)'라는 특집호를 시작으로 2020년과 2021년에도 '컴퓨테이셔널 광고(Computational Advertising)'와 '인공지능의 기회와 위협 그리고 광고'라는 특집호를 마련하고, 인공지능이 광고산업에 미치는 영향이 무엇인지 지속적으로 살펴보고 있다(Huh, Nelson, & Russell, 2023).

이 과정에서 "소비자 중심 데이터 기반 알고리즘 매개 브랜드 커뮤니케이션(consumer-centered, data-driven, and algorithm-mediated brand communication)"을 의미하는 '지능형 광고(intelligent advertising)'(Li, 2019: 333)라는 개념이 제안되었다. 인공지능 광고에 대한 개념화 연구가 지속되면서 2021년에는 "(소비자를) 설득하려는 의도로 인간과 기계로부터 제공되는 데이터를 학습하는 다양한 인공지능 기능을 사용하는 브랜드 커뮤니케이션(brand communication that uses a range of machine functions that learn to carry out tasks with intent to persuade with input by humans, machines, or both)"으로 정의되는 '인공지능 광고(AI advertising)' 개념이 제시되었다(Rodgers, 2021: 2).

인공지능을 활용한 맞춤형 서비스는 분석수준을 고도화해 개인의 선호를 보다 잘 반영함으로써 소비자의 관여도를 상승시키고 그 결과로 마케팅 성과 또한 높여준다. 현재 광고산업은 광고 타깃팅의 정확도를 높이고, 소비자의 주목을 끌 수 있는 맞춤형 광고를 제공하기 위해 소비자 구매 여정에서 인공지능을 폭넓게 활용하고 있다(Kotler, Kartajaya, & Setiawan, 2023). 이와 더불어 생성형 인공지능의 확산으로 현재 인공지능은 기계 학습을 통해 데이터 패턴을 파악해서 분류하는 '판별적(discriminatory)' 기능을 넘어, 텍스트(프롬프트) 입력만으로 동영상 광고를 만들어 낼 수 있는 '생성형(generative)' 인공지능 시대로 진입했다. '인공 창의성'이란 인간 수준의 창의성을 보여주는 프로그램 설계를 목표로 하는 연구 분야이다. 텍스트 생성과 같은 '언어적' 영역, 이미지나 영상을 만들어 주는 '시각적' 영역, 작곡이나 목소리 생성 등에 사용되는 '음성적' 영역의 생성형 인공지능 시스템의 등장은 광고를 포함한 다양한 창조 산업 종사자들에게 '인공지능을 어떻게 활용해야 하는가?'라는 과제를 주었다.

(프롬프트) 스타일리시한 여성이 따뜻하게 빛나는 네온과 애니메이션으로 가득한 도쿄 거리를 걷고 있다. 그녀는 검은 가죽 재킷, 긴 빨간 드레스, 검은 부츠를 신었고, 검은 핸드백을 들고 있다. 선글라스를 끼고 빨간 립스틱을 바른 그녀는 자신감 있고 편안하게 걷는다. 젖어서 반짝이는 거리는 다채로운 불빛을 거울처럼 비춘다. 많은 보행자들이 거리를 오간다.

(A stylish woman walks down a Tokyo street filled with warm glowing neon and animated city signage. She wears a black leather jacket, a long red dress, and black boots, and carries a black purse. She wears sunglasses and red lipstick. She walks confidently and casually. The street is damp and reflective, creating a mirror effect of the colorful lights. Many pedestrians walk about)

[그림 8-1] 텍스트-동영상(Text-to-Video) 생성형 인공지능 모델을 이용한 동영상 생성
출처: 오픈AI (https://openai.com/index/sora/)

[표 8-1] 생성형 범용 인공지능의 잠재적 위험

구분	내용
프라이버시	인공지능이 방대한 양의 데이터를 학습하는 과정에서 개인의 대화, 검색 이력, 개인 선호와 같은 민감한 정보가 동의 없이 타깃 광고 등에 사용될 수 있음
지적재산권	인공지능 학습에 사용된 데이터의 저작권 침해 문제
잘못된 정보	인공지능이 생성한 가짜 뉴스와 잘못된 정보의 확산으로 인한 선거 개입 논쟁이나 사회적 갈등
편향	학습 데이터에 내재된 인종, 성별, 특정 집단에 대한 편견을 학습하고 증폭시켜 사회적 편견 강화
투명성	인공지능의 의사결정 과정이 복잡하고 불투명하여 어떤 근거로 특정 결과를 도출했는지 이해하기 어려움(블랙박스)

멀티모달 생성형 인공지능: 문자+시각+음성 텍스트 생성

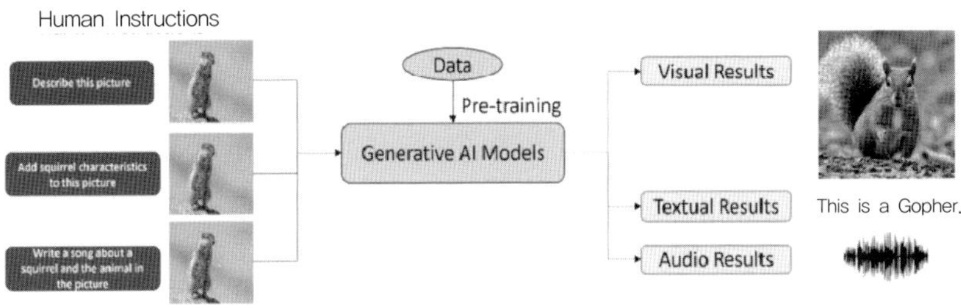

출처: Khowaja et al. (2024). pp. 25-31 재구성.

인공지능은 광고산업에 새로운 기회를 주지만, 바람직한 사용을 위한 의무도 함께 요구한다. 구체적으로 인공지능 기반의 개인화 서비스를 제공하기 위해서는 소비자 데이터 활용이 필수적이며, 이 과정에서 개인정보를 보호하고 소비자로부터 자신의 데이터를 사용해도 좋다는 명시적인 동의를 구해야 한다. 또한 인공지능 서비스 제공자는 데이터를 어떻게 수집하고 사용하는지 설명을 제공하고, 소비자가 자신의 데이터 통제할 수 있는 환경을 제공해야 하며, 원하는 경우 맞춤형 서비스를 거부할 수 있는 선택권을 소비자에게 주어야 한다(Ford et al., 2023; Huh, Nelson, & Russell, 2023). 특히 생성형 범용 인공지능이 문자뿐만 아니

라 음성과 이미지 · 영상 데이터를 학습해서 다양한 형태의 결과물을 만들어주는 '멀티모달(multi-modal)'로 진화하면서, 인공지능이 창출하는 사회적 효용을 높이기 위한 진흥 정책과 함께 프라이버시와 지적재산권 침해, 딥페이크로 인한 소비자 기만과 딥페이크 성범죄 같은 문제에 대한 해결 방안도 동시에 요구받고 있다(노은정, 2024: 6; Khowaja et al., 2024; Mania, 2024).

2. 국내외 인공지능 윤리와 법제도

1) 해외 동향

인공지능 기술의 발전 · 확산과 함께 인공지능 기술의 윤리적 개발 · 활용 역시 세계 각국과 주요 국제기구의 관심 대상이 되어 왔다. 인공지능의 잠재적 위험과 부작용을 방지하기 위해 주요국과 국제기구를 중심으로 윤리기준이 마련되고 법제화가 진행되고 있다. 경제협력개발기구(OECD)가 제시한 「OECD 인공지능 원칙(OECD AI Principle)」(2019)을 시작으로 주요 국가와 기업, 연구기관 등 여러 주체가 바람직한 인공지능 개발과 활용을 위해 다양한 인공지능 윤리 원칙을 발표해 왔다. 한편, 인공지능에 관한 규제 논의는 자율규제 차원의 윤리 원칙에서 규제와 진흥에 관한 조항을 포괄하는 구속력을 갖는 인공지능에 관한 법제도를 도입하는 방향으로 옮겨가고 있다. 유럽연합의 경우, 처벌 규정이 포함된 인공지능법(EU AI Act)이 도입되어 2024년 8월부터 시행되고 있다(양기문, 2024; 유화선 외, 2024; Madiega, 2024; Ernst Young, 2024).

[그림 8-2] 인공지능 윤리 원칙 및 법제화 동향

출처: 유화선 외 (2024). p. 5.

(1) OECD 인공지능 원칙(2019)

혁신적이며 신뢰할 수 있는 인공지능 개발과 이용을 추구하는 'OECD 인공지능 원칙(OECD AI Principle)'은 인공지능에 대한 최초의 정부 간 표준으로 2019년 채택된 이후, 유럽연합과 미국 등 세계 각 국가가 인공지능 정책을 수립하는 데 준거 역할을 하고 있다. 기술과 정책 환경 변화를 반영해서 인권, 인공지능 생태계, 국제협력이 강화된 2024년 개정 원칙은 신뢰할 수 있는 AI를 개발하기 위한 가치 기반 원칙과 효과적인 AI 정책수립을 위한 권장 사항을 제공해 준다(OECD, 2024).

[표 8-2] OECD 인공지능 원칙(2019년 채택, 2024년 개정)

신뢰성 있는 인공지능을 위한 원칙	국가정책 수립을 위한 권고사항
1.1 포용적 성장, 지속 가능한 발전과 복지	2.1 인공지능 연구 개발 투자
1.2 공정성과 프라이버시 등 인권과 민주적 가치	2.2 포용적 인공지능 생태계 조성
1.3 투명성과 설명 가능성	2.3 상호운용성 거버넌스 및 정책 환경 구축
1.4 강건성, 보안 및 안전	2.4 인적 역량 강화 및 노동시장 변화 대비
1.5 책임성	2.5 신뢰할 수 있는 인공지능을 위한 국제 협력

출처: OECD (2024).

(2) 주요 국가 인공지능 윤리 및 법제화 동향

세계 각국은 인공지능을 개발하고 이용하는 과정에서 발생할 수 있는 문제들을 관리하기 위한 방안을 모색하고 있으며, OECD 인공지능 원칙을 바탕으로 자국의 상황에 맞는 윤리기준을 수립함과 동시에 인공지능 규제와 진흥을 위한 법적 근거를 마련하고 있다. 특히 생성형 범용 인공지능이 문자뿐만 아니라 음성과 이미지 · 영상 데이터를 학습해서 다양한 형태의 결과물을 만들어주는 '멀티모달(multi-modal)' 서비스로 진화하면서, 사회적 효용을 극대화하는 진흥 정책과 함께 지적재산권과 프라이버시 침해, 딥페이크로 인한 소비자 기만과 같은 문제에 대한 관리 방안 마련이 요구되고 있다. 유럽연합(EU)과 캐나다의 경우에는 전 산업영역에서 적용할 수 있는 인공지능에 관한 포괄적인 법체계 마련을 지향하고 있다(노재원 외, 2023).

[표 8-3] 해외 인공지능 원칙과 법제화 동향

구분	원칙	법제도
유럽 연합	• EU AI 원칙(2019)	• EU 제품 책임 지침 개정안(2022) • AI 책임 지침(2022) • EU 디지털 서비스법(2022) • EU AI 법(2023)
국제 기구	• AI에 관한 OECD 이사회 권고안(2019) • AI 윤리에 관한 유네스코 권고안(2021)	• AI, 인권, 민주주의 및 법치주의에 관한 유럽 평의회 협약안(2023)
미국	• AI 권리장전 청사진(2023)	• 연방 정부에서 신뢰할 수 있는 인공지능 사용 촉진에 관한 행정 명령 13960(2020) • 알고리즘 책임법안(2022) • 딥페이크 또는 챗봇으로 인한 기만적 행위에 대한 연방 거래 위원회법(2023)
영국	• AI 규제에 대한 혁신 친화적 접근(2023)	• 온라인 안전 법안(2022) • 데이터 보호 및 디지털 정보 법안(2023)
캐나다	• 캐나다 디지털 헌장(2019)	• 자동화된 의사 결정에 관한 지침(2019) • C-27 법안(디지털 헌장 이행법, AI 및 데이터법(AIDA) 포함)(2022)
중국	• 차세대 AI 윤리 규범(2019) • 차세대 AI 윤리 강령(Code)(2021) • 신뢰할 수 있는 AI 백서(2021) • 인터넷 정보 서비스 알고리즘 추천 규정(2021)	• 중국 인터넷 정보 서비스 알고리즘 추천 관리 규정(2021) • 과학 기술 윤리와 거버넌스 강화에 관한 의견(2022)

출처: OECD (2023). p. 16. 수정 보완.

미국은 2023년 10월 세계 최초로 법적 구속력 가진 연방 차원의 인공지능 규제인 '안전성, 보안성 및 신뢰성을 갖는 AI의 개발과 활용에 관한 행정명령 제14110호(Safe, Secure and Trustworthy Development and Use of Artificial Intelligence(Executive Order 14110)'을 시행했다. 이 행정 명령은 신뢰성 있는 인공지능 개발과 이용을 촉진하는 것을 목적으로 '안전과 보안', '혁신과 경쟁', '소비자 보호', '개인정보 보호' 등을 포함한 8가지 지도원칙을 제시한다. 프라이버시 문제와 관련해 행정명령은 인공지능의 발전으로 개인의 민감정보에 대한 오남용 가능성이 커짐에 따라 연방 정부 기관들이 이러한 위험을 적절히 관리할 것을 규정하고 있다. 한편, 백악관 관리예산국(Office of Management and Budget)은 행정명령의 후속작업으로 보다 구체적인 추진전략을 마련해서 제시하고 있다(The White House, 2023; 2024).

(3) 유럽연합 인공지능법(EU AI Act, 2024)

유럽연합은 신뢰할 수 있는 인공지능을 정착시키고, 혁신에 필요한 법적 안정성을 마련하기 위해 총 13개 장(113개 조항)과 13개의 부속서로 구성된 인공지능에 관한 포괄적인 법인 'EU 인공지능법(EU AI Act)'

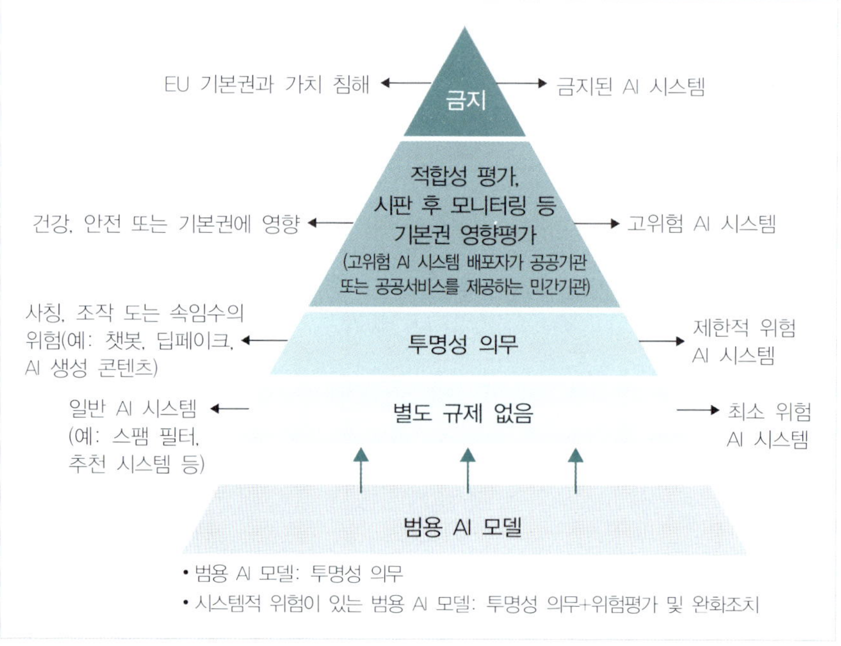

[그림 8-3] 「EU 인공지능법」 개요: 인공지능 위험 수준별 차등 규제

출처: Madiega (2024). p. 7; 심소연 (2024). p. 3에서 재인용.

을 마련하였다. 이 법은 개별 회원국의 입법화 과정을 거쳐야 하는 지침(Directive)이 아닌 규정(Regulation)으로 2024년 8월 1일 유럽연합 모든 역내에서 동시에 발효되었다. 이 법은 발효일을 기점으로 법에서 금지한 인공지능은 6개월 후에, 그리고 범용 인공지능에 대한 규제는 12개월 뒤에 적용되며, 전면 시행은 2026년 8월부터 적용된다.

'위험 등급 기반 접근(risk-based approach)'을 취하는 이 법은 유럽연합 회원국 내에서 사용되는 인공지능 시스템의 위험 등급을 '금지(Unacceptable)', '고위험(High-risk)', '제한적 투명성 위험(Transparency risk)', '저위험(Minimal risk)'으로 분류하고, 4가지 위험 수준에 따라 차등적인 규제 수준을 적용한다. 이후 유럽연합 역내에서 제공되는 인공지능 서비스는 법에서 정한 위험 수준에 부합하는 의무사항을 준수해야 하며, '고위험' 인공지능 시스템의 경우에는 적합성 평가와 기본권 영향평가 의무가 부과된다. 한편, 생성형 인공지능과 딥페이크가 속하는 '제한적 위험' 등급의 인공지능이란 의사결정에 결정적인 영향을 주지 않고, 인간의 건강과 안전 그리고 기본권에도 중대한 위험을 미치지 않는 시스템으로 이 경우에는 인공지능으로 생성한 콘텐츠에 대한 표시 의무와 학습 데이터 중에서 저작권이 설정된 데이터 목록을 공개해야 하는 투명성 강화 의무가 부과된다. 한편, 최소 위험 수준을 갖는 인공지능에는 법적 규제가 적용되지 않지만, 자율규제 체계를 마련할 것을 권장한다(심소연, 2024; EU, 2014; Madiega, 2024).

[표 8-4] 「EU 인공지능법」 인공지능 위험 등급별 규제 사항

구분	정의
목적	본 규정의 목적은 내부 시장의 기능을 개선하고 인간 중심적이며 신뢰할 수 있는 인공지능(AI)의 도입을 촉진하는 동시에, 연합 내에서 AI 시스템의 유해한 영향으로부터 건강, 안전, 헌장에 명시된 근본적 권리(민주주의, 법치주의, 환경 보호 포함)를 높은 수준으로 보호하고 혁신을 지원하는 것이다.

구분	정의
인공지능 시스템	자율성을 가지고 작동하는 시스템으로 적응력을 가지고 명시적 또는 암묵적 추론을 통해 예측, 콘텐츠, 권장 사항, 의사 결정 등을 생성해 낼 수 있는 시스템을 의미
투명성	인공지능 시스템이 적절한 추적성과 설명 가능성을 허용하는 방식으로 개발 및 사용되는 것을 의미하며, 인간이 시스템과 상호작용하고 있음을 인식하게 하고, 시스템의 기능과 한계, 사용자의 권리를 적절히 알리는 것
딥페이크	인공지능으로 만든 이미 존재하는 사람, 사물, 장소 등과 유사한 이미지, 오디오 또는 비디오로 진짜인 것으로 오인할 수 있는 콘텐츠

위험 등급	유형	적용 규제
수용 불가	• 인간의 건강, 안전, 기본권 침해 • 잠재의식적, 조작적, 기만적 기술 • 나이, 장애, 기타 취약성 악용 • 생체 인식 분류 시스템 • 개인 또는 집단 평점 및 분류 시스템 • 공공장소 '실시간' 원격 생체 인식	원천 금지
고위험	• (법으로 허용된) 생체 인식 • (전기 공급 등) 핵심 인프라 • 교육 및 직업 훈련 • 고용 및 창업 • 민간 · 공공 필수 서비스 접근 및 향유 • 유럽연합 및 회원국 법 집행 • 이민, 망명, 출입국 관리 • 사법 행정과 민주적 절차 관리	• 적합성 평가/기본권 영향 평가 • 의도된 목적에 맞게 사용될 절차 설명 • 사용 기간 및 빈도 설명 • 잠재적 영향 받는 개인 및 집단 범주 • 구체적인 위험 요소 • 사용 지침에 따른 인적 감독 이행 설명 • 위험 현실화 시 취할 조치
제한적 위험	• 사람과 상호작용하는 시스템(챗봇) • 감정인식 시스템 • 음성, 이미지/비디오 생성 시스템 (딥페이크)	• 투명성 의무 • 인공지능 생성 콘텐츠 명시
저위험	• 그 밖의 인공지능 시스템	• 자율규제

구분	정의
유럽연합 인공지능법	Official Journal of the European Union EN L series 2024/1689 12.7.2024 **REGULATION (EU) 2024/1689 OF THE EUROPEAN PARLIAMENT AND OF THE COUNCIL** **of 13 June 2024** **laying down harmonised rules on artificial intelligence and amending Regulations (EC) No 300/2008, (EU) No 167/2013, (EU) No 168/2013, (EU) 2018/858, (EU) 2018/1139 and (EU) 2019/2144 and Directives 2014/90/EU, (EU) 2016/797 and (EU) 2020/1828 (Artificial Intelligence Act)**

출처: 양기문 (2024). p. 7; 장진철 (2024). p. 7; EU (2024).

인공지능에 관한 규제와 진흥 측면을 포괄적으로 다루는 「EU 인공지능법」은 인공지능과 관련된 다양한 정의를 마련해서 제공하고 있으며, OECD가 정의한 인공지능 개념을 그대로 수용하여 「OECD 인공지능 원칙」을 따르는 세계 각국의 인공지능 법안들과의 양립 가능성을 높였다(Ernst Young, 2024). 그 결과 「EU 인공지능법」과 OECD는 "자율성을 가지고 작동하는 시스템으로 적응력을 가지고 명시적 또는 암묵적 추론을 통해 예측, 콘텐츠, 권장 사항, 의사결정 등을 생성해 낼 수 있는 시스템"(Russell, Perset, & Grobelnik, 2023)으로 정의되는 인공지능 개념을 함께 사용하게 되었다.

한편 인공지능법은 '범용 인공지능(General Purpose AI)'에 대한 정의도 마련하여 "대량의 데이터를 학습해 다양한 목적을 가진 텍스트, 오디오, 이미지/비디오 등의 콘텐츠를 만들어 내는 생성형 인공지능 시스템"으로 정의하고 별도의 장으로 구성했다. 생성형 인공지능이 포함되는 범용 인공지능에는 '투명성 요구', '시스템 위험관리', '행동강령 적합성 추정'과 의무가 적용되었다(심소연, 2024; 유계환 · 김윤명, 2024).

[표 8-5] 「EU 인공지능법」 범용 인공지능 정의와 규제

구분	정의
범용 인공지능	대량의 데이터를 학습해 다양한 목적을 가진 텍스트, 오디오, 이미지/비디오 등의 콘텐츠를 만들어내는 생성형 인공지능 시스템으로 대표되는 범용 인공지능(GPAI, General-purpose AI)
투명성 요구	투명성 확보와 저작권 보호: 범용 인공지능 서비스 제공자는 인공지능 학습 과정에서 유럽연합의 저작권법을 준수하여 합법적인 방법으로 텍스트/데이터 마이닝 작업을 해야 함 유럽연합의 템플릿에 따라 인공지능 학습에 사용한 콘텐츠에 대한 상세한 목록을 작성하여 공개적으로 제공해야 함
시스템 위험관리	유럽연합에서 지정한 수준 이상으로 훈련되어 사회에 미치는 잠재적 영향력이 큰 범용 인공지능 시스템의 경우, 투명성과 저작권 보호 요구사항 외에도 범용 인공지능 시스템이 초래할 수 있는 위험과 중대 사건을 지속적으로 추적 관리하여 사이버 보안을 확보해야 함
행동강령 적합성 추정	범용 인공지능 서비스 제공자는 법률이 정한 의무를 준수하고 있다는 것을 보여줄 수 있는 행동강령을 수립하고 실천해야 하며, 유럽연합은 행동강령을 승인하고 관련 의무 이행을 위한 공통 규칙을 제공할 수 있음

출처: EU (2024).

2) 국내 동향

우리나라는 2020년 글로벌 기준과 부합하는 국가 차원의 자율규제 원칙인 「인공지능 윤리기준」(관계부처합동, 2020)을 시작으로 「인공지능 윤리 · 신뢰성 확보 추진계획」(과학기술정보통신부, 2023) 등을 발표하면서 인공지능의 신뢰성을 높이기 위한 윤리 규범을 마련하기 위해 노력하고 있다. 특히, 생성형 인공지능이 확산되어 세계적인 영향력이 커짐에 따라 국가정보원의 「챗GPT 등 생성형 AI 활용 보안 가이드라인」(2023)과 문화체육관광부의 「저작권 안내서」(2023; 2024)와 같은 특화된 영역에 초점을 맞춘 인공지능 가이드라인도 발표되었다.

(1) 인공지능 윤리기준(2020)

먼저, '사람이 중심이 되는' 「인공지능 윤리기준」은 인공지능 개발과 활용 전 단계에서 정부 · 공공기관, 인공지능 기술 개발자, 인공지능 기술을 활용한 제품 · 서비스 공급자 · 활용자 등 모든 사회 구성원이 사람 중심의 인공지능 구현을 위해 고려해야 할 기본적이고 포괄적인 기준을 제시하는 것을 목표로 한다. 윤리기준은 인공지능이 주어진 목적에 맞게 활용되어야 하며, 목적의 달성 과정 또한 윤리적일 것을 요구한다. 이 윤리기준은 범용성 있는 일반원칙으로 분야별 인공지능 윤리기준 제정의 근거를 제공하여 영역별 세부 규범이 유연하게 발전해 나갈 수 있는 '인공지능 윤리 플랫폼' 역할을 한다(관계부처합동, 2020).

[그림 8-4] 한국 「인공지능(AI) 윤리기준」

출처: 관계부처합동 (2020). p. 12.

「인공지능 윤리기준」은 '인간성을 위한 인공지능(AI for Humanity)'을 위해 인공지능 개발에서 활용에 이르는 전 과정에서 준수해야 '3대 기본원칙'으로 ① 인간 존엄성, ② 사회의 공공선, ③ 기술의 합목적성 원칙을 제공하고, 이러한 원칙을 실천하고 이행할 수 있도록 인공지능을 개발, 활용하는 전체 생명 주기에 걸쳐 충족되어야 하는 '10대 핵심 요건'을 제시했다.

[표 8-6] 한국「인공지능 윤리기준」3대 기본원칙과 10대 핵심 요건

<table>
<tr><td rowspan="2">3대 기본 원칙</td><td colspan="2">1. 인간 존엄성 원칙</td><td>2. 사회의 공공성 원칙</td><td>3. 기술의 합목적성 원칙</td></tr>
<tr><td colspan="2">• 교환 불가능한 가치
• 인간에게 무해한 인공지능
• 인공지능의 안정성, 견고성</td><td>• 최대 다수의 안녕과 행복
• 사회적 약자 접근성 보장
• 인류의 보편적 복지 향상</td><td>• 윤리적인 개발 및 활용
• 인류의 삶과 번영을 위한 인공지능 진흥</td></tr>
<tr><td rowspan="10">10대 핵심 요건</td><td>① 인권보장</td><td colspan="3">민주적 가치와 국제 인권법 등에 명시된 권리를 보장하는 인공지능 개발과 활용</td></tr>
<tr><td>② 프라이버시 보호</td><td colspan="3">인공지능 개발 · 활용하는 전 과정에서 개인 프라이버시 보호 및 개인 정보의 오용 최소화</td></tr>
<tr><td>③ 다양성 존중</td><td colspan="3">사용자 다양성과 대표성 반영, 개인 특성에 따른 편향과 차별 최소화, 사회적 약자 및 취약계층 접근성 보장</td></tr>
<tr><td>④ 침해금지</td><td colspan="3">인간에게 해를 입히는 목적의 사용 금지, 인공지능의 잠재적 위험과 부정적 결과 대응 방안 마련 노력</td></tr>
<tr><td>⑤ 공공성</td><td colspan="3">사회적 공공성 증진과 인류의 공동 이익을 위한 활용, 인공지능의 순기능 극대화, 역기능 최소화 교육 시행</td></tr>
<tr><td>⑥ 연대성</td><td colspan="3">집단 간 연대성 유지, 미래 세대 배려한 인공지능 활용, 다양한 주체 공정한 참여 기회 보장, 국제사회 협력 노력</td></tr>
<tr><td>⑦ 데이터 관리</td><td colspan="3">개인정보 등 데이터의 목적 외 사용 금지, 데이터 편향성이 최소화되도록 데이터 품질과 위험 관리</td></tr>
<tr><td>⑧ 책임성</td><td colspan="3">피해 최소화를 위한 책임주체 설정, 인공지능 설계/개발자, 서비스 제공자, 사용자 책임소재 명확화</td></tr>
<tr><td>⑨ 안전성</td><td colspan="3">잠재적 위험 방지 및 안전 보장 노력, 명백한 오류 또는 침해 발생 시 사용자에게 작동 제어 기능 제공</td></tr>
<tr><td>⑩ 투명성</td><td colspan="3">인공지능 기반 제품/서비스 제공 시 인공지능 활용 내용과 발생할 수 있는 위험 등의 유의사항 사전 고지</td></tr>
</table>

출처: 관계부처합동 (2020). p. 12의 주요 내용을 표로 재구성.

(2) 생성형 인공지능 관련 보안, 저작권 가이드라인

생성형 인공지능이 빠르게 확산되면서, 보안이나 저작권 같이 특정 영역 관점에서 생성형 인공지능의 잠재적 위험을 사전에 방지하기 위한 윤리지침도 제시되고 있다. 국가정보원이 발표한 「챗GPT 등 생성형 AI 활용 보안 가이드라인」은 생성형 인공지능과 관련된 대표적인 보안 위협으로 잘못된 정보, 서비스 악용, 데이터 유출 등을 설명하고, 생성형 인공지능 활용 보안 수칙으로 민감한 정보 입력 금지, 생성물에 대한 정확성 · 윤리성 등 재검증, 생성물 활용 시 지적재산권 등 법률 침해 · 위반 여부 확인 등을 제시했다(국가정보원 · 국가보안기술연구소, 2023).

한편, 생성형 인공지능 서비스 제공자가 인공지능을 학습시키는 과정에서 허락받지 않은 콘텐츠를 사용하거나, 생성형 인공지능을 이용해 콘텐츠 만든 사용자가 기존 콘텐츠와의 유사성으로 타인의 저작권을 침해하는 의도하지 않은 문제가 발생할 수 있다. 또한 한류 콘텐츠가 해외 인공지능 서비스의 학습에 사용되거나 해외 한류 팬들이 생성형 인공지능을 활용해 한류 콘텐츠와 유사한 콘텐츠를 생성하는 경우 또한 빈번히 나타난다. 문화체육관광부는 생성형 인공지능 사용으로 인한 저작권 침해 문제를 방지할 수 있는 안내서를 국문과 영문으로 제작하여 국내외 인공지능 사업자의 유의사항, 한류 콘텐츠 저작권자가 취할 수 있는 사전 예방 조치, 생성형 인공지능 서비스 이용자의 유의사항, 그리고 생성형 인공지능 산출물의 저작권 등록 방법에 대한 설명을 제공한다(문화체육관광부, 2024).

[표 8-7] 생성형 인공지능 관련 가이드라인: 보안, 저작권 분야

챗GPT 등 생성형 AI 활용 보안 가이드라인	생성형 AI 저작권 안내서
 국가정보원 NSR	
• 생성형 인공지능 기술의 대표적인 보안 위협 • 안전한 생성형 인공지능 기술 사용 가이드라인 • 생성형 AI 정보화 사업 구축 방안 및 보안 대책	• 생성형 인공지능 기술과 저작권 • AI 사업자/권리보유자/이용자를 위한 안내 • AI 산출물과 저작권 등록 • AI 저작권법 실무협의체 운영 경과 및 향후 계획

출처: 국가정보원, 국가보안기술연구소 (2023); 문화체육관광부, 한국저작권위원회 (2024).

(3) 인공지능 윤리 · 신뢰성 확보 추진계획(2023)

생성형 인공지능의 확산으로 인공지능의 신뢰성 확보가 더욱 중요해진 상황에서 과학기술정보통신부는 2023년 10월 "누구나 신뢰할 수 있는 인공지능, 안전한 인공지능 개발 · 활용 확산"을 비전으로 민간 자율 인공지능 윤리 · 신뢰성 확보 지원, 세계 선도 인공지능 윤리 · 신뢰성 기술 · 제도적 기반 마련, 사회 전반 책임 있는 인공지능 의식 확산을 추진 전략으로 하는 「인공지능 윤리 · 신뢰성 확보 추진계획」을 발표하였다. 이 계획은 「인공지능 윤리기준」의 구체적 실천 수단으로 분야별 가이드라인 마련을 지원한다. 특히 생성형 범용 인공지능의 잠재적 위험에 대한 우려가 커지는 상황에서 인공지능이 생성한 결과물에 대한 워터마크 도입을 검토하고, 고위험 인공지능에 대한 신뢰성 확보를 위한

방안 마련을 주요 과제로 설정하였다(과학기술정보통신부, 2023; 문정욱 외, 2023).

[표 8-8] 인공지능 윤리·신뢰성 확보 추진계획

추진 전략	실행 과제
[전략1] 민간 자율 AI 윤리 · 신뢰성 확보 지원	① 분야별 가이드라인 마련 · 확대 ② 민간 자율 AI 신뢰성 검인증 추진 ③ 산업 경쟁력 제고를 위한 인공지능 윤리 · 신뢰성 확보 지원
[전략2] 세계 선도 AI 윤리 · 신뢰성 기술 · 제도적 기반 마련	① 학습 데이터 신뢰성 제고 ② 인공지능 생성물에 대한 표시 도입 방안 검토 ③ 인공지능 윤리 · 신뢰성 원천 기술 개발 ④ 고위험 영역 인공지능 윤리 · 신뢰성 확보
[전략3] 사회 전반 책임 있는 인공지능 의식 확산	① 인공지능 윤리 교육 강화 및 확산 ② 인공지능 윤리 · 신뢰성 정책 플랫폼 운영 ③ 인공지능 윤리 · 사회 영향 평가 추진

출처: 과학기술정보통신부 (2023). p. 10.

3. 광고산업 인공지능 이용 확산을 위한 시사점

1) 개인정보 보호

인공지능을 사용하면 소비자의 선호를 보다 잘 파악해서 특정 개인이 좋아할 것으로 추정되는 광고 메시지를 생성하여 전달함으로써 관여도를 높여 더 좋은 광고효과를 얻을 수 있다. 그러나 맞춤형 광고를 집행하는 과정에서 민감할 수 있는 개인정보가 의도하지 않게 노출되기도 한다. 생성형 인공지능의 확산으로 개인정보 보호 위험이 더욱 커졌다. 대규모 생성형 인공지능은 인터넷에서 수집한 방대한 양의 학습 데이터를 훈련해서 생성 모델을 만드는 데, 이 과정에서 서비스 제공자가 정보 주체의 동의를 받지 않은 채 개인의 민감정보를 수집해서 활용함으로써 개인정보를 침해하는 문제가 발생할 수 있다. 한편, 생성형 인공지능에 작업을 요청하기 위해 사용자가 자발적으로 입력한 다양한 민감정보가 학습되어 인공지능이 제공하는 정보의 일부가 되어 다른 사용자에게 제공되는 개인정보 유출의 위험도 존재한다(홍승헌 외, 2023).

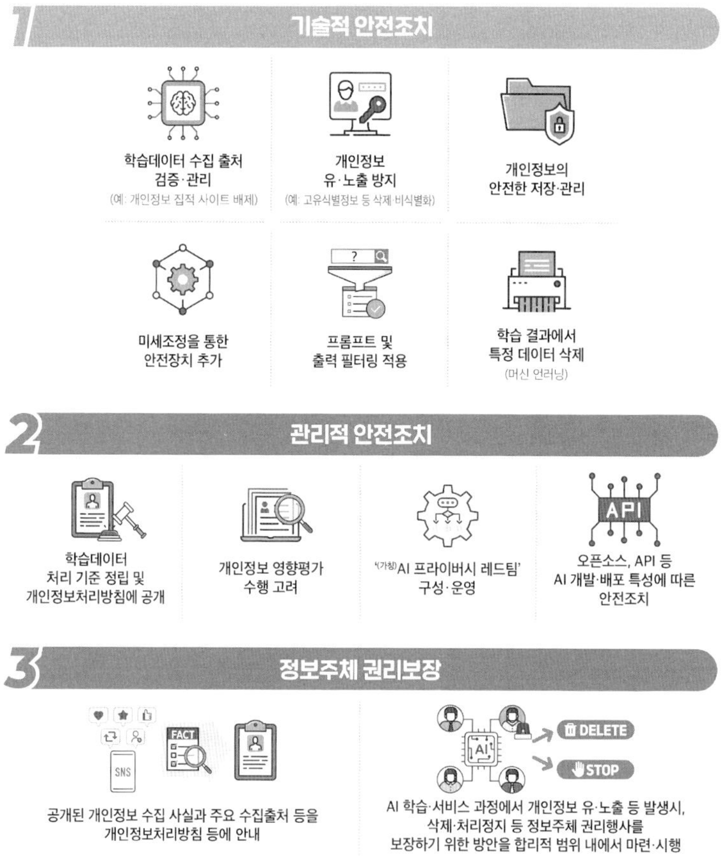

[그림 8-5] 한국 개인정보보호위원회 '공개 데이터' 처리기준

출처: 개인정보보호위원회 (2024).

한국 개인정보보호위원회는 2024년 7월 「인공지능(AI) 개발 · 서비스를 위한 공개된 개인정보 처리 안내서」를 발표하고 생성형 인공지능 모델 개발에 사용할 수 있는 '인터넷상 공개 데이터' 이용기준을 제시했다. 인터넷상의 공개 데이터란 일반인들도 합법적으로 접근할 수 있는 데이터이지만, 주소, 고유식별번호, 신용카드번호와 같은 민감정보가 포함되어 있어 안전조치 없이 인공지능 모델 개발에 사용되는 경우 개인정보가 침해될 우려가 존재한다. 이 안내서는 현행 「개인정보 보호법」에 규정하지 않고 있는 공개된 개인정보 처리에 적용될 수 있는 기술적 · 관리적 안전성 확보 조치와 정보 주체 권리 보장 방안을 제시했다(개인정보보호위원회, 2024).

2) 저작권 보호

생성형 인공지능 서비스는 방대한 훈련 데이터를 학습한 후, 사용자의 요구(프롬프트)에 부합하는 콘텐츠를 만들어 주는데, 학습 데이터를 투입하거나 콘텐츠를 생성하여 사용하는 과정 모두에서 저작권 침해 문제가 발생할 수 있다. 구체적으로 학습 과정에서는 서비스 제공자가 저작권이 설정된 콘텐츠를 허락 없이 학습 데이터로 사용하는 경우, 저작권자의 권리가 침해될 수 있다. 한편, 서비스 사용자도 생성형 인공지능에 입력하는 텍스트, 이미지, 오디오 등의 프롬프트 내용이 저작권 침해를 유도하지 않도록 주의할 필요가 있다. 사용자가 생성형 인공지능에 저작권이 설정된 이미지나 영상을 무단으로 입력하여 얻은 원본과 '유사한' 산출물을 이용하는 경우, 복제권 등 저작권 침해 소지가 있다(문화체육관광부 · 한국저작권위원회, 2023).

[표 8-9] 생성형 인공지능과 저작권 이슈

<table>
<tr><th>순서</th><th>구분</th><th>설명</th><th>저작권 쟁점</th></tr>
<tr><td>1</td><td>데이터 수집</td><td>AI 학습을 위한 원본 데이터(어문, 그림, 음악, 영상 등) 수집</td><td rowspan="4">• AI 학습용 데이터에 포함된 저작물에 대한 복제 등</td></tr>
<tr><td>2</td><td>데이터 전처리</td><td>• 불필요한 정보 삭제(정제), 분할(토큰화), 일관성 부여(정규화) 등
• 데이터 품질 향상 및 학습에 더 적합한 형태로 변환</td></tr>
<tr><td>3</td><td>모델 학습</td><td>• 전 처리된 데이터를 이용하여 AI 모델 학습</td></tr>
<tr><td>4</td><td>모델 평가 및 최적화</td><td>• 검증 데이터셋을 이용한 성능 평가
• 모델 구조나 학습률, 파라미터 조정 등을 통한 최적화</td></tr>
<tr><td>5</td><td>AI 산출물 도출</td><td>• 이용자의 프롬프트 등 입력을 통해 AI 산출물 도출</td><td>• AI 산출물의 저작권 침해</td></tr>
</table>

출처: 문화체육관광부, 한국저작권위원회 (2023).

유럽연합의 「인공지능법」은 저작권으로 보호되는 콘텐츠를 생성형 인공지능 학습에 이용하는 것을 허용하고 있다. 대신 저작권자가 자신의 저작물이 AI의 학습용 데이터로 사용되었는지 쉽게 파악할 수 있고, 원치 않는 경우 추가적으로 이용되지 않도록 설정할 수 있는 사용유보 권한을 저작권자에게 부여함으로써 인공지능의 개발과 저작권 보호 간 균형을 추구하고 있다(박희영, 2024). 한편, 일본 문화청은 2024년 3월 생성형 인공지능과 관련해 저작권의 보호와 공정하고 원활한 이용이 균형을 이루도록 하는 것을 목적으로 「AI와 저작권에 대한 견해」라는 보고서를 발간하였다. 이 보고서는 사람들이 저작물을 읽거나 감상하는 향유 행위가 수반되지 않는 인공지능 개발을 위한 학습 단계에서는 저작권자의 허락 없이 데이터 이용이 가능하다는 가이드를 제시했다(김선호 · 정수영, 2024).

3) 소비자 오인/기만

세계 여러 나라가 딥페이크의 부정한 영향력을 차단하기 위해 법제도를 정비하고 있다. 먼저 유럽연합의 「인공지능법」은 딥페이크와 관련하여 투명성 의무를 부과하고 있다. 딥페이크에 해당하는 이미지·오디오 또는 비디오 콘텐츠를 생성하거나 조작하는 경우, 해당 콘텐츠가 인위적으로 생성 또는 조작되었음을 공개하고, 라벨을 표시하고 명확하게 구별할 수 있도록 조치해야 한다. 딥페이크에 관한 투명성 의무를 준수하지 않는 경우, 위반 기업의 전 세계 연간 매출액 3%에 해당하는 벌금이 부과될 수 있다.

우리나라도 2023년 12월 「공직선거법」에 딥페이크 관련 조항을 신설하였다. 이 법은 딥페이크를 "인공지능 기술 등을 이용하여 만든 실제와 구분하기 어려운 가상의 음향, 이미지 또는 영상 등"으로 정의하고 선거일 90일 전부터는 제작 및 게시를 전면 금지하고, 그 외 기간에는 가상의 정보라는 사실을 명확하게 인식할 수 있도록 표시할 것을 규정하고 있다. 이 밖에도 과학기술정보통신부, 방송통신위원회, 경찰청을 중심으로 딥페이크 관련 정책과 사업을 추진하거나 법안을 준비하고 있다(노은정, 2024).

[표 8-10] 「공직선거법」 딥페이크 관련 신설조항

제82조의8(딥페이크영상등을 이용한 선거운동) [본조신설 2023.12.28.]
① 누구든지 선거일 전 90일부터 선거일까지 선거운동을 위하여 인공지능 기술 등을 이용하여 만든 실제와 구분하기 어려운 가상의 음향, 이미지 또는 영상 등(이하 "딥페이크영상등"이라 한다)을 제작·편집·유포·상영 또는 게시하는 행위를 하여서는 아니 된다. ② 누구든지 제1항의 기간이 아닌 때에 선거운동을 위하여 딥페이크영상등을 제작·편집·유포·상영 또는 게시하는 경우에는 해당 정보가 인공지능 기술 등을 이용하여 만든 가상의 정보라는 사실을 명확하게 인식할 수 있도록 중앙선거관리위원회 규칙으로 정하는 바에 따라 해당 사항을 딥페이크영상등에 표시하여야 한다.

4) 생성형 인공지능 시대, 광고산업의 법제도 시사점

소비자의 주목이 희소한 자원이 되어버린 주목의 경제 시대에, 광고 캠페인 성과를 높이기 위해서는 소비자가 필요로 하는 메시지를 전달하는 것이 필요하다. 광고산업은 목표 고객에게 맞춤화된 광고를 효과적으로 생성하여 전달하는 과정에서 인공지능의 쓰임을 높이기 위한 실험을 계속하고 있다. 인공지능은 광고효과를 높일 수 있는 기회와 함께 신뢰할 수 있는 도구로 정착되기 위해 해결해야 하는 과제 또한 동시에 가지고 있다. 디지털 시대, 맞춤형 광고 집행을 위한 핵심적인 과제는 개인정보 보호 문제였지만, 생성형 인공지능 시대에는 개인정보 보호와 더불어 저작권 침해와 소비자 기만 또한 중요한 문제로 떠올랐다.

한편, 생성형 인공지능의 사회적 영향력 확대로 바람직한 혁신을 지원하고 잠재적인 문제를 효과적으로 관리하기 위해 세계 각국은 윤리원칙을 넘어 구속력을 갖는 인공지능 법안을 마련하기 시작했고, 포괄적인 규정을 담은 유럽연합의 인공지능법이 2024년 8월 세계 최초로 발효되었다. 한편, 우리나라의 경우, 인공지능 활용에 관한 광고산업의 주요 이슈를 통합적으로 담은 법제도뿐만 아니라, 광고산업 차원의 가이드라인도 마련되지 않았다. 광고산업의 인공지능 문제 영역에 대한 주요 국가의 법제화 동향을 추적 관찰해서 단기적으로는 광고산업의 가이드라인을 수립하는 데 참조하고, 장기적으로는 포괄적인 법체계에서 광고산업의 핵심문제 해결을 위한 법적근거가 마련되도록 노력해야 한다.

[표 8-11] 호주 광고산업 인공지능 이용 가이드라인

구분	법적 이슈	권장 조치
개인정보	• 개인의 민감정보나 기업의 기밀 정보를 생성형 인공지능의 입력하는 경우, 훈련 데이터로 사용되어 향후 생성되는 답변에 노출될 위험 존재 • 의료데이터, 기업 회의록이나 소스 코드 • 오픈AI의 경우 "특정 프롬프트를 삭제할 수 없으므로" 민감정보를 입력하지 말 것을 사용자에게 경고함	• 고객 데이터를 인공지능 학습에만 사용하는 방법을 명확하게 정의함 • 인공지능 시스템을 업무 프로세스에 도입하는 경우 강력한 사이버 보안 조치 구현 • 인공지능 기반 캠페인 진행을 위해 소비자 데이터 수집하는 경우, 명시적 동의 확보 • 개인정보 제거 및 익명화, 과도하거나 불필요한 데이터 사용 금지
저작권	(입력 데이터) 인공지능 학습 데이터 저작권 준수 여부	• 저작권 준수와 평판 우수 서비스 이용 • 서비스 계약 시 저작권 침해 청구에 대한 기관 보호 내용 포함
	(출력 데이터) 인공지능 생성 콘텐츠의 저작권 및 소유권	• 인간 개입 없는 완전 자동화된 생성 회피 • 콘텐츠 생성/수정 시 인간 참여 기록 보관 • 이해관계자와 인공지능 생성 콘텐츠 소유권 정의
소비자 오인/기만	• 인공지능 생성 광고가 허위적이거나 기만적이어서는 안 됨	• 인공지능을 프로모션 콘텐츠 생성에 사용하는 경우, 생성된 모든 콘텐츠 팩트체크 실시

출처: Advertising Council Australia (2023) 보완 재구성.

이 과정에서 인공지능에 관한 법이 마련되지 않은 호주에서 호주광고협회(Advertising Council Australia)가 마련한 「광고산업 인공지능 활용 가이드라인(AI in Advertising)」은 좋은 본보기가 된다. 호주 광고협회는 광고회사가 인공지능을 사용하면서 부딪칠 수 있는 윤리적인 문제들인 투명성과 동의, 편향, 소비자의 데이터 통제권에 대해 조언을 제공한다. 구체적으로 광고물 제작에 인공지능 시스템을 사용할 경우, 광고주에게 이러한 계획을 사전에 밝히고 인공지능을 사용함으로써 얻을 수

있는 장점과 한계에 대해 설명하고, 맞춤형 타깃 광고를 집행할 때에는 소비자에게 자신의 데이터가 사용되고 있다는 사실을 알릴 것을 권고한다. 또한 인공지능을 통해 생성한 콘텐츠를 정기적으로 검토하여 불공정한 차별이 포함되지 않도록 노력해야 하며, 소비자가 자신의 데이터를 사용한 개인화 광고를 원하지 않는 경우, 이러한 광고를 거부할 수 있는 선택권을 제공해 줄 것을 권장한다. 한편 이 가이드라인은 개인정보, 저작권, 소비자 기만과 관련된 법적 문제에 대한 해결방안도 함께 제시한다(Advertising Council Australia, 2023).

참고문헌

개인정보보호위원회 (2024.07). **인공지능(AI) 개발 · 서비스를 위한 공개된 개인정보 처리 안내서**. https://www.pipc.go.kr/np/cop/bbs/selectBoardArticle.do?bbsId=BS074&mCode=C020010000&nttId=10362

과학기술정보통신부 (2023.10). 「인공지능 윤리 · 신뢰성 확보 추진계획」. https://ai.kisdi.re.kr/aieth/bbs/B0000085/view.do?nttId=463&menuNo=400014

관계부처합동 (2020.12). 사람이 중심이 되는 「인공지능(AI) 윤리기준」. https://www.msit.go.kr/bbs/view.do?sCode=user&mId=113&mPid=238&bbsSeqNo=94&nttSeqNo=3179742

국가정보원, 국가보안기술연구소 (2023). 챗GPT 등 생성형 AI 활용 보안 가이드라인.

김선호, 정수영 (2024.08). 생성형 AI와 저작권 관련 일본 문화청보고서 내용과 시사점. **Media 정책 리포트**, 2024년 4호.

노은정 (2024.06). 딥페이크 관련 국내외 규제 현황 분석. KISDI Perspective.

노재원, 유재흥, 안성원 (2023). **글로벌 AI 신뢰성 정책 동향**. 소프트웨어정책연구소.

문정욱 외 (2023). **인공지능 윤리 의식 확산을 위한 정책연구**. 정보통신정책연구원.

문화체육관광부, 한국저작권위원회 (2023). **생성형 AI 저작권 안내서**.

문화체육관광부, 한국저작권위원회 (2024). *A guide Generative AI and copyright*.

박종구 (2023a). 인공지능을 활용한 광고기획 실무. 김병희 외. **디지털 시대의 광고기획 신론** (pp. 379-404). 서울: 학지사.

박종구 (2023b). 인공지능을 활용한 광고기획 실무. 한국광고학회(편). **AI 기반 광고 전략** (pp. 85-100). 서울: 온샘

박희영 (2024.01). **유럽연합(EU) 인공지능법안(AI Act)과 저작권법: ChatGPT 등 생성형 인공지능과 관련하여.** 한국저작권위원회.

심소연 (2024.04). 규제 중심의 유럽연합 인공지능법(EU AI Act). **최신 외국입법정보**, 242호.

양기문 (2024.07). 미국과 유럽연합의 AI 영향평가 정책 현황. *KISDI Perspective.*

유계환, 김윤명 (2024.04). 주요국의 AI 규제 동향 및 시사점: 생성형 AI 서비스 제공자의 책임을 중심으로. **IPFocus, 2024-06호.**

유화선, 윤병성, 최희석 (2024.05). 인공지능 윤리(AI Ethics): 인간과 인공지능의 조화로운 공존 방안. **KISTI 이슈브리프**, 68호.

장진철 (2024.07). AI 신뢰성 정립을 위한 위험 요인 정의. *ICT Standard Weekly*, 1197호, 1-9.

홍승헌, 심우현, 황하 (2023.04). ChatGPT, 어떻게 규제할 것인가? **KIPA 이슈리포트**, 123호.

Advertising Council Australia (2023). *AI in advertising.* https://advertisingcouncil.org.au/

Ernst Young (2024). *The EU Artificial Intelligence Act.* https://assets.ey.com/content/dam/ey-sites/ey-com/en_gl/topics/ai/ey-eu-ai-act-political-agreement-overview-february-2024.pdf

EU (2024). *EU AI Act.* https://eur-lex.europa.eu/legal-content/EN/TXT/HTML/?uri=OJ:L_202401689

Ford, J., Jain, V., Wadhwani, K., & Gupta, D. G. (2023). AI advertising: An overview and guidelines. *Journal of Business Research*, 166.

Huh, J., Nelson, M. R., & Russell, C. A. (2023). ChatGPT, AI advertising, and advertising research and education. *Journal of Advertising, 52*(4), 477-482.

Khowaja, S. A., Khuwaja, P., Dev, K., Wang, W., & Nkenyereye, L. (2024). ChatGPT needs spade (sustainability, privacy, digital divide, and ethics) evaluation: A review. *Cognitive Computation, 16*, 1-23.

Kotler, P., Kartajaya, H., & Setiawan, I. (2023). *Marketing 6.0: The future is immersive.* Hoboken, NJ: John Wiley & Sons.

Li, H. (2019). Special Section Introduction: Artificial Intelligence and Advertising. *Journal of Advertising, 48*(4), 333-337.

Madiega, T. (2024). *Artificial intelligence act* (3rd Ed.). European Parliament: European Parliamentary Research Service. https://www.europarl.europa.eu/thinktank/en/document/EPRS_BRI(2021)698792

Mania, K. (2024). Legal protection of revenge and deepfake porn victims in the European Union: Findings from a comparative legal study. *Trauma, Violence, & Abuse, 25*(1), 117–129.

OECD (2023). The state of implementation of the OECD AI Principles four years on. *OECD Artificial Intelligence Papers, 3*, OECD Publishing, Paris, https://doi.org/10.1787/835641c9-en.

OECD (2024). *OECD AI principles overview*. https://oecd.ai/en/ai-principles

Rodgers, S. (2021). Themed issue introduction: Promises and perils of artificial intelligence and advertising. *Journal of Advertising, 50*(1), 1–10.

Russell, S., Perset, K., & Grobelnik, M. (2023.11.29). *Updates to the OECD's definition of an AI system explained*. OECD. https://oecd.ai/en/wonk/ai-system-definition-update

The White House (2023.10.30). *Executive order on the safe, secure, and trustworthy development and use of artificial intelligence*.

The White House (2024.03.28). *Vice president Harris announces OMB policy to advance governance, innovation, and risk management in federal agencies' use of artificial intelligence*.

chapter

09

AI가 바꾸는 PR 실무의 윤리 교육

▸▸▸ 김정남 (미국 오클라호마대학교 석좌교수,
카이스트 문술미래전략대학원 겸직교수)

▸▸▸ 차유리 (서강대학교 미디어융합연구소 책임연구원)

AI 오용은 PR 업계에 다양한 위험을 초래할 수 있다. 제9장에서는 국내외 대표적인 PR 에이전시들이 AI 오용에 관한 책임 교육 측면에서 어떤 노력을 기울이는지 알아보고자 했다. 이를 위해, PR 업계에서 권위 있는 매체인 프로보크 미디어(PRovoke Media)가 선정한 국내외 7대 PR 에이전시들의 인터넷 자료를 수집하여 관련 사례들을 살펴보았다. 그 결과, 국내 대표 에이전시에 비해 글로벌 에이전시는 AI 할루시네이션 · 데이터 편향 · 보안과 프라이버시 침해와 같은 오용 문제들에 관해 비교적 적극적으로 의제 활동을 하는 것으로 나타났다. 그러나 국내외를 막론하고, AI 오용 책임에 초점을 두며 전통적인 형태의 커리큘럼을 갖춘 교육 사례는 아직 확인되지 않았다. 이 실태를 고려하여 국내의 업계 실무자들이 신속히 유의해야 할 지점을 강조했다. 특히 선도 에이전시들의 의제 활동과 전략적 경영 패러다임 간의 관련성에 비추어보았을 때, 상징 · 해석적 전략보다는 행동 중심 전략적 접근을 통해 교육을 기획하고 실행하는 것이 효과성과 책임성 측면에서 더 적절하다는 점이 환기되었다.

1. 서언

AI는 대규모 개인화를 통해 커뮤니케이션을 재구성하며 상업적 · 정보적 욕구를 충족하는 데에 기여한다(Hermann, 2021). 이러한 장점 덕분에 여러 PR 실무자들이 이미 업무에 AI를 사용하고 있으며, 그 규모는 더 커질 것으로 보인다. PR 업계 전문가용 플랫폼 불독 리포터(Bulldog Reporter)의 편집자인 카루펠(Richard Carufel)에 따르면, 2024년은 기업들이 실험 단계에서 벗어나 AI, 특히 생성형 AI를 본격적으로 도입하기 때문에 중요한 전환점이 되는 시기다(Carufel, 2024.03.21). PR

관리 플랫폼 머크랙(Muck Rack)의 2024년 보고서가 시사하는 바도 크게 다르지 않다. PR 전문가들을 대상으로 이루어진 2023년 3월 조사에서는, 응답자들의 28%가 이미 본인이 AI를 사용 중이고 33%는 사용을 고려 중이라고 답했다. 이후 같은 해 12월에 이루어진 조사에서는 AI 도구를 업무에 사용 중이라는 응답이 과반수인 64%로 대폭 늘었다(Albasi, 2024.01.04). 직원 중 10%는 고용주의 허락 없이 AI 기술을 쓴다는 보고도 있다(LLoyd-Prescott, 2024.06.13).

상술된 동향을 염두에 둘 때 간과할 수 없는 지점은, PR 실무자들이 업무에 AI를 적극적으로 사용함에 따라 관련 윤리적 문제도 심화될 수 있다는 점이다. AI가 제공하는 대규모의 개인화 및 타깃팅 기회 자체가 윤리적 과제를 동반할 수밖에 없기 때문이다(Hermann, 2021).

관련 윤리 문제로는, 정보 생성 차원의 할루시네이션(hallucination)과 오정보(misinformation)[1] · 데이터 편향으로 인한 차별 · 콘텐츠 다양성의 감소가 주요하게 거론될 수 있다. 그와 함께 보안 및 프라이버시 침해 문제도 중요한 윤리적 문제로 간주된다(김활빈, 2024; 김활빈 외, 2024; Hermann, 2022; Huh et al., 2023).

이러한 문제는 AI를 실무에 사용했기에 발생하는 것인 만큼, PR 실무자 개인 · 기업의 윤리적 책임이 더욱 무거워졌다. 글로벌 에이전시 플레시먼힐러드(Fleishman Hillard)의 조직 인재 및 변화 관리 팀장인 로저스(Josh Rogers) 역시, 조직 내 AI 도입을 고려하는 비즈니스 리더들이 취해야 할 5단계를 제시하며 이 과정이 단순한 기술 도입을 넘어 '책임 있는' AI 활용으로 이어져야 한다고 강조하였다(Rogers, 2023.06.13).

1) 오정보(misinformation)와 달리, AI 사용 주체가 고의적으로 허위정보(disinformation)를 생성하는 경우도 물론 존재한다. 딥페이크(deepfake)와 같은 허위 정보 생성과 유포가 그 예다. 이 역시 소비자들에게 유해하지만(Williams & Otto, 2022), 제9장에서는 문제의 근본적 원인이 AI 기술에 있는 경우에 대해서만 다룬다.

더욱이 오늘날 기업의 윤리적 실천은 시장 내 경쟁과 지속 가능성에서 우위를 점하는 데에도 영향을 미친다. 세계 제1위의 PR 에이전시라고 불리는 에델만(Edelman)도, 생성형 AI와 관련된 주요 위험(AI의 자기참조적 위협, AI의 편향 · 할루시네이션(hallucination) 유발에 따른 기업 평판 훼손 문제)이 산업 전반은 물론이고 기업 측에 중요한 과제로 떠오르고 있다는 데에 주목했다(Edelman, 2024.02.02). 2024 에델만 트러스트 바로미터(Edelman Trust Barometer)에 따르면, 전 세계 응답자의 79%는 CEO가 기술의 윤리적 사용에 대해 말하는 것이 중요하다고 여긴다(World Economic Forum, 2024.06.18).

이렇게 AI 오용 문제는 사용 주체가 행한 윤리적 실천의 질과 결과적으로 불가분의 관계에 놓이지만, 근본적으로 현시점의 AI 기술이 가진 한계에서 비롯된 것이긴 하다. 오늘날 AI는 인간의 시각 · 언어 처리 · 학습 및 문제 해결 기능을 모방하는 컴퓨터 시스템의 알고리즘(특정 계산을 통해 입력 데이터를 원하는 출력으로 변환하는 인코딩된 절차나 규칙의 집합)으로(Buhmann, 2023), 출력이 독창적이지 않으며 독창적일 수도 없다. 패턴 인식에 뛰어난 인지 시스템일 뿐이고, 최신 대규모 언어 모델조차도 최소 반년 이상 된 훈련 데이터를 기반으로 하여 일반적인 지식을 반영하고 재생한다(Weber, 2024.07.05).

이는 실무자의 노력만으로 오용 문제를 완전히 방지하거나 예방하기에는 현실적으로 어려움이 따른다는 것을 의미한다. 다만 이 실무자들이 책임감을 갖고 AI를 활용한다면 오용 문제가 완화될 가능성이 커진다. AI는 효율성을 목표로 결과를 생성하지만, 사용자인 인간은 그 생성물을 얼마나 어떻게 활용할지에 대한 선택권을 가지며, 이때 효율성뿐만 아니라 책임성도 함께 고려할 수 있는 주체이기 때문이다.

단, 인간 주체가 AI 시스템이 얼마나 공정하고 안전하며 개인의 권리를 존중하는지 제대로 판단하기 위해서는 AI 시스템 작동 방식의 이해를 선행해야 한다(Bowen, 2024; Hermann, 2022). 따라서 'AI 리터러시'를 주제로 한 교육은 ESG(Environmental, Social, and Governance: 환경, 사회, 거버넌스) 또는 CSR(Corporate Social Responsibility: 기업의 사회적 책임) 차원에서나 기업의 AI 활용 리스크 관리 차원에서나 필수적이다.

구체적으로, 'AI 리터러시(AI literacy)'는 개인들에게 권한을 부여하게 하는 역량으로, 대규모 개인화 맥락 안팎에서 AI의 입력 · 작동 방식 · 책임 및 결과를 기본적으로 이해하는 것을 의미한다. 다음과 같은 역량들로 주요하게 구성된다. 첫째, 어떤 데이터가 어떻게 수집되는지 이해하는 역량, 둘째, 추론 도출 · 콘텐츠 생성 · 배포를 위해 데이터를 결합하거나 비교하는 방식을 이해하는 역량, 셋째, 자신이 스스로 결정하고 행동하고 반대할 수 있는 역량을 이해하는 역량, 넷째, 편파와 선별성에 관한 AI의 취약성을 이해하는 역량, 다섯째, AI가 전체적으로 미치는 잠재적 영향을 이해하는 역량이다.

AI 리터러시 역량을 갖추게 되면, 대규모의 개인화된 콘텐츠를 다루는 과정에서 능동적으로 개인적 · 사회적 선을 촉진하고 유해성을 예방하는 행동 주체로서 역할을 할 수 있다(Ward et al., 2020; Hermann, 2022). 결국 AI 리터러시 교육은 PR 에이전시가 영리적으로나 사회적으로나 AI를 활용하면서 잠재적 위험을 최소화하기 위한 중요한 과정이다.

그럼에도 불구하고 이러한 배경에서 PR 업계에서의 AI 리터러시 교육 실태를 요약한 정보는 아직 찾아볼 수 없었다. 기업의 ESG 또는 CSR 프레임워크들이 기업의 지속가능성과 윤리적 책임을 강화하는 데 기여한다는 점에서 AI 오용 책임 교육과 개념적으로 관련성을 지니지만, AI와 관련된 지속가능성 문제를 충분히 반영하지 못하고 있다는 지적도 존재한다(Sætra, 2021).

PR 에이전시 주최의 이 교육이 더욱 중요하게 여겨져야 하는 이유는, PR 전문가들이 과거에 'PR 해커'나 '스핀닥터'처럼 조직의 이익만을 우선시하여 공중에게 해를 끼치는 기만적 존재로 인식되어 온 역사적 배경에서도 찾을 수 있다(Ward et al., 2020). AI 리터러시 교육은 공익적 노력의 일환이므로, PR 주체에 대한 공중의 부정적 이미지 형성이나 심화를 방지하는 데에도 기여하기에 소홀히 여겨질 수 없다.

이에 제9장에서는 오늘날 AI가 바꾸는 PR 실무에서의 명암에 관해 우선 개괄한다. 이어서 본격적으로, AI 오용 책임에 관한 교육의 초기 단계에서 국내 주요 PR 에이전시들의 해당 활동 실태를 사례 중심으로 알아볼 것이다. 아울러 이러한 실태에 관해 논의하고자 하는데, 이는 여러 AI 담론들의 일부가 될 것이다. 담론은 인간이 어떤 존재이고 어떻게 평가와 대우를 받아야 하는지에 관한 인식적 틀을 제공하는 특정 패러다임의 영향을 받는다. 우리는 관련 주요 패러다임 중에서도 상징·해석적 대 행동 중심 전략적 경영 패러다임 배경하에 논의한다.

2. AI 사용의 명암

PR 실무자들의 AI 오용 문제는 사용에 동반된 것으로, 마치 동전 양면과 같다. AI가 PR 분야에서 어떻게 사용되고 있는지를 알아야, 그 기술이 어떻게 오용되는지, 그리고 그러한 오용이 윤리적으로나 법적으로 어떤 문제를 일으킬 수 있으며, 그 책임의 무게는 어떠할지를 더 잘 이해할 수 있을 것이다. 이에 AI 활용의 주요 분야와 사례부터 간단히 알아본다.

1) AI 활용의 주요 분야와 사례

PR 콘텐츠 마케팅 및 PR 서비스 제공 기업 브랜드포인트(Brandpoint, 2024)는 PR 업계에서 AI가 주로 쓰이는 세 가지 분야를 다음과 같이 선정했다. 첫째, 콘텐츠의 다양한 버전 생성 분야이다. AI는 하나의 콘텐츠를 다른 스타일이나 톤으로 표현하는 등, 다양한 방식으로 변형하거나 재작성할 수 있다. 따라서 다양한 타깃 오디언스나 플랫폼에 맞게 콘텐츠를 조정하는 데 도움이 된다. 둘째, 미디어 피치 작성 분야다. PR 전문가들이 기자나 언론에 보도자료나 스토리 아이디어를 제안할 때 사용하는 '피치'를 작성하는 데 활용될 수 있다. 셋째, 콘텐츠 개발 분야다. AI는 블로그 게시물 · 기사 · 소셜 미디어 콘텐츠 등 다양한 형태의 콘텐츠를 생성할 때에도 쓰인다. 특정 주제에 대해 빠르게 콘텐츠를 생성하거나 콘텐츠의 초안을 작성하는 데 도움을 주기 때문이다.

다음의 세 가지 표는 PR 업계의 선도적 전문가들이 제시한 생성형 AI 활용 사례들을 간추려 재구성한 것이다.

[표 9-1] 마케터들이 바로 적용가능한 생성형 AI 활용 사례 9가지

구분	사례	설명
1	초개인화된 (hyper-personalized) 콘텐츠	생성형 AI는 소비자 데이터를 분석하여 각 소비자에게 맞춤형 메시지를 전달할 수 있으며, 이는 참여율과 전환율을 높이는 데에 기여
2	창의적 아이디어 생성	AI 알고리즘에 일련의 조건을 입력함으로써, 독창적인 콘텐츠나 캠페인 아이디어를 빠르게 생성
3	개인화된 채팅봇	지루하고 정형화된 응답 대신, 생성형 AI가 구동하는 맞춤형, 역동적 채팅봇으로 소비자와의 상호작용을 개선
4	실시간 트렌드 분석	실시간 데이터를 분석하여 소비자 감정과 트렌드를 파악하고, 마케팅 메시지를 빠르게 조정하는 데에 도움

구분	사례	설명
5	검색엔진 최적화 (Search Engine Optimization: SEO) 전략 강화	키워드 최적화, 콘텐츠 품질 향상, 모바일 최적화, 링크 빌딩, 페이지 속도 개선 등을 통해 콘텐츠를 최적화하여 검색 순위를 높이는 데 도움. 이는 마치 디지털 마케팅 전문가가 항상 대기 중인 것과 같음
6	콘텐츠 최적화	다양한 채널에 맞게 콘텐츠를 최적화하며, 일관된 메시지를 유지하면서도 효율성을 극대화
7	더 날카로운 의사결정	과거 데이터를 바탕으로 패턴, 트렌드, 그리고 잠재적인 결과를 예측하는 예측 분석(predictive analytic) 기능을 제공. 이를 통해 기업은 직관이나 추측에 의존하는 대신, 실질적인 데이터에 기반한 의사결정을 내릴 수 있음. 리스크 축소, 의사결정 과정에서의 오류 최소화, 실시간으로 데이터를 처리하여 변화하는 시장 상황이나 소비자 선호도에 신속한 대응이 가능해짐
8	사용자 생성 콘텐츠 (User-generated content: UGC)에서 어떤 콘텐츠가 효과적일지 감에 의존하여 예상하는 작업 제거	AI는 UGC를 분석하여 감정, 참여도, 관련성을 파악함으로써 마케팅 활동에 가장 효과적인 콘텐츠를 정확히 찾아낼 수 있음. 이를 통해 더욱 진정성 있는 브랜드 이미지를 구축하고, 수용자와 보다 깊이 있게 연결될 가능성이 높아짐
9	미루는 습관 (procrastination) 해결	AI가 초기 작업을 빠르게 처리해 줌. 특히 초기 초안, 개요 또는 시각적 개념을 제공하여 콘텐츠 제작 과정을 가속화하고, 최종 작업에 집중할 수 있도록 도움

출처: 2024년 프로보크 미디어가 선정한 PR 에이전시 1위인 에델만(Edelman)의 글로벌 과학기술 부문 책임자(Global Chair, Technology)인 웨스트콧(Westcott, 2023.05.03).

[표 9-2] 마케팅 에이전시들이 AI를 이용하여 고객의 마케팅을 더욱 개인화하는 방법 18가지

구분	사례	설명	포브스 에이전시 카운슬 전문가 패널
1	AI 기반 콘텐츠 생성	AI를 콘텐츠 제작 워크플로에 통합해 하이브리드 콘텐츠 뱅크를 구축하고 가상 모델을 활용하여 다양한 지리적 위치에 맞춘 캠페인 실행	주비에르(Aasim Shaikh Zubaer, LPS Brands)

2	고객의 감성적 측면에 맞춘 개인화	AI를 사용해 고객의 마케팅 및 커뮤니케이션을 개인화하다 보면 너무 개인적인 정보까지 다루게 되어 침해를 일으킬 수 있음. AI를 사용할 때에도 인간적인 감성과 요소는 중요하며 유지되어야 함. 따라서 고객의 감성적 측면을 고려해 AI로 마케팅 메시지를 개인화	콜루루(Prashanthi Kolluru, KloudPortal)
3	실시간 데이터 활용	AI 도구를 이용해 실시간으로 데이터를 분석하고 마케팅 전략을 최적화	알다이아(Violet Aldaia, H4B Chelsea)
4	동적 콘텐츠 생성	AI로 개별 고객 맞춤 메시지 생성	벨트겐(Joschka Weltgen, Compado)
5	데이터 및 수용자 전략 강화	AI를 활용한 콘텐츠 개인화 및 캠페인 최적화	조시(Tanuj Joshi, Eulerity)
6	고객 행동예측	AI로 고객의 미래 행동과 선호를 예측	올링하우스(Tate Olinghouse, Acxiom)
7	증강 지능 활용	AI와 인간 지능을 결합해 고객 맞춤형 커뮤니케이션을 극도로 정교하게 할 수 있음	자왁키(Thomas Zawacki, Data Axle)
8	머신러닝을 통한 이메일 개인화 자동화	머신러닝과 회사의 비즈니스 정보(기업의 기본 정보) 및 기업 대 기업(Business-to- Business: B2B) 연락처 데이터를 결합하여, 이메일의 여러 요소를 자동으로 개인화(예, 이메일의 내용, 이미지, 제목, 행동 촉구(Call to Action: CTA) 메시지나 요소 등을 자동으로 조정)	치오키(Paula Chiocchi, Outward Media, Inc.)
9	최적의 참여시간에 이메일 전달	AI로 이메일 콘텐츠 및 발송 시간 등을 최적화. 즉 AI를 활용하면, 자동화 플랫폼의 참여 데이터를 기반으로 각 개인에게 최적의 참여 시간에 이메일이 전달될 수 있음. 적절한 시간과 빈도로 이메일이 전달되면, 이메일이 고객의 메일함 상단에 올라와 구매 결정을 내릴 때 바로 확인할 수 있게 해서 참여 확률이 높아짐	마이어(Elyse Flynn Meyer, Prism Global Marketing Solutions)
10	프로세스 중심의 작업과 빠른 결과 도출 촉진	AI를 활용해 리서치 · 편집 · 데이터 수집 등, 프로세스 자동화로 신속하게 결과를 도출하여 고객 맞춤형 커뮤니케이션을 더 빠르게 제공	웨츨러(Christine Wetzler, Pietryla PR & Marketing)
11	맞춤형 GPT와 데이터 뱅크 구축	고객 맞춤형 콘텐츠 생성을 위해 각 고객의 스타일, 톤, 메시지 등에 특화된 맞춤형 GPT와 데이터 뱅크를 구축	메이(Bernard May, National Positions)

12	시작을 돕는 AI 활용	창작 과정에서 종종 빈 화면을 바라보며 어디서부터 시작할지 모르는 상황이 발생할 수 있는데, AI가 이런 상황을 해결하는 데 도움을 줄 수 있음. AI의 초기 결과가 완벽하지 않더라도, 창작 과정의 촉매 역할을 하여 생산성을 높이는 데에 유용	메이너드(Mike Maynard, Napier Partnership Limited)
13	고객 콘텐츠 맞춤화를 위한 자체 대형 언어 모델(Large Language Model: LLM) 개발	자체 LLM을 개발해 각 고객에게 최적화된 콘텐츠 · 광고 · 그래픽 · 뉴스레터 등을 제작할 수 있게 되었으므로, 팀의 창의성과 효율성이 높아짐	카카르(Vaibhav Kakkar, Digital Web Solutions)
14	고객사의 소비자들에 대한 데이터 수집	AI를 통해 고객의 선호 데이터를 수집하여 소비자들이 좋아하는 것, 싫어하는 것 등을 파악. 이러한 이해를 바탕으로, 소비자들이 자신이 중요한 존재라고 느끼게 할 수 있는 개인화된 서비스 제공(예, 맞춤형 뉴스레터, 좋아할만한 상품에 대한 할인 혜택 제공, 피드백 받기 등)	홀(Jason Hall, Five Channels Marketing)
15	구글 검색 및 분석 데이터를 연결하여 실시간 인사이트 제공	AI와 자동화 도구(Zapier)를 활용해 구글(Google) 검색 및 분석 데이터를 실시간으로 통합하여 마케팅에 활용. 이를 통해 매시간 비즈니스 트렌드에 대한 업데이트를 받고, 그 정보를 바탕으로 마케팅과 커뮤니케이션 전략을 신속하게 조정하여 더 효과적이고 개인화된 마케팅 실행 가능	자만(Qamar Zaman, KISSPR Brand Story Press Release)
16	정체성 솔루션 도입	정체성 솔루션(identity solutions)은 데이터 과학 · 디지털 기술 도입 · 자동화된 광고 시스템을 결합하여 고객의 정체성을 파악하고, 이를 바탕으로 맞춤형 타깃팅과 메시지 전달을 가능하게 함	호(Humphrey Ho, Hylink Digital)
17	고객의 소셜 미디어 캠페인을 위한 인플루언서 선정	다양한 소셜 플랫폼에서 인플루언서의 수가 증가함에 따라 이를 탐색하는 과정이 복잡해질 수 있으나, AI를 활용하면 고객의 소셜 미디어 마케팅 캠페인에 가장 적합한 인플루언서를 선정하는 데에 도움	쿠즈미노프(Michael Kuzminov, HypeFactory)
18	콘텐츠 제작을 돕기 위한 AI 아바타 구현	AI 아바타를 활용해 더 매력적인 콘텐츠를 제작하고, 검토 과정을 가속화하여 콘텐츠의 효과성을 높임	안드레이첵(Nataliya Andreychuk, Viseven)

출처: 비즈니스 및 경제 전문 미디어 포브스(Forbes, 2024.03.14).

[표 9-3] PR 업계에서의 이용 사례 7가지

구분	사례	설명
1	챗봇	챗봇은 질문에 답변하는 인간을 모방하는 대화형 AI로, 단순히 고객 불만을 처리하는 것을 넘어섰음. 오늘날 기업들은 자주 묻는 질문에 답변하고, 개인화된 제품 추천을 제공하며, 내부적으로는 메시지에 응답하고 작업을 자동화하는 데 챗봇을 사용함. 챗봇은 고객 만족도를 높이고 효율성을 증대시켜 공공 관계와 AI를 연결하는 중요한 역할을 함
2	음성-텍스트 변환 도구	많은 산업과 직업에서 음성-텍스트 변환 도구를 사용해 왔으며, 가장 일반적인 용도는 회의 중에 메모를 기록하는 것임. PR 전문가들은 과거 기기들에 비해 더 똑똑한 AI를 사용해 기자 회견, 미디어 인터뷰, 회의 발표 등을 자동으로 전사하거나 연설을 작성할 수 있음
3	소셜 미디어 자동화	여러 소셜 미디어 플랫폼을 관리하는 데에는 시간이 많이 소요됨. AI는 이러한 과정을 간소화하고, 콘텐츠 캘린더를 생성하거나 콘텐츠를 게시하고 댓글에 응답하는 등의 작업을 자동화하여 시간을 절약할 수 있음. 또한, 팀과의 협업을 개선하고, 적절한 시간에 적절한 청중에게 메시지를 전달하는 데에도 도움
4	콘텐츠 생성	OpenAI의 챗GPT와 같은 생성형 AI는 주어진 입력을 기반으로 새로운 콘텐츠를 생성함. 이러한 AI는 보도 자료 · 소셜 미디어 게시물 · 헤드라인 · 인터뷰 질문 · 개요 등을 생성하고, 이를 다양한 대상에 맞게 빠르게 맞춤화할 수 있음. 텍스트를 이미지나 비디오로 변환하는 기능도 있으므로, 소셜 미디어 · 블로그 글 등에 고품질의 이미지와 비디오가 빨리 만들어짐. 하지만 생성형 AI에는 한계가 있으므로, 이를 사용할 때 인간의 감시와 최적화된 워크플로우가 필요함
5	미디어 아웃리치	AI는 미디어 아웃리치와 관계 관리를 간소화하고 자동화할 수 있음. AI가 기자의 소속 매체 · 취재 분야 · 연락처 정보의 변화를 감지하고, 참여도에 대한 인사이트를 제공하며, 이전 검색 기록을 기반으로 새로운 연락처를 추천할 수도 있음. 이를 통해 목록 작성에 소요되는 시간을 줄이고, 관계 구축에 집중 가능
6	미디어 모니터링	2025년까지 인터넷의 데이터 양이 181제타바이트에 이를 것으로 예상됨. AI는 이 모든 데이터를 몇 초 만에 걸러낼 수 있음. 최첨단 AI 알고리즘은 정확한 실시간 미디어 분석을 제공할 뿐만 아니라, 브랜드에 중요한 이야기 선별 가능. 이때 중요한 점은 AI의 성능이 그것의 기반 데이터에 달린 것이므로, 미디어 데이터 세트가 포괄적일수록 더 나은 결과를 얻을 수 있다는 점임
7	감성분석	AI를 활용해 단어의 맥락을 이해하고, 하나의 게시물 내에서도 여러 의견이나 감정의 미묘한 차이를 분석하며, 사람들이 대화를 통해 실제로 무엇을 의도했는지 파악 가능(예, 단순히 "좋다"나 "나쁘다" 같은 표현을 넘어, 문장의 흐름이나 배경에 따라 사람들이 브랜드에 대해 어떤 감정을 가지고 있는지 깊이 분석하는 데에 도움)

출처: PR 소프트웨어 및 마케팅 솔루션 제공 플랫폼 씨전(Cision, 2024).

2) AI 사용을 통한 정보 생성·관리상의 주요 문제와 책임

AI 오용 문제를 해결하기 위해서는 AI 모델의 학습 데이터와 알고리즘의 지속적인 검증과 개선이 필수적이다. 그러나 AI 사용 주체가 책임감 없이 AI 알고리즘을 과잉 의존하면서 생기는 문제도 간과해서는 안 된다. 과도한 의존은 사용자가 자신의 판단력을 행사하지 않고 AI의 결정에 무비판적으로 따르게 만드는 위험을 초래한다. AI가 잘못한 추천이나 결정을 소비자들이 맹신하면 소비자들의 웰빙 가능성이 낮아지는 것처럼, PR 실무자 역시 AI에 과잉 의존하는 것은 바람직하지 않다.

알고리즘 과잉 의존에 따른 주요 문제들로 다음과 같이 정보 생성과 관리 차원에서의 문제점들이 우선 거론될 수 있다.

(1) 정보 생성 차원의 문제: 할루시네이션, 데이터 편향으로 인한 차별과 오정보, 콘텐츠 다양성의 감소

① 할루시네이션

AI는 언어 번역 · 감정분석 · 가상 비서 등 다양한 분야에서 PR 업무를 지원할 수 있는데, 그 과정에서 할루시네이션이 발생하기 쉽다. 할루시네이션(hallucination) 현상이란 자연어 처리(NLP) 모델이 실제로 존재하지 않는 정보를 사실인 것처럼 생성하거나 부정확한 결과를 도출하는 현상을 일컫는다. AI의 학습 데이터가 불완전하거나 모델의 구조적 한계로 인해 발생할 수 있다.

AI 및 머신러닝 모니터링 플랫폼 기업인 아포리아(Aporia)의 2024년 AI 및 ML 보고서에서는, AI 산업에서 발생하는 주요 문제들 중 하나로 AI 할루시네이션을 꼽았다. 이 보고서에 따르면, 북미와 영국의 금융 ·

헬스케어 · 소매업 등 다양한 산업의 1,000명 이상의 머신러닝 전문가 중 93%가 생산 모델에서 빈번히 문제를 겪는데, 이 중 많은 문제가 할루시네이션 현상과 연관된다(CDOTrends editors, 2024.01.29). 객관적 지식에 관한 상식적 질문에 틀린 답변을 제공하기도 하고, 존재하지 않는 논문을 인용을 위한 출처로 제시하거나, 가짜 법률 조항 또는 판례를 생성하는 경우 등이 그 예다. AI는 허구의 인물이나 사건을 생성하는 등, 잘못된 역사적 사실을 제시하기도 한다.

이처럼 AI가 잘못된 데이터 분석 결과를 바탕으로 허위 사실을 생성했는데 무분별하게 이 정보를 수용하고 배포할 경우, 기업의 신뢰성은 큰 타격을 입을 수 있다(Hermann, 2022; Huh et al., 2023).

② 데이터 편향으로 인한 차별과 오정보

인간의 판단에 오류가 있는 것처럼 AI의 예측과 추론도 편향적이고 차별적이다. 실제 AI 기반 대규모 개인화는 인구를 세분화하여 특정 세그먼트만이 특정 기회나 정보를 받을 가치가 있다고 판단하기에 기존의 사회적 (불)평등을 심화시킬 수 있다. 잘못된 프로파일링이, 사회적 차별을 초래하는 '승자'와 '패자' 구도에서 콘텐츠를 받을 가치가 있는 사람과 그렇지 않은 사람을 구분하게 된다는 것이다. 특히 심리적 · 경제적(예, 소득), 인구통계적 요인에 따라 콘텐츠 수신자를 차별하여, 성별 · 연령 · 인종적 불균형 · 편견 및 고정관념을 강화할 가능성을 지닌다.

불공정하고 불평등한 대우, 혹은 특정 사람들만을 타깃으로 삼는 문제가 발생하는 이유는 주로 데이터가 편향되었거나 불균형하기 때문이다. 예를 들어, 어떤 집단 또는 민감한 특성이 데이터에서 과대 또는 과소 대표되거나, 잘못된 기준으로 특성들이 평가될 때 이런 문제가 발생할 수 있다. 또한 특정 개인, 특성에 대한 정보가 부족해도 올바른 판단을 내리기가 어렵다. 따라서 데이터의 품질과 완전성을 유지하고, 편향성을 지속적으로 모니터링하는 것이 필수적이며, 이에 관한 사전 준비로 리터러시 교육이 요구된다(Hermann, 2022).

③ 콘텐츠 다양성의 감소

AI 기반 대규모 개인화를 통해 추천 알고리즘이 특정 사용자 취향에 맞춘 콘텐츠를 반복적으로 제공하다 보면 콘텐츠의 다양성이 감소할 수 있다. 이는 특히 상업적 플랫폼에서 자주 발생하는 현상으로, 인기 있는 항목들이 더욱 자주 추천되면서 덜 인기 있는 콘텐츠가 배제되는 '자기 강화' 효과를 낳는다.

결국 이러한 과정은 전체적으로 콘텐츠의 다양성을 제한하고, 사용자들이 특정 유형의 콘텐츠에만 노출되도록 만들기 때문에 사용자의 정보 소비 습관에 부정적인 영향을 미친다. 또한 창의적이고 새로운 콘텐츠의 발견을 저해한다(Hermann, 2022).

(2) 정보 관리 차원의 문제: 보안과 프라이버시 침해

보안과 프라이버시 침해 위험은 다음의 상황에서 주로 발생한다. 첫째, 데이터 수집 단계(개인의 동의 없이 데이터가 수집될 때), 둘째, 데이터 저장 및 처리 단계(저장된 데이터가 유출되거나 익명성이 해제될 때), 셋째, AI 시스템의 추론 단계(AI 시스템이 개인 데이터나 타인과의 상호작용 데이터를 기반으로 추론을 할 때)이다. 이러한 문제는 특히 대규모 데이터가 AI 시스템에 투입될 때 더욱 심각해지기 쉽다(Hermann, 2022).

3. 국내외 대표 PR 에이전시의 AI 오용 책임 교육 실태: AI 리터러시 의제 사례를 중심으로

1) 방법

제9장에서는 PR 업계에서의 AI 오용 책임에 관한 교육 실태를 알아보고자 국내외 대표적 PR 에이전시의 자료들을 수집하였다. 우선, 국내외의 대표적 PR 기업을 선정하기 위하여 프로보크 미디어(PRovoke Media)의 '2024 글로벌 TOP 250 PR 에이전시' 목록을 참고하였다. 프로보크 미디어는 세계 PR 업계에서 권위를 인정받은 매체로, 전 세계 400개 이상의 PR 에이전시에서 제출한 자료와 제출하지 않은 주요 에이전시의 매출 추정치를 기반으로 순위를 산출한다. 이를 통해 전 세계 PR 업계의 규모와 성장에 대한 그림을 파악하는 데 도움을 준다.

우리는 그 목록에 나온 에이전시들 중에서, 국내에 본사를 둔 7대 에이전시(프레인글로벌, 함파트너스, KPR, 피알원, 미디컴, 커뮤니크, 함샤우트 글로벌)와 국외(글로벌) 7대 에이전시(에델만, 웨버샌드윅, BCW, 플레시먼힐러드, 리얼케미스트리, 벡터, 켓첨)에 초점을 맞추었다([표 9-4] 참조).

[표 9-4] 프로보크 미디어(2024) 선정 기준 국내외 7대 PR 에이전시

분류	본사 소재	이름	순위	전년 대비 성장률
국내	서울 중구	프레인글로벌(Prain Global)	50위	30.4%
	서울 마포구	함파트너스(Hahm Partners)	100위	1.2%
	서울 중구	케이피알앤드어소시에이츠(KPR & Associates: KPR)	101위	27.8%
	서울 서대문구	피알원(PR One)	108위	0.9%
	서울 중구	미디컴(Medicom)	122위	-4.0%
	서울 용산구	커뮤니크(Communique)	163위	-18.7%
	서울 마포구	함샤우트 글로벌(Hahm Shout Global)	171위	37.7%
국외(글로벌)	미국 뉴욕	에델만(Edelman)	1위	-3.9%
	미국 뉴욕	웨버샌드윅(Weber Shandwick)	2위	+4.9%
	미국 뉴욕	버슨콘앤울프(Burson Conhn & Wolfe: BCW)	3위	-2.7%
	미국 미주리	플레시먼힐러드(FleishmanHillard)	4위	-2.0%
	미국 뉴욕	리얼케미스트리(Real Chemistry)	5위	+7.2%
	일본 도쿄	벡터(Vector Inc.)	6위	+6.4%
	미국 뉴욕	켓첨(Ketchum)	7위	-1.0%

출처: PRovoke Media (2023). GLOBAL TOP 250 PR AGENCY RANKING 2024의 재구성.

2024년 8월 12일부터 29일 간 총 14개사 각각을 구글 검색어에 포함시킨 가운데, 2021년 7월 이래 AI 교육 관련 홈페이지 게시물 또는 외부 보도물에 해당되는 데이터를 일단 검색하였다. 단 내용이 AI 오용 책임 관련 교육이라는 본 장의 주제와 관련성이 낮다고 판단되면 케이스로 집계하지 않았다. 대신, 본 탐색의 시기적 특성상 해당 교육 형태의 범위를 보다 넓게 설정하여 AI 리터러시에 관한 의제 활동도 교육의 일환으로 간주했다. 즉 정식 커리큘럼이 있는 오프라인 교육만이 아니라, 온라인 홈페이지에서 불특정 다수를 대상으로 삼은 일회성 게시물의 형태도 교육의 일환에 해당되는 것으로 보았다.

기업명 외의 검색어는 AI~이용/사용(using)/활용(utilizing/utilization/application), 오용(misuse), 교육(education), 훈련(training), 워크숍(workshop), 리터러시(literacy), 할루시네이션/환각(hallucination), 오정보(misinformation), 콘텐츠 다양성(content diversity), 보안(security), 개인정보 보호/프라이버시(privacy), 데이터 편향(data bias)으로 설정했다. 기타, 교차 검색 차원에서 추가 데이터베이스를 활용했다. 국내 기업의 경우에는 '인공지능신문'(AI 타임즈) · '더피알' · '매드타임스', 본사가 영어권 국가에 있는 기업에 대해서는 'PRWeek' · 'ProvkeMedia' · 'PR News' · 'Business Wire', 일본 기업의 경우에는 'PRTIMES' 등이 쓰였다.

2) 결과

(1) 국내

오용 책임에 관한 교육(AI 리터러시 의제 활동 포함) 사례는 국내 7대 에이전시 중 다섯 곳(함파트너스, KPR, 피알원, 커뮤니크, 함샤우트 글로벌)에서 확인되었다.

① 국내 2위 함파트너스와 3위 KPR의 주요 사례

이들 기업은 AI 활용의 물결에 동참하려는 것으로 보이지만, 오용 책임 교육의 형태는 홈페이지 게시물이나 학회 중심의 관련 의제 활동에 머물러 있는 것으로 나타났다. 예컨대, 함파트너스의 설립자이자 대표인 함시원은 〈생성형 AI × PR: 기회와 도전 - 생성형 AI 시대의 PR〉이라는 주제의 PR 피플 토크(주최: 한국PR협회)에서 PR의 역할에 대해 이야기를 나눈 바 있다. PR 피플 토크는 2021년 5월 처음 시작된 PR 전문가 토크 행사로, PR이 사회 전반의 영역에서 어떻게 활용되고 있는지 커뮤니케이션 전문가 2명이 토론을 하는 프로그램이다(김민지, 2024.05.02).

3위 KPR은 2024년 8월 범용 인공지능(AGI) 시대를 대비하고 PR 업계의 AI 비전을 제시하기 위해 최고 인공지능 책임자(CAIO)를 임명하고 AI TF를 출범시켰다는 소식을 홈페이지 게시물에서 전한 바 있다. 그 게시물에서, KPR이 미래 시대에 PR업계가 AI와 어떻게 관계를 맺을지에 대한 매뉴얼도 제시할 것임을 밝혔다(케이피알, 2024.08.29). 또한, 2024 한국 PR 학회 봄철정기학술대회에서 〈AI 시대의 전략적 위기와 PR〉이라는 주제의 'KPR 세션'을 후원했다(김경탁, 2024.06.05). 그러나 수집된 자료들을 통해서는, 오용 책임에 관한 직접적 언급 사례가 집계되지 않았다.

② 국내 4위 피알원의 주요 사례

피알원은 빅데이터와 AI 기술을 기반으로 한 ESG 인덱스 서비스와 맞춤형 AI 솔루션 개발을 강화하며 관련 인재를 영입하는 등, 국내 PR 업계에서 AI에 관해 비교적 적극적인 전략을 취하는 기업이라고 할 수 있다.[2] 대표(조재형)부터가 최근의 PR 이슈들 중 첫 번째를 빅데이터와 AI 등에서의 급격한 테크놀로지 발전이라고 보았고, 자사가 이미 인재

2) 피알원은 2023년 4월 이래로 이미 AI 기반 'ESG 인덱스' 서비스를 시작했다. 이 지표는 웹에서 ESG 문장을 수집하고 분석하는 지표로서, 공중의 지각(perceived)을 의미하는 'P.ESG(피이에스지)'로 명명됐다. 골드만삭스 등 기존 평가회사의 주관적 ESG 지표와 달리 웹에서 수집한 문장 단위의 빅 데이터를 딥러닝 AI 기술을 통해 처리하는 지표이므로, ESG 항목별로 객관적이고 실시간적인 공중의 반응을 파악할 수 있다(공태윤, 2023.04.04). 피알원은 그 이듬해에 통계학 박사이자, 다국적 경영컨설팅 회사인 커니(Keaney) 코리아에서 AI 활성화 전략 개발 등을 수행하며 컨설턴트로 활동한 이력의 AI 전문가 유국현 박사를 최고정보관리책임자(Chief Information Officer: CIO)로 영입했다. 유박사 팀은 기 개발된 지수의 고도화 작업 등 빅데이터 사업 강화와 성향 맞춤 AI서비스 개발, 머신러닝 기반 뉴스 요약 모델 개발, ADTech 분야의 서비스 개발에 박차를 가하는 역할을 맡았다(최영호, 2024.04.03).

영입과 시스템 구비 등을 통해 본격적으로 대응 중임을 밝혔다(김영순, 2024.06.05).

그럼에도 불구하고 AI 오용 책임에 관한 교육이 활발하다고 단정짓기는 어려웠다. 예컨대 피알원은 2023년에 임직원들만을 대상으로 〈광고 & 홍보 분야의 생성형 AI 활용 방안〉이라는 주제의 특강을 진행했지만(디지털이니셔티브그룹, 2023.11.10.). 오용 책임 의제를 얼마나, 어떻게 적극적으로 다루었는지 알 수 없었다. 2024년에는 자사 블로그에서 팀장 '손호원'이 게시물 형태로, 'AI 오용'(편향성과 공정성 · 데이터 프라이버시와 보안 · 거짓정보와 악의적 오용 등)에 관해 일회적으로 언급한 바 있다(피알원, 2024.04.15).

③ 국내 6위 커뮤니크의 주요 사례

커뮤니크는 실무 교육 측면에서 비교적 지속적인 활동을 추진하려는 기업으로 보인다. 예컨대 2024년 4월부터 7월까지 임직원을 대상으로 〈AI 실무 교육〉을 진행했다. 1회차에는 뤼튼 · 미드저니 · 챗GPT · 디스코드와 같은 다양한 AI 서비스에 대한 학습과 실습을 통해 각 서비스를 마케팅에 활용하는 법, 2회차에는 앞서 교육받았던 다양한 AI 서비스를 직접 활용하여 이미지와 영상을 생성하고, 새로 출시된 AI 툴을 활용해 음원을 제작하는 실습이 진행되었다. 3회차에는 챗GPT를 활용하여 제안서를 작성하는 실습, 프리젠테이션 자동 완성 AI 서비스를 이용하여 디지털 마케팅에 필요한 기술을 추가 학습하게 했다. 마지막 차시에는 제한 시간 안에 실제 제안서를 작성하는 해커톤이 진행되었다. 커뮤니크는 하반기에도 AI 교육이 지속될 예정이라고 밝혔다(커뮤니크, 2024.07). 다만 이 실무 교육에서 AI 오용 책임에 관한 내용이 구체적으로 얼마나 반영되었는지는 역시 알 수 없었다.

④ 국내 7위 함샤우트 글로벌의 주요 사례

함샤우트 글로벌은 국내 에이전시 중 가장 체계적이고 활발하게 AI 관련 교육을 기획하고 수행 중인 기업으로 보인다. 이 에이전시는 생성형 AI가 본격적으로 대중화되기 전부터 모회사 내 다양한 부서에 생성형 AI를 비교적 적극적으로 도입한 기업이다. 2023년부터 AI 기반 PR 및 마케팅 서비스를 확대하고, 자체 AI 연구소를 설립하며 업계 내 AI 도입 확대를 위한 인사이트 등을 제공해 왔을 뿐만 아니라[3], 전 직원의 AI 활용 역량 강화에도 힘쓰고 있다. 구체적으로, 실제 100여 명의 직원들에게 전수 교육과 워크숍을 진행하는 등 전문성을 키워왔다. 2023년에는 생성형 AI에 대한 이론과 GPT 활용 기초 워크숍이 이루어졌고, 2024년에는 한층 심화된 GPT 활용 실습 중심의 워크숍을 진행함으로써, 직원들이 고객사 맞춤형 챗봇을 직접 개발해 실무에 직접 활용케 한 것이다(최영호, 2024.04.22).

비교적 최근에는 산하 AI 연구소 'AI 랩스'가 〈기업 맞춤형 AI 교육 프로그램〉을 런칭했다고 2024년 8월 9일 자사 홈페이지를 통해 밝혔다. 해당 게시물에 따르면, 'AI 랩스'의 AI 교육 프로그램은 기업들이 업무 전반에서 AI를 효과적으로 활용할 수 있도록 기초 정보 제공부터 심화 워크숍까지 다양한 형태로 구성됐다. 기본적으로 첫째, 초급-생성형 AI 개념 이해 및 실습, 둘째, 중급-실무 맞춤형 생성형 AI 활용 이해 및 실습, 셋째, 고급-생성형 AI 활용 심화로 단계를 구분하여 조직의 AI 활용 수준에 맞는 과정 선택이 가능하다. 또한 교육과정 내 각기 다른 직무에

---

3) 함샤우트 글로벌은 이미 2023년에 브랜드의 마케팅 전략에 챗GPT를 도입하고 솔루션을 개발 중이라고 밝힌 바 있다(최영호, 2023.06.29). 2024년 3월에는 업계전문가들이 활용할 수 있는 생성형 AI 솔루션 정보를 제공하는 'PR&마케팅 생성형 AI 지형도 1.0'을 발표했다(손재철, 2024.03.07). 실용적인 생성형 AI 정보를 제공하는 AI전문 매체 'AI MATTERS'를 창간하기도 했다. 또한 PR과 마케팅 분야에서 AI 기술을 적극적으로 도입할 수 있도록 'AI랩스'라는 연구소를 신설한 바 있다(채성숙, 2024.07.01).

적합한 생성형 AI 활용 방안을 바탕으로 실습을 제공하기 때문에, 조직과 직무에 적절한 AI 서비스를 이해하고 실제 업무에 적용할 수 있는 AI 활용 기술을 습득할 수 있다(함샤우트 글로벌, 2024.08.09).

그밖에, 2024년 7월 16일 한국PR협회가 주관하고 문화체육관광부와 함샤우트 글로벌이 후원한 특별 세미나 〈AI 시대와 PR의 미래〉에서 공인희 전략기획본부장이 〈PR 실무에서의 AI 활용과 사례〉를 주제로 발제를 진행했다(한국PR협회, 2024.07.21). 또한 한국디지털광고협회를 비롯한 다수의 기업 고객에게 생성형 AI 활용 교육을 제공해 왔다(채성숙, 2024.07.01). 그러나 이들 활동에서 AI 오용 책임에 관한 내용이 얼마나 구체적으로 다루어졌는지는 알 수 없었다.

⑤ 기타

국내 1위, 5위 해당 에이전시의 AI 오용 책임 교육 사례는 확인되지 않았다.[4] 구체적으로, 국내 랭킹 1위 에이전시인 '프레인글로벌'은 AI 활용 물결 자체는 좌시하지 않는 것으로 보인다. AI 기술을 활용한 프로세스 혁신, 사업 포트폴리오 다양화를 통해 성장세를 이어갈 계획이라고 밝힌 바 있다(프레인글로벌, 2024.05.21). 이미 웹3.0 시대를 맞아 블록체인 부분을 신설하고, 블록체인 및 메타버스 서비스 등으로 사업영역을 확장하였으며(김경탁, 2022.06.09), 국내외 스포츠 경기에 대한 AI 무인 중계 및 경기 데이터 솔루션 구축을 위한 업무 협약을 맺기도 했다(연합뉴스, 2022.08.23). 그럼에도 불구하고 AI 리터러시 의제활동 사례는 볼 수 없었다. 5위 '미디컴'의 경우에는 2023년 3월부터 메타버스 오피스 플랫폼 SOMA를 운영하고 있지만(미디컴, 2023.07.18), 직접적으로 AI가 거론된 기사 자체조차 볼 수 없었다.

4) 온라인에 공표된 자료를 수집한 결과이므로, 실제 교육 수행 사항과 일치하지 않을 수도 있다.

(2) 국외

① 글로벌 1위 에델만(Edelman)의 주요 사례

가. 보고서

에델만은 오용 책임에 관한 의제를 자사의 보고서를 통해서도 다뤄왔다. 대표적으로, 에델만의 〈2024 디지털 예측(Digital Predictions 2024)〉은 디지털 마케터와 비즈니스가 변화하는 디지털 환경에서 성공하기 위해 주목해야 할 주요 트렌드에 중점을 둔 보고서다. 이 보고서에서는 생성형 AI와 관련된 몇 가지 주요 위험이 기업과 산업 전반에 걸쳐 중요한 과제로 떠오르고 있다는 데에 주목한다. 가장 중요한 세 가지로, AI에서의 편향 · 할루시네이션과 기업 평판 · 생성형 AI의 자기참조적 위협을 꼽았다.

우선, '편향'은 생성형 AI 플랫폼 간의 데이터 중 최대 38%가 유사하다는 연구들이 있을 정도로 대형 언어 모델에서 여전히 중요한 과제다. 이 문제는 해소되기는커녕 오히려 심화되는 추세다. 2024년에는 생성형 AI 분야의 기업들과 이러한 도구를 사용하는 기업들이 AI 편향 문제를 보다 실질적으로 해결하라는 요구에 직면하게 될 것이므로, 대응을 준비해야 한다고 보았다.

'할루시네이션과 기업 평판'에서는 AI 할루시네이션, 즉 모델이 잘못된 정보를 생성하는 문제가 기업의 평판에 큰 위험을 초래할 수 있다는 점을 강조한다. 2023년에는 법률 문서나 의료 진단 등에 할루시네이션이 미친 영향을 다룬 사례들이 보고된 바 있는데, AI 모델의 할루시네이션 발생 확률은 3%에서 27%까지 다양하다. 생성형 AI 도구의 사용이 확대됨에 따라 이러한 오류의 현실적 영향이 더욱 커질 것으로 예상되며, 기업들은 이로 인한 평판 문제를 관리할 계획을 세워야 한다고 본다.

'생성형 AI의 자기참조적 위협'이란 AI 모델이 자신이 생성한 콘텐츠로부터 학습하려 할 때 발생하는 존재론적 위협을 의미한다. 옥스퍼드 대학의 연구자들에 따르면, AI 모델이 AI 생성 콘텐츠를 기반으로 훈련될수록 모델이 붕괴될 가능성이 높아지며, 편향과 할루시네이션에 의해 왜곡된 정보를 더 많이 생성하게 된다. 기업들이 자체적인 생성형 AI 모델을 구현하고 배포함에 따라, 이러한 피드백 루프에서 AI 모델을 보호하는 것이 비즈니스와 비즈니스 모델의 미래에 중요한 역할을 할 것이라는 연구자들의 결론도 이 보고서에 담겼다(Edelman, 2024.02.02).

나. 홈페이지 게시물

A. 2024년 7월 5일에는 에델만의 매니징 디렉터 및 EMEA 지역 편집 책임자인 웨버(Tim Weber)가 홈페이지의 'Insights'란에서 AI의 함정 세 가지를 다루었다. 첫째가 할루시네이션 및 오인(hallucinations and misunderstandings), 둘째는 지적재산권 위험(intellectual property risks), 셋째는 지식 오염(knowledge poisoning)이었다.

그는 AI에 이러한 함정들이 있음에도 불구하고, AI가 올바르게 사용된다면 유용한 도구가 될 수 있음을 강조한다. 구체적으로, AI가 인간의 사고와 창의력을 대체할 수 없다고 본다. '독창성 연속체(continuum of originality)'라는 개념을 도입하며, 콘텐츠가 독창적일수록 인간의 개입이 더 많이 필요하다고 설명한다. 즉 AI는 파생 작업을 돕는 데 유용할 수 있지만, 깊이 있는 지식 · 혁신적인 아이디어 · 통찰력과 비전 등에 관한 진정한 사상 리더십은 인간이 주도해야 한다는 것이다(Weber, 2024.07.05).

B. 에델만은 2024년 6월 13일 홈페이지의 'Insights'란에서, 혁신가들이 직장에서 AI 사용을 구조화하면서 발생하는 새로운 위험들에 대해서도 다루었다. 즉 도구만으로는 충분하지 않으며, AI 도입을 성공적으로

구현하려면 직원 교육과 함께 진행해야 한다고 강조한다.

특히 에델만은 직원들이 자발적으로 AI를 사용하면서 민감한 정보 유출, AI 할루시네이션, 알고리즘 편향 등 다양한 문제가 발생할 수 있음을 언급한다. 그리고 이러한 문제들을 풀기 위해 기업들이 AI 사용을 구조화하고 위험을 줄이기 위한 도구와 교육 프로그램을 도입할 수 있음을 설명한다. 에델만은 자체 AI 교육과 책임 있는 AI 사용 원칙을 개발하고, 고객 맞춤형 AI 솔루션을 제공하며 AI 도입을 지원 중이다(Lloyd-Prescott, 2024.06.13). 관련하여 대표적인 솔루션으로 파이브민츠(5mins), 칼립소 AI(Calyso AI), 프로텍토(Protecto), 벡타라 AI(Vectara AI), 캘빈리스크(Calvin Risk), 콴티파이(QuantPI), 페어플레이(FairPaly) 등을 참고할 만하다.

- 파이브민츠(5mins): AI 기반 마이크로러닝 플랫폼인 파이브민츠는 특정 직무에 맞춘 AI 교육을 제공하는데, 짧고 흥미로운 학습 콘텐츠를 제공하여 직원들의 기술을 신속하게 향상시키도록 설계된 플랫폼이다. 흔히 '직장 학습의 틱톡(TikTok)'으로 불리며, 2분 내외의 마이크로레슨을 통해 200개 이상의 기술 분야에서 20,000개 이상의 레슨을 제공한다. 이 플랫폼은 사용자의 직무 · 경험 · 경력 목표에 따라 개인화된 학습 경로를 제공하며, 게이미피케이션 요소(리더보드, 포인트 시스템 등)를 도입하여 학습자들이 동기부여를 받을 수 있도록 한다. 이를 통해 학습 내용이 더욱 효과적으로 전달된다. 특히 주목할 만한 점은 이 플랫폼이 AI 도구를 효과적으로 활용할 수 있도록 도울 뿐만 아니라, 관련된 위험에 대한 이해를 높인다는 점이다(5mins.ai., 2024).

- 칼립소 AI(Calypso AI)와 프로텍토(Protecto): 이들은 민감한 정보 유출을 방지하는 솔루션을 제공한다. 우선, 칼립소 AI는 기업에서 생성형 AI를 안전하게 활용할 수 있도록 지원하는 선도적 보안 플랫폼이다. 대형 언어 모델(Large Language Model: LLM)을 사용할 때 발생할 수 있는 데이터 유출 및 보안 취약성을 해결하는 데 중점을 둔다. 사용자가 LLM에 공유하는 데이터를 모니터링하고, 민감한

정보를 차단하여 기밀 데이터를 보호하고, 대화 내용을 추적하고 감시하여 잠재적인 위험을 식별하며, 반환된 코드에서 악성 콘텐츠를 스캔하는 기능들을 통해 기업은 데이터를 안전하게 보호하고 규제도 준수하며 AI의 이점을 활용할 수 있다(Calypso AI, 2024).

프로텍토는 데이터 마스킹 및 개인정보 보호 기술을 통해 AI 모델 사용 시 발생할 수 있는 데이터 유출을 방지하고, 보안 강화형 검색 보강 생성(SecRAG) 도우미 및 챗봇과 같은 솔루션을 제공하여 AI 기반 상호작용에서 데이터 보호와 규정 준수를 보장한다(Protecto, 2024).

- 벡타라 AI(Vectara AI): 벡타라는 정보 검색과 텍스트 생성을 결합한 방식인 검색증강생성(Retrieval Augmented Generation: RAG)이라는 AI 방식을 통해 생성형 AI의 신뢰성과 정확성을 향상시키는 데 중점을 둔 회사로, 할루시네이션 문제를 줄이는 AI 기술을 개발 중이다. AI가 잘못된 정보를 생성하는 문제인 할루시네이션을 줄이기 위해, AI 출력을 조직의 구체적인 데이터 소스에서 검색한 사실에 기반하도록 만든다. 이를 통해 챗봇, Q&A 시스템, 대화형 AI 등에서 정확하고 관련성 높은 응답을 제공할 수 있다.

- 캘빈리스크(Calvin Risk)와 콴트파이(QuantPi): 두 곳 모두 AI 모델의 위험성과 투명성을 관리하는 데에 중점을 두고 있다. 먼저, 스위스 기반의 스타트업인 캘빈리스크는 회사의 모든 알고리즘을 목록화하고, 알고리즘 개발의 각 단계에서 규제, 기술, 윤리적 위험을 정량화한다. 이를 통해 기업은 시간 경과에 따른 위험 수준의 변화를 추적하고, 부정적인 사건의 발생 가능성 및 잠재적 비용을 계산할 수 있다. 해당 데이터를 바탕으로 AI 프로젝트가 규정을 준수하며 진행될 가능성이 높아진다.

  독일 스타트업 콴트파이는 AI 모델의 '블랙박스' 문제를 해결하기 위해 설계된 도구를 제공한다. 이 회사의 솔루션은 데이터 과학자들이 AI 모델의 투명성을 확보하고, 필요시 개선 조치를 취할 수 있도록 도와주기 위한 것이다. 파이크리스탈(PiCrystal)이라는 프레임워크를 통해 AI 모델의 행동을 분석하고, 이를 통해 모델이 의도한 대로 작동하는지, 그리고 그 과정에서 발생할 수 있는 위험을 평가한다. 그에 따라 기업은 AI 모델이 내리는 결정의 신뢰성을 높이고, 불필요한 위험을 최소화할 수 있다.

• 페어플레이(FairPlay): 알고리즘 편향을 해결하기 위한 제품을 개발했다(LLoyd-Prescott, 2024.6.13).

다. 오프라인에서의 전문가 행사

에델만의 관련 의제 활동은 전문가 회의/포럼/워크숍/세미나를 통해서도 적극적인 편이다. 에델만이 주최한 주요 행사의 한 예로, 〈생성형 AI 서밋 2024(Generative AI Summit 2024)〉이 있다. 이는 생성형 AI가 커뮤니케이션 및 다양한 산업에 미치는 혁신적인 영향을 탐구하기 위해 2024년 5월 29일에 개최되었다. 이 서밋에는 에델만의 고객 및 파트너들, 관련 분야의 리더와 전문가들 수백 명이 한자리에 모였다. 참석자들은 AI의 책임 있는 사용과 투명성의 중요성에 대해서도 논의했다(Edelman, 2024).

② 글로벌 2위 웨버샌드윅(Weber Shandwick)의 주요 사례

가. 오프라인에서의 전문가 행사와 홈페이지 게시물

〈언락25(Unlock25)〉는 웨버샌드윅이 주최한 워크숍 시리즈로, 브랜드와 기업이 현대의 커뮤니케이션 환경에서 직면하는 다양한 도전과제의 해결책을 모색하는 자리다. AI 도구를 통해 브랜드 안전성을 강화하고 위기 대응을 예측하는 방법에 관한 이 워크숍에서 다뤄진 주제들로는 AI를 활용한 리스크 관리, 딥페이크로 인한 위협, 및 브랜드가 커뮤니티와의 신뢰를 구축하는 방법 등이 주요했다. 특히 AI의 양면성에 대한 논의를 중심에 둔 가운데, AI가 브랜드 안전성과 신뢰에 미치는 영향이 강조됐다. 그리고 이 워크숍에 관한 내용은 홈페이지 'News and Insights' 란의 게시물에서도 다뤄졌다(Weber Shandwick, 2024.07.18.).

나. 미디어 보안 센터의 운영과 홈페이지 게시물

웨버샌드윅은 2021년에 신흥 정보 위협에 대응하기 위해 미디어 보안 센터(Media Security Center)를 설립했다. 이 센터는 AI 기반 기술을 핵심으로 하고 업계 선도적인 다학제 팀으로 구성됐다. 대부분의 경영진이 오늘날 기업이 직면한 주요 평판 문제 중 하나로 지적한 허위 정보의 확산 문제를 해결하기 위해 만들어졌다. 허위 정보가 더욱 정교하고 광범위하게 확산됨에 따라, 기업의 평판뿐만 아니라 상업적 위협으로도 작용하고 있기 때문이다. 이에 블랙버드AI(Blackbird.AI)와 같은 업계 선두기업, 르네 디레스타(Renee DiResta)와 같은 영향력 작전 연구자들, 그리고 MIT의 건설적 커뮤니케이션 센터(Center for Constructive Communication)를 위시한 유수의 연구 센터들과 협력해 최신 인사이트와 시사점을 제공한다. 고객들은 불안정한 미디어 환경에서 평판과 상업적 이익을 보호할 수 있는 맞춤형 솔루션을 얻을 수 있다.

이 센터는 단순히 기술적인 솔루션만이 아니라 기업의 임원들과 커뮤니케이션 팀에게 정보 확산의 메커니즘을 이해시키고, 허위 정보의 위협에 대비할 수 있는 교육 및 훈련 세션 역시 마련하고 있다. 이 교육 프로그램들은 기업이 AI 기술로 인한 위협을 더 잘 이해하고, 이를 책임감 있게 관리할 수 있도록 돕는 데 초점을 맞춘다. 한편, 센터 운영에 관한 내용은 홈페이지 'News and Insights' 란의 게시물을 통해서도 소개되었다(Weber Shandwick, 2021.09.23).

③ 글로벌 3위 버슨콘앤울프(Burson Conhn & Wolfe: BCW)의 주요 사례

BCW는 AI 활용[5]과 사이버 보안 위기 상황에 관한 대응[6] 자체에 관

5) BCW는 2019년에 전 세계 천식 환자 교육을 위한 AI 챗봇 개발로 인공지능상을 수상했고(최창현, 2019.03.14), 2023년 11월에는 '디사이퍼 인덱스(Decipher Index)'라는 인지적 AI 기반 플랫폼을 출시했다. 이 플랫폼은 글로벌 차원에서 중요한 주제를 예측하며, 기업과 조직이 다가올 위기와 기

해 비교적 적극적이며, 홈페이지의 게시물이나 팟캐스트 방송 등의 방법을 통해 오용 책임 관련 의제활동을 수행해왔다.

가. 홈페이지 게시물

A. 2023년 12월에는 BCW 인도 그룹 더 허브(The Hub)의 수석이사 핏터(Pierre Fitter)가 AI의 주요 위험 요소 및 대응 방안에 관한 글을 홈페이지 'news'란에 기고했다. 구체적으로, 딥페이크 및 조직적인 비정상 행동(Coordinated Inauthentic Behavior: CIB: 주로 소셜 미디어 플랫폼에서 발생하는 현상으로, 특정 집단이 온라인상에서 잘못된 정보(허위 정보)를 퍼뜨리기 위해 여러 계정을 조직적으로 동원하는 행위) · 데이터 편향 · 저작권 침해 · 데이터 보안과 기밀성 · 창의성 문제 등과 같은 위험 요소가 PR 및 커뮤니케이션 분야에서 심각한 문제로 부각되고 있으므로 이에 효과적으로 대응하기 위한 해결책을 다양하게 제시했다(예, 디지털 워터마크 사용, 편향된 데이터 검토, 저작권 문제 사전 확인, 보안 서버 사용 등, Fitter, 2023.12.20).

B. 2023년 8월에는 BCW의 커뮤니커뮤니케이션 분야(Corporate Affairs) 수석 부사장(Senior Vice President) 파레티(Jenny Pareti)가 홈페이지의 'Instights'에 AI 오용 책임 관련 글을 기고했다. 그녀는 생성형 AI로 인해 인류가 방향을 잃은 배에 탑승한 느낌에 있으며, 이러한 시대적 변화 속에서는 조직이 인간 중심의 정신에서 명확하게 방향을 설정

회를 미리 파악하고 대응할 수 있도록 돕는다. 주간 업데이트를 통해 전 세계 및 지역별 주요 이슈를 분석하고, 기업들이 이를 활용해 더 나은 결정을 내릴 수 있도록 지원한다. 특히 정치적 불확실성과 사회적 불안이 예상되는 경우에 유용할 것으로 기대되었다(BCW Global, 2023.11.14).

6) BCW는 2019년 11월 5일에 사이버 보안 위기 커뮤니케이션 대응 및 계획 수립을 위한 도구인 'BCW 사이버 트리(BCW CyberTREE)'라는 모델을 출시했다고 보도자료를 통해 발표했다. 이 도구는 25개 이상의 요소를 고려해 맞춤형 전략을 제공한다. 사이버 공격으로 인한 비즈니스와 평판 피해를 최소화하는 것을 목표로 하며, 법적 및 규제 사항을 반영해 내부 보안 대응 팀과의 통합을 돕는다. BCW는 이를 통해 고객이 신뢰를 유지할 수 있도록 지원한다(Businesswire, 2019.11.05).

하는 것이 그 어느 때보다 중요하다고 본다. 이를 위해 AI 태스크포스를 구성하여 다양한 이해관계자의 의견을 반영하고 투명성을 유지하며 AI의 북극성(Polaris), 즉 변치 않는 기준이나 지침을 설정해야 한다고 주장했다. 또한, '빨간불, 초록불' 전략을 통해 AI 도입 과정을 관리하고(AI 솔루션을 도입할 때는 AI 태스크포스가 모든 '초록불'을 철저히 검토하고, '빨간불' 체크포인트에서 AI가 조직의 가치와 방향이 일치하는지 확인), 레드팀 전술을 사용해 잠재적인 위험을 사전에 파악해야 하며(배포 전에 시스템을 공격해 보는 방식으로, 생성형 AI로 인해 발생할 수 있는 잘못된 정보의 위험을 파악하고 대비하는 데 유용), 직원들과의 솔직한 내부 커뮤니케이션을 통해 사람을 우선시하는 것이 중요하다고 주장했다(AI의 도입이 직원들에게 어떤 영향을 미칠지 예상하고, 직원들과 솔직하게 내부 커뮤니케이션을 통해 공유)(Pareti, 2023.08.15).

나. 유명 PR 전문지에서의 팟캐스트 콘텐츠와 홈페이지 게시물

2024년 2월에는 BCW의 최고 혁신 책임자인 랏츠(Chad Lats, chief innovation officer)가 AI로부터 이익을 얻는 방법이나 관련 기회만이 아니라, 오정보와 허위 정보에 대한 생각들을 피알위크(PRWeek)의 편집장인 피델제이드(Gideon Fidelzeid)와 논의했다. 이 대화는 피알위크 홈페이지에서 30여 분간 BCW 후원의 팟캐스트 형태로 공개되기도 했다(BCW, 2024.02.27).

④ 글로벌 4위 플레시먼힐러드(FleishmanHillard)의 주요 사례

가. 보고서와 홈페이지 게시물

2023년 6월에 보고서를 발간했고, 이는 홈페이지의 'News & Insights'의 게시물을 통해서도 소개되었다. 저자인 로저스(Josh Rogers)는 플레시먼힐러드의 인재 · 혁신팀(Talent + Transformation Team)을 이끌며, 세인트루이스 본사에서 내부 커뮤니케이션과 변화 관리를 담당하고 있다.

그에 따르면, 생성형 AI는 비즈니스에 큰 잠재력을 가지고 있지만, 정확성 · 편향성 · 저작권 침해 · 민감한 정보 유출 등의 리스크를 수반한다. 특히 개인정보나 기밀 데이터가 유출될 수 있으며, 이로 인해 규제가 필요해질 수 있다. 기업은 AI 사용 시 정책 개발과 법적 검토를 통해 리스크를 관리해야 하며, 잘못된 데이터 처리로 인해 평판 손상이나 수익 손실을 초래할 수 있음을 염두에 둬야 한다(Fleishman Hillard, 2023; Rogers, 2023.06.13).

나. 오프라인에서의 전문가 행사

2024년 6월 플레시먼힐러드는 오용 책임에 관한 토론을 주최했다. 해당 토론에서는 생성형 AI가 현대 저널리즘에 미치는 영향을 다뤘는데, 이때 글로벌 미디어 · 플랫폼 및 스토리텔링 담당이사인 코헨(Ephraim Cohen, global managing director of Media, Platforms and Storytelling)이 패널 토론을 진행했다. 패널리스트로 주요 언론사 편집장들이 참석하여 신뢰와 전문성의 중요성, 투명성을 통한 신뢰 구축, AI의 균형 잡힌 통합 등의 주제를 논의했다. 그들은 AI가 생산성을 높일 수 있지만, 저널리스트의 역할을 대체하지 않으며, AI 도입 시 신중한 접근이 필요하다는 점을 강조했다. AI가 생산성과 효율성을 높일 수 있는 점을 인정하면서도, 신뢰와 투명성을 유지하기 위한 인간의 역할이 중요하다고 말했다. AI 통합 시 발생할 수 있는 오류 · 정보 왜곡 · 윤리적 문제 · 오용 방지를 위해 윤리적 고려사항을 포함한 엄격한 가이드라인이 필요하다는 점도 언급됐다(Steavenson, 2024.06.03).

⑤ 글로벌 7위 켓첨(Ketchum)의 주요 사례: 홈페이지 게시물과 라이브 스트리밍 방송

캣첨 역시 AI 도구 개발 및 활용에 노력을 기울여왔으며,[7] 다른 에이전시들과 비교적 유사하게 홈페이지 'News+View' 란에 AI 오용 책임에 관한 게시물들을 공유해왔다. 예컨대 2018년 켓첨 에널리틱스(Ketchum Analytics)의 파트너 겸 매니징 디렉터인 저메인(Mary Elizabeth Germaine)은 게시물에서, AI가 PR 및 커뮤니케이션 업무에서 더 효율적이고 효과적으로 일할 수 있도록 돕는 방법에 대해 설명하고 있다. AI는 캠페인을 더 관련성 있게 만들고, 작업의 효율성을 높이며, 정보를 보다 포괄적이고 신속하게 제공하여 의사결정에 도움이 되지만, AI의 성과는 데이터 품질과 윤리적 고려에 따라 달라지며 인간의 판단이 여전히 중요하다는 점이 강조된다. 즉 AI는 인간의 능력을 보완하는 도구로 사용해야 한다고 주장한다(Germaine, 2018. 07.10).

2023년 8월 24일에는 켓첨의 미국 CEO이자 글로벌 CMO인 조셉(Jim Joseph)이 PRSA의 월간 LinkedIn 라이브 스트리밍 〈전략과 전술 라이브#(Strategies & Tactics Live#)〉에 게스트로 출연하여 AI가 PR 분야에 미칠 영향, 미래의 사무실, 그리고 그의 경력을 이끄는 리더십 인사이트에 대해 논의했다. 추가 담화는 PR 및 커뮤니케이션 전문가들을 위한 비영리 단체인 PRSA(Public Relations Society of America) 회원들을 위해 별도로 제공되었다.

다만 오용 책임에 관한 구체적인 내용은 확인되지 않는다(Elsasser, 2023.09). 또한 AI 오용 책임에 관해 오프라인상에서 교육을 진행했음을

7) 캣첨은 2018년에 예측 분석을 활용해 헬스케어 산업 분야의 고객사에게 바이탈 헬스 스코어를 제공하는 '바이탈 헬스(Vital Health)'라는 서비스 모음을 출시했다. 이 점수를 통해 회사의 경영 및 성과 상태를 평가하고, 전략 수립에 필요한 인사이트가 제공되는데, AI 기술이 이러한 예측 분석과 데이터 기반 인사이트에 핵심적 역할을 한다(Walsh, 2018.08.01).

보여주는 자료도 찾을 수 없었다.

⑥ 기타

리얼케미스트리(Real Chemistry)는 헬스케어 및 기술 분야에 특화된 마케팅과 커뮤니케이션 서비스를 제공하는 회사다. 전 세계 5위 홍보대행사이지만, AI 오용 책임 관련 교육 사례는 확인되지 않았다.

한편 벡터(Vector Inc.)는 전 세계 6위, 아시아권에서는 1위에 해당하는 PR 에이전시(본사: 일본 도쿄)이다. 그룹 자회사들이 생성형 AI를 활용한 기술 개발과 이용 · 이에 대한 홍보에 매우 적극적인 편이지만,[8] 오용 책임에 관한 교육 사례는 볼 수 없었다.[9]

8) 벡터의 자회사인 스마트미디어는 2023년에 GPT-3.5를 활용한 기사 작성 AI 어시스턴트 기능 제공을 개시하였다(株式會社スマートメディア, 2024.05.31). 또한 일본에서 웹 광고의 운용 또는 제작 종사자 500명을 대상으로 「생성 AI 툴의 활용 상황에 관한 조사」를 실시한 바 있다((株式會社トライハッチ, 2023.11.27). 자회사인 주식회사 키워드 마케팅은 생성형 AI 도구를 활용하여 광고문과 이미지 크리에이티브베어스이 오탈자 체크 · 소스 코드 확인 · 이미지와 음성 파일의 텍스트 변환 등의 측면에서 광고 작업의 시간을 대폭 줄였다. 특히 음성 파일을 텍스트로 변환하는 작업시간을 90% 줄이는 성과를 거두는 등, 광고 운영 업무를 효율화하기도 했다(株式會社 キーワードマーケティング, 2023.12.20). 2024년에는, 자회사인 백터 디지털이 주식회사 애드인테와 협력하여 자동판매기형 디지털 사이니지 플랫폼 'AIICO(아이코) 사이니지'를 개발했다(2024.05.31).
또한 구글(Google) 비즈니스 프로필 관리 및 분석에 특화된 도구인 'MEO 체키'를 개발하고 배포한 바 있다. 이 도구는 2024년 4월 말 시점에서 전국 60,000점포에 도입되었으며, SMB 고객(개인점)에서 엔터프라이즈 고객(체인점)까지 폭넓게 이용되는 중이다(株式會社トライハッチ, 2024.07.30). 2024년 6월에는 자회사 트라이해치에 의해 '투고문 작성 어시스트 기능'(株式會社トライハッチ, 2024.06.20), '소문 답글 작성 어시스트 기능'(株式會社トライハッチ, 2024.07.12), 'AI 입소문 촉진 기능' 등이 개발됐다(株式會社トライハッチ, 2024.07.30).

9) AI 활용에 관한 세미나의 일환으로, 벡터의 자회사인 키워드 마케팅의 대표 타키이와 운영 멤버 카와테 간의 대담이 이루어졌다. 이를 유튜브와 트위터 등을 통해서도 공개했지만(vector Digital, 2023.11.27), AI 오용 책임에 관한 논의 사례는 확인되지 않는다.

3) AI 오용 책임 교육과 행동 중심 전략적 경영 패러다임 간 관련성

PR은 특정한 가치 · 신념 · 태도를 생산하는 기업의 목소리로 작동하며, 이데올로기적 틀 내에서 운영된다(Seidenglanz & Baier, 2023). PR 에이전시의 교육 역시 단순히 기술적인 문제를 넘어서, 해당 기업이 자사의 철학을 어떻게 표현할 것인가와 밀접한 관련이 있다.

따라서 AI 오용 책임 교육 전략은 기업의 경영 철학과 윤리적인 기준에서 자유롭지 않다. 더욱이 AI에 관한 사회적 논의에서 윤리적 이슈는 피할 수 없는 것이고, 이러한 사실은 AI 윤리가 학계와 공중 담론 모두에 광범위하게 영향을 미친다는 것을 시사한다(Murgia, 2024). 이런 이유로, 향후 PR 기업들이 AI 오용 책임 교육을 할지, 한다면 어떻게 할지에 관한 계획은 새로운 경영 전략의 일부로 봐야 한다.

기업의 경영 철학을 어떻게 표현할지에 대해 깊이 고민할 때 고려될 수 있는 것이 전략적 경영 패러다임이다. 패러다임은 특정 윤리적 기준을 포함하거나 이를 강화하는 이데올로기와 상호강화적인 관계이기 때문이다.

오늘날의 전략적 경영 패러다임은 [표 9-5]에서처럼 크게 두 가지, 즉 상징 · 해석적 패러다임과 행동 중심적 패러다임으로 나뉠 수 있다. 양자는 전략 커뮤니케이션의 대상이 되는 공중이나 이해관계자에 대한 인식론 측면에서 큰 차이를 보이며, 그에 따라 전략의 방향성 · 수단 · 전략상 중시되는 결과 등도 달라지기 마련이다. 전자인 상징 · 해석적 패러다임에서 공중이나 이해관계자는 조직의 상징이나 행동을 해석하는 역할에 머무르는 수동적 존재로 간주된다. 그래서 전략 커뮤니케이션 전문가들은 비교적 일방향적인 전략을 구상하고, 메시징(정보 전달)을 주요수단으로 삼으며, 단기적인 미디어 효과를 중시한다.

반면 행동 중심 전략적 패러다임의 채택자들은 문제상황에서 공중이나 이해관계자들의 수요에 맞는 조직의 변화를 우선시한다. 따라서 이때 권고되는 방식은 메시징보다는 행동적인 방식이다. 메시징의 경우에도 단기적이기보다는 장기적인 방식, 그리고 일방적이기보다는 협력적인 방식을 우선시한다. 정보 보급 같은 전통적 PR 활동을 배제하지는 않고 필요시 메시징 방식도 활용하지만, 이때에도 상호 대화를 촉진하기 위한 장기적 · 협력적 양방향성이 강조된다는 것이다. 즉 메시징에 조직의 옹호 욕구만이 아니라 공중이나 이해관계자의 정보 욕구까지 반영한다(그루닉 제임스 외, 2021; 여선하 외, 2024; Grunig, 2018, 2023; Ni & Sha, 2023).

[표 9-5] 전략 커뮤니케이션 차원의 주요 패러다임

상징, 해석 중심 전략적 관리 패러다임	VS.	행동 중심 전략적 경영 패러다임
변화의 주체로 상정되므로, 의견 수용 기회 적음	공중/이해관계자의 역할	조직기능을 향상시킬 수 있는 중요 정보원
공중/이해관계자	전략상 선행적 변화 주체	조직
일방향적	전략의 방향성	양방향적
메시징	전략의 주요 수단	행동(메시징을 무조건 배척하지는 않고 활용은 함)
단기적인 미디어 효과	전략을 통해 중시되는 결과	장기적인 협력과 신뢰 구축

이들 패러다임 중 어느 한쪽만이 절대적으로 우월하다고 할 수 없긴 하지만, 행동 중심 전략적 경영 패러다임은 크게 세 가지 측면에서 AI 오용 책임 교육의 취지와 부합하는 면이 두드러진다. 행동 중심 전략적 경영 패러다임은 첫째, 단순히 단기적인 메시징을 넘어 실제로 조직의 행동과 실천을 중시한다는 점에서 그렇다. 이는 PR 실무자들이 AI 오용

에 따른 책임을 단순히 이해하는 것에 그치지 않고, 이를 실제 업무에 적용하여 책임 있는 AI 활용을 실천하도록 하게 한다. 이 패러다임에서는 시간이 많이 소요되더라도 조직의 실질적인 개선이 중요하게 여겨지기 때문이다.

둘째, 장기적인 신뢰 구축을 강조한다는 점이다. AI 오용 책임 교육을 통해 PR 실무자들은 AI 시스템을 올바르게 활용하는 방법, 즉 AI 기술을 기업과 공중의 상호이익에 부합하도록 사용하는 방법을 익히게 된다. 이는 조직이 AI 기술을 윤리적으로 사용할 뿐만 아니라, 그 과정에서 발생할 수 있는 문제에 대해 공중에게 책임을 지는 문화를 조성하는 데에도 기여한다. 그에 따라 공중과의 신뢰를 구축하거나 강화할 수 있다. 그리고 이러한 신뢰는 조직의 지속적 성장에 필수적이다.

셋째, 행동 중심 패러다임은 조직이 공중의 요구에 따라 유연하게 변화하는 것을 중시하고 전략의 방향성이 양방향적이라는 점에서 시대정신과도 잘 부합한다. 오늘날 주요 기업들은 자사의 환경적 · 사회적 활동을 공개하고 보고할 의무가 있으며, 이는 ESG(Environmental, Social, and Governance: 환경, 사회, 거버넌스)라는 기준과 프레임워크를 통해 이루어진다(Sætra, 2021). PR 분야에서도 AI가 전술적, 전략적 과정을 이러한 배경에서 변화시키는 중이다. 단순히 조직과 공중 간의 커뮤니케이션 관리에서 벗어나 관계 경영과 사회적 책임에 더 큰 중점을 두는 방향으로 진화하고 있다(Buhmann & White, 2022).

물론 과학기술의 발전으로 자동화된 커뮤니케이션은 더 많아졌지만, 그와 동시에 휴먼 커뮤니케이션이 '가치 중심(value-driven)'이 되고 있다는 점은 주지의 사실이다. 따라서, 전략 커뮤니케이션 측면에서도 가치가 주도하면서 개별화된 전략 커뮤니케이션이 필요하며 그에 관한 이해관계자의 요구 역시 커지는 추세다(Seidenglanz & Baier, 2023). 미국의 정보기술연구 및 자문회사인 가트너(Gartner, Inc.)의 '2024년 가트너

10대 기술'에서도 ESG(Environmental, Social, and Governance: 환경, 사회, 거버넌스)가 강조되는 가운데, 초개인화 시대에 인간 중심의 기술이 중요함을 보여준다(McCartney, 2023.10.16). 종합적으로, 효과적이고 책임 있는 교육은 상징 · 해석적 전략보다는 행동 중심 전략적 접근에서 기획하고 실행하는 것이 적절해 보인다.

4. 결언

PR 업계에서도 AI 리터러시 교육의 필요성이 부각되고 있다. 이러한 시점에서, 대표적인 PR 에이전시들의 관련 사례를 알아보는 작업은 PR 실무자들이 경쟁력을 강화하는 데에 유용하다. 오늘날 경쟁사들이 AI를 어떻게 활용하려는지 파악하면, 조직이 더 나은 전략을 수립하고 지속적으로 성장하는 데에 참고가 되기 때문이다.

이에 제9장에서는 국내 또는 국외에 본사를 둔 대표적 PR 에이전시들이 추진한 AI 오용 책임 교육 사례들을 다루었다. 수집된 자료들 중에서, AI 오용 책임에만 초점을 맞추며 전형적인 커리큘럼까지 갖춘 교육 사례는 국내외를 막론하고 확인되지 않았다. 단 국외의 대표 기업들은 대체로 오용 관련 이슈를 비교적 활발하게 다루고 있는 것으로 나타났다. 즉, PR 실무자들이 AI의 장점뿐만 아니라 그와 관련된 위험 요소들을 명확히 인식하고, 이를 관리하기 위한 방법을 익히는 데 중점을 두었다. 특히 AI의 할루시네이션, 데이터 편향, 보안 및 프라이버시 침해와 같은 문제에 대해 비교적 적극적으로 논의하는 편이었다.

반면 국내 7대 PR 에이전시들의 경우 AI 오용 책임 교육 사례가 충분히 공표되었다고 보기 어려웠는데, 이는 국내 기업들이 아직 AI 도입 및 오용 책임 교육의 필요성을 구체화하지 못한 상태일 가능성을 암시

한다. 국내 에이전시 특유의 요인들로 인해 조직 내 AI 도입이 아직 활발하게 이루어지지 않았기에, 오용 책임 교육까지 기획하지 못했을 수도 있다는 것이다. 국내 시장의 경우, 인하우스 에이전시의 지분이 커서 나머지는 협력회사 정도로만 존재할 수 있고, 할 수 있는 일에 제한이 많긴 하다(김영순, 2024.06.05). 다른 한편으로, 일부 기업에서 대외적 전시가 불필요하다고 판단하여, 해당 교육 프로그램이나 워크숍을 비공개로 진행했을 가능성도 완전히 배제될 수는 없을 것이다.

어느 쪽에 주요 원인이 있든 국외의 선례를 무조건적으로 단순히 받아들이기보다는 한국의 구체적인 현실과 변화를 마주하고, 그에 맞는 대응을 하는 것이 바람직하다. 일률적이고 관습적인 AI 활용론을 넘어서야 오용 문제를 완화하고 더 나은 미래를 준비할 가능성이 높아진다.

물론 PR 분야에서 AI를 업무에 도입하는 방식은 업무 효율화와만 결부된 사항이 아니고, 도입 주체의 전략적 패러다임을 반영한다는 점은 국가별 상황과 상관없이 보편적으로 유념해야 할 점이다. 글로벌 트렌드를 고려하더라도, 국내 에이전시들은 행동 중심적 전략 패러다임에 기반한 AI 오용 책임 교육을 기획하고 수행하는 것이 유리해 보인다.

결국 국내 PR 에이전시에서는 행동 중심적 패러다임의 방향에 맞게, 자사의 AI 오용 문제들에 관한 현황을 진단하고 대안을 마련하는 데에 적극적인 노력을 기울일 필요가 있다. 관련 법규의 준수만이 아니라, 사내에 도입된 AI를 고려한 교육 목표 설정 및 교육 대상 분석이 선행되어야 하며, 그 분석을 바탕으로 효과적인 커리큘럼 설계 · 교육 방식 선택 · 성과 측정 및 피드백이 이루어지길 바란다. 지속적인 학습 환경을 제공하기 위한 노력도 활발해지길 기대한다.

참고문헌

공태윤 (2023.04.04). 피알원, 인공지능 기반 'ESG 인덱스' 개발. 한경. https://www.hankyung.com/article/202304044644i

그루닉 제임스, 김정남, 이혜림 (2021). 디지털화 시대의 PR 패러다임. **PR연구, 5**(1), 1-30.

김경탁 (2022.06.09). 프레인글로벌, 블록체인 · 메타버스로 영역 확장. 더프레인. https://www.the-pr.co.kr/news/articleView.html?idxno=48877

김경탁 (2024.06.05). 전주에서 2024 한국PR학회 봄철 정기학술대회 개최. 더피알. https://www.the-pr.co.kr/news/articleView.html?idxno=51422

김민지 (2024.05.02). 한국PR협회, 생성형 AI 주제로 PR 토크 개최, 더피알. https://www.the-pr.co.kr/news/articleView.html?idxno=50420

김영순 (2024.06.05). [PR業 리더를 만나다 ④] "AI 시대, 시스템과 성과주의로 돌파한다". 더피알. https://www.the-pr.co.kr/news/articleView.html?idxno=51557

김활빈 (2024). 생성형 AI 기술이 바꾸는 광고PR의 현재와 미래: 전문가 인터뷰를 통해 본 시사점. **광고연구, 140**, 118-148.

김활빈, 박한나, 홍지미, 김자림 (2024). AI 시대 PR 실무자들의 역할과 AI 기술 활용에 관한 연구. **PR 연구, 28**(1), 207-239.

디지털이니셔티브그룹 (2023.11.10). [특강] 피알원-광고&홍보 분야의 생성형 AI 활용방안. https://www.marketcast.co.kr/entry/%ED%8A%B9%EA%B0%95%ED%94%BC%EC%95%8C%EC%9B%90-%E2%80%93-%EA%B4%91%EA%B3%A0%ED%99%8D%EB%B3%B4-%EB%B6%84%EC%95%BC%EC%9D%98-%EC%83%9D%EC%84%B1%ED%98%95AI-%ED%99%9C%EC%9A%A9%EB%B0%A9%EC%95%88-%E2%80%93

미디컴 (2023.07.18). [미디컴 메타버스] 미디컴 메타버스로 여러분을 초대합니다. https://blog.naver.com/medicom_pr/223159679305?trackingCode=rss

손재철 (2024.03.07). 함샤우트 글로벌, PR & 마케팅 전문가 위한 생성형 AI 지형도 발표. 스포츠경향. https://www.m.sports.khan.co.kr/view.html?art_id=202403071238003&sec_id=564001&med_id=skat

여선하, 차유리, 김정남 (2024). 말보다 행동이 먼저다: 기업 총수의 윤리적 행동 관련 루머 대응 메시지와 소비자의 사전평가가 긍정적 메가포닝 의도에 미치는 영향. **한국언론학보, 68**(3), 273-319.

연합뉴스 (2022.08.23). 프레인글로벌, 픽셀스코프와 스포츠 AI 무인 중계 등 업무 협약. https://www.hankyung.com/article/202208232347Y

채성숙 (2024.07.01). 함샤우트 글로벌 산하 'AI 랩스', 생성형 AI 전문 매체 'AI 매터스'

창간. 매드타임즈. https://madtimes.org/news/articleView.html?idxno=20791

최영호 (2023.06.29). [인터뷰] "브랜드와 마케터에게 AI 활용은 필수입니다" 김재희 함샤우트 글로벌 대표. 매드타임즈. https://www.madtimes.org/news/articleView.html?idxno=18029

최영호 (2024.04.03). (주)피알원, AI 전문가 유국현 박사 CIO 영입. 매드타임즈. https://www.madtimes.org/news/articleView.html?idxno=20144

최영호 (2024.04.22). 함샤우트 글로벌, 전직원 대상 맞춤형 GPT 개발 워크숍 진행. 매드타임즈. https://www.madtimes.org/news/articleView.html?idxno=20266

최창현 (2019.03.14). BCW, 전 세계 천식 환자 교육 위한 AI 챗봇 개발로 인공지능 상 수상. 인공지능신문. https://www.aitimes.kr/news/articleView.html?idxno=13482

커뮤니크 (2024.07). 뜨거운 열기의 'AI 실무 교육 현장'을 소개합니다!. https://www.communique.co.kr/about/news-detail/detail.html?id=5VCncGBzTTEyVSefluBF

케이피알 (2024.08.29). 범용 인공지능(AGI) 시대 PR업계 AI 비전 제시한다...KPR, 김일유 최고 인공지능 책임자(CAIO) 임명. https://www.kpr.co.kr/news_view.php?idx=79&page=0

프레인글로벌 (2024.05.21). 프레인글로벌, '2024 PRovke 글로벌 PR 에이전시' 50위 랭크. https://www.prain.com/v2/pages/news_read.html?sn=2843

피알원 (2024.04.15). 생성형 AI는 앞으로 디지털 마케팅에 어떠한 영향을 미칠까?. https://www.prone.tistory.com/1340?fbclid=IwY2xjawEskwtleHRuA2FlbQIxMQABHbAY1ThLgy-ZA0qXnCrkvhORfiiY1puaH-fQVKaq_Hn1Ynfcl9B7VMYQqw_aem_asCpabcDn9sxQ_Wbq6RGFA

한국PR협회 (2024.07.21). 한국PR협회 특별세미나 〈AI시대와 PR의 미래〉 개최 (7/16). https://www.koreapr.org/newsroom/?q=YToyOntzOjEyOiJrZXl3b3JkX3R5cGUiO3M6MzoiYWxsIjtzOjQ6InBhZ2UiO2k6Mzt9&bmode=view&idx=48585983&t=board

함샤우트 글로벌 (2024.08.09). 'AI 랩스', 기업 맞춤형 AI 교육프로그램 출시. https://hahmshout-global.com/main/news.html?idx=92366

5mins.ai. (2024). ChatGPT and Generative AI Training. https://5mins.ai/solutions/generative-ai-training

Albasi, M. (2024.01.04). New report: The State of AI in PR 2024. *Muck Rack*. https://muckrack.com/blog/2024/01/04/state-of-ai-in-pr-2024

BCW (2024.02.27). PR Pulse: The AI revolution. *PRWeek*. https://prweek.com/article/1863077/pr-pulse-ai-revolution

BCW Global (2023.11.14). *BCW Launches Cognitive AI Platform That Predicts Impact of Future Top Global Macro Trends*. https://www.bcw-global.com/newsroom/

global/bcw-launches-cognitive-ai-platform-that-predicts-impact-of-future-top-global-macro-trends

Bowen, S. A. (2024). *"If it Can Be Done, it Will Be Done:" Ai Ethics and Public Relations Implications*. Doi: dx.doi.org/10.2139/ssrn.4727951

Brandpoint (2024). *The Future of the PR Industry: 2024 Research Report*. https://www.brandpoint.com/resources/pr-industry-survey-2024/

Buhmann, A. (2023). The implications of artificial intelligence for strategic and organisational communication?. *Communication & Organisation*, DOI: 10.4000/communicationorganisation.13066

Buhmann, A., & White, C. L. (2022). Artificial intelligence in public relations: role and implications. In *The Emerald handbook of computer-mediated communication and social media*(pp. 625-638). Emerald Publishing Limited.

Businesswire (2019.11.05). BCW Introduces BCW CyberTREE™. *A Strategic Model for Cybersecurity Crisis Communications Response and Planning*. https://www.businesswire.com/news/home/20191105006002/en/

Calypso AI (2024). https://calypsoai.com/

Carufel, R. (2024.03.21). The Path to AI Maturity in 2024: Major shift expected this year as businesses move away from experimentation on the road to production. *Agility: PR Solutions*. https://agilitypr.com/pr-news/public-relations/the-path-to-ai-maturity-in-2024-major-shift-expected-this-year-as-businesses-move-away-from-experimentation-on-the-road-to-production/

CDOTrends editors (2024.01.29). Can AI Be Trusted? New Report Raises Alarm Over Hallucinations and Bias. *CDO Trends*. https://cdotrends.com/story/3762/can-ai-be-trusted-new-report-raises-alarm-over-hallucinations-and-bias

Cision (2024). *AI in Public Relations: Benefits & Examples*. https://www.cision.com/resources/articles/ai-in-pr-benefits-and-examples/

Edelman (2024). *Successful AI Integrations Depend on Trust*. https://www.edelman.com/expertise/ai

Edelman (2024.02.02). *Digital Predictions 2024*. https://www.edelman.com/sites/g/files/aatuss191/files/2024-02/2024_Predictions.pdf

Elsasser, J. (2023.09). PRSA Member Exclusive: S&T Live Agency Insights From Ketchum U.S. CEO Jim Joseph. *PRSA*. https://www.prsa.org/article/prsa-member-exclusive-s-t-live-agency-insights-from-ketchum-u.s.-ceo-jim-joseph

Fitter, P. (2023.12.20). Navigating Dark Waters: Balancing AI's Risk & Reward for Public

Relations. *bcw Media*. https://www.bcw-global.com/newsroom/india/navigating-dark-waters-balancing-ais-risk-reward-for-public-relations

FleishmanHillard (2023). *Generative AI: Game-Changing Technology, Warranting Effective Change Management*. https://fleishmanhillard.com/wp-content/uploads/2023/06/FH_GenerativeAI_062023-1.pdf

Forbes (2024.03.14). *How agencies are using AI to better personalizie clients' marketing*. https://forbes.com/councils/forbesagencycouncil/2024/03/14/how-agencies-are-using-ai-to-better-personalize-clients-marketing/

Germaine, M.E. (2018.07.10). How AI Can Help Us Be Better Communicators. *Ketchum*. https://ketchum.com/how-ai-can-help-us-be-better-communicators-artificial-intelligence/

Grunig, J. E. (2018). Strategic behavioral paradigm. In R. L. Heath & W. Johansen (Eds.), *The international encyclopedia of strategic communication*. Hoboken, NJ: John Wiley & Sons.

Grunig, J. E. (2023). Public relations, social inclusion, and social exclusion. *Journalism & Communication Monographs, 25*(2), 90-108.

Hermann, E. (2022). Artificial intelligence and mass personalization of communication content? An ethical and literacy perspective. *New media & society, 24*(5), 1258-1277.

Huh, J., Nelson, M. R., & Russell, C. A. (2023). ChatGPT, AI advertising, and advertising research and education. *Journal of Advertising, 52*(4), 477-482.

LLoyd-Prescott, A. (2024.06.13). Innovations for managing AI in the workplace. *Edelman*. https://edelman.co.uk/insights/innovations-managing-ai-workplace

McCartney, A. (2023.10.16). Gartner Top 10 Strategic Technology Trends for 2024. *Gartner*. https://gartner.com/en/articles/gartner-top-10-strategic-technology-trends-for-2024

Murgia, M. (2024). Overcoming AI ethics, towards AI realism. *AI and Ethics*, 1-6.

Ni, L., & Sha, B. L. (2023). Development of intercultural public relations theory. In C. H. Botan & V. Hazleton (Eds.), *Public relations theory III* (pp. 94-113). Routledge.

Pareti, J. (2023.08.15). *Is Your Organization in an AI Race to Nowhere?*. https://www.bcw-global.com/insights/north-america/is-your-organization-in-an-ai-race-to-nowhere

Protecto (2024). https://protecto.ai/blog/protecto-infosys-partnership/

PRovkeMedia (2023.11.08). PRovokeGlobal: Communicators Cannot Control *The AI Era*.

https://www.provokemedia.com/latest/article/provokeglobal-communicators-cannot-control-the-ai-era

PRovokeMedia (2023). *GLOBAL TOP 250 PR AGENCY RANKING 2024*. https://www.provokemedia.com/ranking-and-data/global-pr-agency-rankings/2024-pr-agency-rankings/top-250

Rogers, J. (2023.06.13). Five Steps Business Leaders Should Take Now While Exploring AI Adoption Within Their Organization. *Fleishmanhillard*. fleishmanhillard.com/2023/06/five-steps-business-leaders-should-explore-for-ai/

Sætra, H. S. (2021). A Framework for Evaluating and Disclosing the ESG Related Impacts of AI with the SDGs. *Sustainability, 13*(15), 8503.

Seidenglanz, R., & Baier, M. (2023). The impact of artificial intelligence on the professional field of public relations/communications management: Recent developments and opportunities. In A. Adi (Ed.), *Artificial intelligence in public relations and communications: Cases, reflections, and predictions* (pp. 14-25). Routledge.

Steavenson, M. (2024.06.03). *Generative AI in the Newsroom: Friend or Foe?: A Panel Discussion Hosted by FleishmanHillard*. FleishmanHillard. https://fleishmanhillard.com/2024/06/genai-in-the-newsroom-friend-or-foe-discussion/

vector Digital (2023.11.27). [生成AI×運用型広 告]がテーマの対 談企画「いま､広告運用者は生成AIとどう向き合うべきか」をYouTubeライブにて配信/8月30日(水)20:00

Walsh, S. (2018.08.01). Ketchum Launches Predictive Analytics Services. RTinsights. https://www.rtinsights.com/ketchum-launches-analytics-driven-services-for-healthcare/

Ward, J., Luttrell, R., Wallace, A., & Allendale, M. I. (2020). PR ethics literacy: Identifying moral and ethical values through purposeful ethical education. *Journal of Public Relations Education, 6*(3), 66-80.

Weber Shandwick (2021.09.23). *Weber Shandwick Launches Media Security Center to Address Emerging Information Threats*. https://webershandwick.com/news/weber-shandwick-launches-media-security-center-to-address-emerging-information-threats

Weber Shandwick (2024). https://firebell.webershandwick.com

Weber Shandwick (2024.07.18). *AI: transforming communications and brand trust*. https://webershandwick.co.uk/news/ai-transforming-communications-and-brand-trust

Weber, T. (2024.07.05). *The AI bear trap: when thought leadership becomes thought*

laggardship. https://www.edelman.com/insights/ai-bear-trap-when-thought-leadership-becomes-thought-laggardship
Werder, K. P., Nothhaft, H., Verčič, D., & Zerfass, A. (2020). Strategic communication as an emerging interdisciplinary paradigm. In H. Nothhaft, K. P. Werder, D. Verčič, & A. Zerfass (Eds.), *Future directions of strategic communication* (pp. 5–23). Routledge.
Westcott, J. (2023.05.03). Top 9 Applications of Generative AI for Marketers that you can adopt tomorrow. *Edelman*. https://www.edelman.com/insights/top-9-ai-marketers-can-adopt
Williams, R., & Otto, L. (2022). Artificial intelligence as a tool of public diplomacy: Communication between the United States and Iran. *The Thinker, 90*(1). DOI: https://doi.org/10.36615/thethinker.v90i1.1171
World Economic Forum (2024.06.18). *Harness AI tools for communications*. https://www.weforum.org/agenda/2024/06/human-touch-harness-ai-tools-communications/
ベクトルデジタル (2024.05.31). ベクトルデジタル、自動販売機型デジタルサイネージプラットフォーム『AIICO(アイコ)サイネージ』をアドインテと共同開発し、総代理店契約を締結. *PRTIMES*. https://prtimes.jp/main/html/rd/p/000000011.000127754.html
株式會社 キーワードマーケティング (2023.12.20). 独自の生成AIツールにより広告オペレーション業務を効率化。工数9割削減の事例も。佐賀オペレーションセンター. *PRTIMES*. https://prtimes.jp/main/html/rd/p/000000032.000070822.html
株式會社スマートメディア (2024.05.31). Clipkit®がGPT-3.5を活用した記事作成AIアシスタント機能(β版)提供開始. *PRTIMES*. https://prtimes.jp/main/html/rd/p/000000060.000038366.html
株式會社トライハッチ (2023.11.27). 生成AIを「Web広告領域で利用」は4割. *PRTIMES*. https://prtimes.jp/main/html/rd/p/000000029.000070822.html
株式會社トライハッチ (2024.06.20). MEOチェキ、生成AIを活用した『投稿文作成アシストMEOチェキ、生成AIを活用した『投稿文作成アシスト機能』を開発. *PRTIMES*. https://prtimes.jp/main/html/rd/p/000000289.000035376.html
株式會社トライハッチ (2024.07.12). MEOチェキ、生成AIを活用した『クチコミ返信文作成アシスト機能』を開発. *PRTIMES*. https://prtimes.jp/main/html/rd/p/000000291.000035376.html
株式會社トライハッチ (2024.07.30). MEOチェキ、生成AIを活用した『AIクチコミ促進機能』を開発. *PRTIMES*. https://prtimes.jp/main/html/rd/p/000000297.000035376.html

저/ 자/ 소/ 개

▸▸▸ 김주영 (Kim, Jooyoung)

현재 미국 조지아대학교(University of Georgia)의 광고홍보학과 교수이자 스포츠커뮤니케이션 석좌교수이며 매스커뮤니케이션 연구 및 연수 기관인 콕스센터(Cox International Center)의 총괄센터장이다. 미국 플로리다대학교(University of Florida)에서 광고학 전공으로 매스커뮤니케이션학 박사학위를 받았다. 2019년부터 Journal of Interactive Advertising의 편집장, 2017년부터 International Journal of Advertising의 부편집장으로 봉사하고 있으며, 미국광고학회(American Academy of Advertising)의 총무이사와 연구위원장을 역임했다. 주요 연구 분야는 디지털 미디어 광고이며, 특히 블록체인이나 메타버스와 같이 새로운 기술이 이용된 미디어에서의 광고현상과 효과에 대한 연구를 하고 있다. email: jykim@uga.edu

Google Scholar: https://tinyurl.com/GoogleScholarJykim

▸▸▸ 김정원 (Kim, Jungwon)

현재 서울대학교 사회과학대학 언론정보연구소에서 선임연구원으로 재직 중이다. 고려대학교 국어국문학과를 졸업하고, 고려대학교 심리학부에서 소비자 및 광고심리를 전공하여 심리학박사를 받았다. 주요 연구 분야는 AI-인간 상호작용, 프라이버시 문제, 지속가능한 소비 등이다. 특히 AI와 같은 새로운 기술이 소비자의 심리와 행동에 미치는 영향에 많은 관심을 갖고 있으며, 이러한 연구를 통해 기술의 바람직한 발전 방향성을 제안하고자 한다. email: aygarden37@gmail.com

▸▸▸ 이준원 (Lee, Junwon)

한국외대에서 광고홍보를 전공했으며, 동대학원에서 브랜드 커뮤니케이션을 세부 전공으로 하여 박사학위를 받았다. 디지털 마케팅 회사에서 관련 산업과 디지털 미디어 전략을 분석했으며, 이후 한국외대 미디어커뮤니케이션연구소 연구원으로서 다양한 연구를 수행하고 있다. 최근 연구분야로는 미디어로서의 AI가 전략적 커뮤니케이션과 교육 등에 미치는 영향, 글로벌 공중 여론 분석을 통한 국가의 미디어 공공외교 역량 강화 방안 등이 있다. 이메일: leejw34@gmail.com

▸▸▸ 김병희 (Kim, Byoung-Hee)

현재 서원대학교 광고홍보학과 교수이다. 서울대학교를 졸업하고 한양대학교 광고홍보학과에서 광고학박사를 받았다. 한국광고학회 제24대 회장, 한국PR학회 제15대 회장, 정부광고자문위원회 초대 위원장으로 봉사했다. 주요 저서 및 논문으로는 『디지털 시대의 카피라이팅 신론: 챗GPT를 활용한 광고 카피 쓰기』(2024), 「디지털 시대의 광고산업 생태계를 고려한 광고의 새로운 정의」(2024) 등 다수가 있다. 한국갤럽학술상 대상(2011), 제1회 제일기획학술상 저술 부문 대상(2012), 교육부 · 한국연구재단의 우수 연구자 50인(2017) 등을 수상했다. email: kimthomas@hanmail.net

저/ 자/ 소/ 개

▸▸▸ 김대욱 (Kim, Daewook)

Public Relations를 전공으로 미국 University of Florida에서 석사를, Texas Tech University에서 박사 학위를 받았다. 주로 빅데이터 분석을 중심으로 공공캠페인 기획과 효과 평가를, AI, VR 등과 같은 환경에서 콘텐츠 기획, 제작을 연구하고 있다. 저서로는 한국 PR 연구 20년, 빅데이터의 분석 방법과 활동 등을 공저하였고, 한국PR학회 우수논문상(2013), 한국광고홍보학회 올해의논문상(2021), 한국헬스커뮤니케이션학회 우수연구상(2023) 등을 수상하였다. email: simonkim1026@gmail.com

▸▸▸ 김학신 (Kim, Harkshin)

현재 세종대학교 미디어커뮤니케이션학과 초빙교수이다. 한양대학교에서 신문방송학을 전공하고, 미국 플로리다주립대학교(FSU)에서 IMC 전공으로 석사학위를, 텍사스텍대학교(TTU)에서 Media/Communication 전공으로 박사학위를 취득했다. 유타밸리대학교(UVU)의 PR학과 전임강사로 근무했으며, 연구 분야는 VR, AR, Eye-tracking을 활용한 공공커뮤니케이션 캠페인 전략 및 효과 평가이다. 주요 논문은 〈Cyberpsychology, Behavior, & Social Networking〉, 〈Communication & Sport〉, 〈PR연구〉, 〈OOH광고학연구〉 등에 게재되었고, 한국언론학회 우수논문상(2022), 한국PR학회 신진학자상(2022) 등을 수상했다. email: hark0802@gmail.com

▸▸▸ 김나경 (Kim, Na-Kyoung)

현재 SM C&C 미디어본부 국장 및 국민대학교 미디어광고학과, 협성대학교 미디어영상광고학과 초빙교수이다. 중앙대학교 광고홍보학과에서 광고홍보학 석사, 국민대학교 언론정보학과에서 광고홍보학 박사를 취득하였다. A.C. Nielsen, SM C&C, SK플래닛, BBDO 등 광고대행사에서 20년간 주요 캠페인을 리드하였다. 그 외 한국방송광고진흥공사(KOBACO) 전문강사, 대한민국 대학생 광고대회, Google Youtube 심사위원으로 활동하고 있다. 주요 논문으로는 「AI기반 맞춤형 DOOH의 광고효과 척도 개발 연구」(2024), 「1인미디어 크리에이터의 광고모델 속성이 광고효과에 미치는 영향」(2020) 등 다수가 있다. email: nakyoung@smtown.com

▸▸▸ 최미연 (Choi, Mi-Yeon)

현재 한양대학교 광고홍보학과 강사이자 서울대학교 언론정보연구소 선임연구원이다. 중앙대학교 문예창작학과를 졸업하고 한양대학교 광고홍보학과 광고전공으로 문학박사 학위를 취득했다. KBS 시사·다큐 프로그램 작가, 한국광고홍보학회 광고연구 편집간사를 지냈으며, 연합뉴스 TV 시청자평가위원으로 활동하고 있다. 주요 저서 및 논문으로는 『채움의 기억』(명인문화사, 2019), 박사학위 논문으로 「디지털 광고 리터러시 측정도구 개발 연구」(2024) 등 다수가 있다. 한국갤럽학위논문상 최우수상(2024), 제10회 한국미디어패널 우수논문상(2021) 등을 수상했다. email: miyeon09@gmail.com

저/ 자/ 소/ 개

▸▸▸ 박종구 (Park, Bellnine)

현재 한국방송광고진흥공사(KOBACO) 미디어광고연구소 수석 연구위원으로 미디어 광고 산업정책에 대해 연구하고 있다. 서강대학교 영어영문학 학사, 동 대학원 신문방송학과에서 석사와 박사학위를 받았으며, 정보전략(ISP) 컨설턴트와 한국연구재단-서강대학교 학술연구교수를 거쳤다. 『뉴미디어 채택이론』(커뮤니케이션북스, 2013)을 집필하였으며, 공동 저서로 『디지털 시대의 광고기획 신론』(학지사, 2023), 『인공지능을 활용한 광고기획 실무』(온샘, 2023) 등이 있다. 광고산업 정책에 관한 최근 논문으로 「광고산업을 왜 육성해야 하는가?」(2022), 「광고산업의 혁신성장을 위해 '무엇을' 해야 하나?」(2023) 등이 있다. email: bellnine@gmail.com

▸▸▸ 김정남 (Kim, Jeong-Nam)

미국 오클라호마대학교 게이로드 전략커뮤니케이션학과 석좌교수이자 카이스트 문술미래전략대학원 겸직교수로, 공중행위의 특성과 사회 및 조직 간 상호관계를 연구하고 있다. 메릴랜드대에서 커뮤니케이션학 박사학위를 취득하고 퍼듀대 정년보장 교수직을 거쳐, 달리 연구소(DaLi Lab)를 설립해 운영 중이다. ICA, 미국의 NCA · PR협회 등 유수 학회에서 20여 차례 우수논문상을 받았고, 2012년 이후에만 SSCI 등재지에 80여 편의 논문을 실었다. 대표이론은 그루닉(J. E. Grunig)과 공동 창시하고 발전시킨 '문제해결 상황 이론(STOPS)'이다. email: layinformatics@gmail.com

▸▸▸ 차유리 (Cha, Yuri)

서강대학교 미디어융합연구소 책임연구원이자 미국 오클라호마대 응용사회연구센터의 달리 연구소(DaLi Lab) 선임연구원이다. '전략 커뮤니케이션' · '공중/소비자 심리' · '헬스 커뮤니케이션' 연구의 교차로에 서 있다. 서강대에서 신문방송학과 디지털미디어 · 콘텐츠 전공으로 박사학위 취득 후 서울대 언론정보학과에서 2년간 박사후연수 과정을 마쳤다. 한국언론학회 신진학자 우수논문상을 두 차례 받았고, 국내외 전문학술지에 30편 가까이 논문을 실었다. 한국연구재단 인문사회학술연구교수, 한국언론학회 기획이사, 한국방송학보 편집위원 등을 지냈다. email: yuri@sogang.ac.kr

KADPR 지식총서 11

AI가 바꾸는 광고와 PR: 기획부터 윤리까지

초판발행 2024년 11월 5일 **1판 1쇄 인쇄** | 2024년 11월 10일 **1판 1쇄 발행**

지은이 김주영 김정원 이준원 김병희 김대욱 김학신 김나경 최미연 박종구 김정남 차유리

펴낸이 최용구 | **펴낸곳** 도서출판 **이프레스**
주소 (04316) 서울시 용산구 원효로 89길 19 (원효로1가)
전화 02) 537-1720(영업부), 537-1721(편집부), 537-1711(팩스)
이메일 epress01@naver.com | **홈페이지** www.epress1.com
등록 2009년 12월 10일 제16-2710호
기획마케팅 최용구 장만동 최충구 송대용 | **책임편집** 석기은 황가연

ISBN 979-11-91348-79-8 93320
정가 23,000원